"十二五"职业教育国家规划教材
经全国职业教育教材审定委员会审定

航空运输类专业系列教材

民航货物运输
（第3版）

王 春 主编

电子工业出版社
Publishing House of Electronics Industry
北京·BEIJING

内 容 简 介

本书共三篇：第一篇是综合概述，内容包括民航货物运输基础知识、集装货物运输、民航货物运输资料介绍、航空货运代理等；第二篇是民航国内货物运输实务，介绍从事国内货物运输销售岗位需要掌握的专业知识，包括货物收运的流程及限制要求、国内航空货物运输的费用及其计算、国内航空货运单、货物运输流程、货物的不正常运输及处理、责任与赔偿、特种货物运输等；第三篇是民航国际货物运输实务，主要介绍从事国际货运销售岗位需要了解的专业知识，包括国际航空货物运输费用计算规则、国际航空货运单的填制等。

本书涵盖了民航货物运输的国内和国际相关知识两部分内容，教师可以根据教学需要选择其中内容。本书可以作为高等职业院校民航运输类专业学生的教材。

未经许可，不得以任何方式复制或抄袭本书之部分或全部内容。
版权所有，侵权必究。

图书在版编目（CIP）数据

民航货物运输/王春主编．—3 版．—北京：电子工业出版社，2022.5
ISBN 978－7－121－43505－8

Ⅰ.①民… Ⅱ.①王… Ⅲ.①民航运输—货物运输 Ⅳ.①F560.84

中国版本图书馆 CIP 数据核字（2022）第 086774 号

责任编辑：孙 伟　　　　文字编辑：李书乐
印　　刷：三河市龙林印务有限公司
装　　订：三河市龙林印务有限公司
出版发行：电子工业出版社
　　　　　北京市海淀区万寿路 173 信箱　邮编 100036
开　　本：787×1092　1/16　印张：13.25　字数：334.4 千字
版　　次：2011 年 8 月第 1 版
　　　　　2022 年 5 月第 3 版
印　　次：2022 年 5 月第 1 次印刷
定　　价：42.00 元

凡所购买电子工业出版社图书有缺损问题，请向购买书店调换。若书店售缺，请与本社发行部联系，联系及邮购电话：（010）88254888，88258888。
质量投诉请发邮件至 zlts@phei.com.cn，盗版侵权举报请发邮件至 dbqq@phei.com.cn。
本书咨询联系方式：（010）88254571 或 lishl@phei.com.cn。

《民航货物运输（第3版）》
编委会

主　编　王　春

副主编　綦　琦

参　编　赵忆姗　王吉寅　王　东

航空运输类专业系列教材
建设委员会

主任委员
  马广岭（海航集团）
  马　剑（北京临空国际技术研究院）
  杨涵涛（三亚航空旅游职业学院）
  李宗凌（奥凯航空有限公司）
  李爱青（中国航空运输协会）
  李殿春（香港航空公司）
  吴三民（郑州中原国际航空控股发展有限公司）
  李　赛（国际航空运输协会）
  迟　焰（北京航空航天大学）
  张武安（春秋航空股份有限公司）
  张宝林（西安交通大学）
  陈　燕（中国航空运输协会）
  郑　越（长沙航空职业技术学院）
  耿进友（北京外航服务公司）
  黄　伟（重庆机场集团）
  綦　琦（广州民航职业技术学院）

副主任委员
  王　帅　江洪湖　汤　黎　陈　卓　陈晓燕　何　梅　何　蕾
  罗良翌　赵晓硕　赵淑桐　廖正非　熊盛新

委　员
马晓虹	马爱聪	王　东	王　春	王　珺	王　蓓	王冉冉	王仙萌	王若竹
王远梅	王慧然	方凤玲	邓娟娟	孔庆棠	石月红	白冰如	宁　红	邢　蕾
先梦瑜	刘　科	刘　琴	刘　舒	刘连勋	刘晓婷	许　赟	许夏鑫	江　群
范　晔	杜　鹤	杨　敏	杨青云	杨祖高	杨振秋	李广春	吴甜甜	吴啸骅
汪小玲	张　进	张　琳	张　敬	张桂兰	陆　蓉	陈李静	陈晓燕	金　恒
金良奎	周科慧	庞　荣	郑菲菲	赵　艳	郝建萍	胡元群	胡成富	冒耀祺
鸥志鹏	钟波兰	姜　兰	拜明星	姚虹华	姚慧敏	夏　爽	党　杰	徐　竹
徐月芳	徐婷婷	高文霞	郭　凤	郭　宇	郭　沙	郭　婕	郭珍梅	郭素婷
郭雅荫	郭慧卿	唐红光	曹义莲	曹建华	崔学民	黄　山	黄　华	黄华勇
章　健	韩奋畴	韩海云	程秀全	傅志红	焦红卫	湛　明	温　俊	谢　芳
谢　苏	路　荣	谭卫娟	熊　忠	潘长宏	霍连才	魏亚波		

总策划　江洪湖

协助建设单位

国际航空运输协会	长沙南方职业学院	武汉东湖光电学校
春秋航空股份有限公司	长沙商贸旅游职业技术学院	闽西职业技术学院
奥凯航空有限公司	长沙民政学院	黄冈职业技术学院
香港快运航空公司	南京航空航天大学	衡水职业技术学院
重庆机场集团	浙江旅游职业学院	山东海事职业学院
北京外航服务公司	潍坊工程职业学院	安徽建工技师学院
北京临空国际技术研究院	江苏工程职业技术学院	安徽国防科技职业学院
郑州中原国际航空控股发展有限公司	江苏安全技术职业学院	惠州市财经职业技术学院
	湖南生物机电职业技术学院	黑龙江能源职业学院
杭州开元书局有限公司	河南交通职业技术学院	北京经济技术管理学院
三亚航空旅游职业学院	浙江交通职业技术学院	四川文化传媒职业学院
广州民航职业技术学院	新疆天山职业技术学院	济宁职业技术学院
浙江育英职业技术学院	正德职业技术学院	泉州海洋职业学院
西安航空职业技术学院	山东外贸职业学院	辽源职业技术学院
武汉职业技术学院	山东轻工职业学院	江海职业技术学院
武汉城市职业学院	三峡旅游职业技术学院	云南经济管理学院
江西青年职业学院	郑州大学	江苏航空职业技术学院
长沙航空职业技术学院	滨州学院	山东德州科技职业学院
成都航空职业技术学院	九江学院	河南工业贸易职业学院
上海民航职业技术学院	安阳学院	兰州航空工业职工大学
南京旅游职业学院	河南工学院	四川交通职业技术学院
西安交通大学	中国石油大学	烟台工程职业技术学院
三峡航空学院	厦门南洋学院	重庆第二师范学院
西安航空学院	广州市交通技师学院	南阳师范学院
北京理工大学	吉林经济管理干部学院	成都文理学院
北京城市学院	石家庄工程职业学院	郑州工商学院
烟台南山学院	陕西青年职业学院	云南旅游职业学院
青岛工学院	廊坊职业技术学院	武汉外语外事职业学院
西安航空职工大学	廊坊燕京职业技术学院	德阳川江职业学校
南通科技职业学院	秦皇岛职业技术学院	武汉外语外事职业学院
中国民航管理干部学院	广州珠江职业技术学院	湖北交通职业技术学院
郑州航空工业管理学院	广州涉外经济职业技术学院	

前言

近年来，随着中国经济的发展，居民可自由支配收入的不断增加，我国民航大众化、多样化趋势明显，民航发展迎来新的历史机遇期，和平、发展、合作仍是时代潮流。伴随经济全球化的进一步加深，"天空开放"进程将深入推进，航空自由化进入新的发展阶段，我国国际航空客货运输市场发展空间广阔。

同时，我国民航发展也面临严峻挑战。国际航空运输市场竞争日益激烈，我国民航全球化战略的实施存在较大压力。自然灾害、公共安全事件等影响民航持续稳定增长的不确定因素增加，高铁的快速发展将对运输市场结构产生重大影响，尤其是新冠肺炎疫情以来，民航客货运输出现了更多困难，但也给民航国际货运带来了发展机遇。

长期以来，我国民航发展的基本矛盾是供给能力难以满足快速增长的市场需求，迫切需要大量具备民航客货销售知识的专门人才。

为了适应市场的需求和专业培训的需要，编者经过较详细的市场调研，在十余年的教学实践基础上，编写了本书。本书的最大特点是校企合作、理论联系实际，并且集合了民航运输生产岗位的生产专家和业务骨干。同时编者还邀请了教学经验丰富的高职民航类院校教师参与本书修订，他们在本书内容的更新上做了大量工作。

本书共三篇：第一篇是综合概述，内容包括民航货物运输基础知识、集装货物运输、民航货物运输资料介绍、航空货运代理等；第二篇是民航国内货物运输实务，介绍从事国内货物运输销售岗位需要掌握的专业知识，包括货物收运的流程及限制要求、国内航空货物运输的费用及其计算、国内航空货运单、货物运输流程、货物的不正常运输及处理、责任与赔偿、特种货物运输等；第三篇是民航国际货物运输实务，主要介绍从事国际货运销售岗位需要了解的专业知识，包括国际航空货物运输费用计算规则、国际航空货运单的填制等（此篇为了保证内容的准确性，提供了部分国际资料原文）。

本书由王春任主编并负责统稿，綦琦任副主编，王东、赵忆姗、王吉寅参编。此外，钟建生、杨磊对本书的编写工作提供了大力的支持与帮助。

由于编者水平有限，书中难免存在不足和疏漏之处，恳请专家和读者批评指正。

如有老师需要教学资源，请通过 QQ（228651816）或 E-mail（228651816@qq.com）与编者联系。

王 春

目 录

第一篇 综合概述

第一章　民航货物运输概述 ·· 1
　　第一节　民航货物运输基础知识 ································ 1
　　第二节　集装货物运输 ·· 4
　　第三节　民航货物运输资料介绍 ································ 5
第二章　航空货运代理 ·· 8
　　第一节　航空货运代理概述 ······································ 8
　　第二节　国际航空出口货运代理流程 ························· 10
　　第三节　国际航空进口货运代理流程 ························· 14
第三章　民航货物运输专业术语 ··································· 17

第二篇 民航国内货物运输实务

第四章　国内货物收运 ··· 23
　　第一节　国内航空货物收运工作流程 ························· 23
　　第二节　航空货物托运 ··· 24
　　第三节　货物收运 ··· 26
　　第四节　货物收运的限制与要求 ······························· 31
第五章　国内航空货物运输费用 ··································· 33
　　第一节　一般规定 ··· 33
　　第二节　国内航空货物计费重量 ······························· 34
　　第三节　国内航空货物运价及运费计算 ······················ 36
　　第四节　其他费用 ··· 42
第六章　国内航空货运单 ·· 44
　　第一节　一般规定 ··· 44

| 第二节 | 国内航空货运单的填制 | 46 |

第七章 货物运输 49
第一节	民航国内货物发运	49
第二节	货物仓储	53
第三节	货物装卸	54
第四节	到达货物的操作流程	56

第八章 货物的不正常运输及处理 58
第一节	货物的不正常运输	58
第二节	货物的变更运输	70
第三节	无法交付货物	76
第四节	货物运输责任与赔偿	76

第九章 特种货物运输 82
第一节	贵重物品运输	83
第二节	活体动物运输	84
第三节	鲜活易腐物品运输	88
第四节	灵柩和骨灰运输	92
第五节	急件运输	93
第六节	货物押运	94
第七节	邮件运输	95
第八节	特种货物机长通知单	100

第三篇 民航国际货物运输实务

第十章 国际航空货物运输费用 104
第一节	一般规定	104
第二节	货币	106
第三节	货物的计费重量	107
第四节	民航国际货物运价	108
第五节	最低运费	110
第六节	公布直达运价	112
第七节	非公布直达运价	148
第八节	其他收费	150

第十一章 国际航空货运单 156
| 第一节 | 一般规定 | 156 |
| 第二节 | 国际航空货运单的填制 | 157 |

第十二章 民航货运业务电报 171
| 第一节 | 基础知识 | 171 |
| 第二节 | 吨位管理电报 | 172 |

第三节	特种货物装载电报	173
第四节	查询电报	174
第五节	货物不正常运输处理电报	175

附录 A	机场三字代码	177
附录 B	航空公司代码	180
附录 C	飞机机型代码	181
附录 D	主要机型飞机货舱数据	182
附录 E	主要机型舱门尺寸及超限货物装载表	184
附录 F	飞机装载表（以 767-200 为例）	185
附录 G	737-800 最大动物装载量	187
附录 H	特种货物代码	188
附录 I	国内航空货物运价表（乌鲁木齐出发）	189
附图 A	TACT 货币进位表	191
附图 B	最低运费表	195
附图 C	声明价值附加费	197
附图 D	制单费	199
附图 E	运费到付手续费	200
附图 F	垫付费及垫付手续费	201
参考文献		202

第一篇 综合概述

第一章 民航货物运输概述

学习提示

本章主要讲解民航货物运输的一些基本概念和基础知识，以及货物运输涉及的相关组织等内容。

本章是全书专业知识的基础，经过本章的学习，要求熟练掌握民航货物运输的定义、分类、运输方式，初步了解民航国内货运业务的工作流程。

学习本章时，使用自主学习法。

第一节 民航货物运输基础知识

一、航空货物运输的特点

航空货物运输虽然起步较晚，但发展迅速，并受到现代化企业管理者的青睐，它具有许多其他运输方式不能比拟的优越性。概括起来，航空货物运输的主要特征如下。

1. 运输速度快

从航空业诞生之日起，航空货物运输就以快速著称。

到目前为止，飞机仍然是运输速度最快的交通工具，常见的喷气式飞机的经济巡航速度大都在每小时850km～每小时900km左右，比其他交通工具要快得多，如火车时速在100km～140km左右，汽车在高速公路上的时速也就是120km～140km，轮船就更慢了。航空货物运输大大缩短了货物的在途时间，对于那些易腐烂、易变质的鲜活商品，时效性、季节性强的报刊、节令性商品，抢险物资、救急品的运输，运输速度快尤为重要。可以这样说，快速加上全球密集的航空运输网络才有可能为人们从前可望而不可即的鲜活商品开辟远距离市场，使消费者享有更多的利益。运输速度快、在途时间短也使货物的在途风险降低。因此，许多贵重物品、精密仪器也往往采用航空货物运输的形式。当今国际市场竞争激烈，航空货物运输所提供的快速服务也使得供货商可以对国外市场瞬息万变的行情即刻做出反应，迅速推出适销产品占领市场，获得较好的经济效益。

2. 不受地面条件影响，深入内陆地区

航空货物运输利用天空这一自然通道，不受地理条件的限制。

航空货物运输非常适合地面条件恶劣交通不便的内陆地区，有利于当地资源出口，促进当地经济发展。航空货物运输使本地与世界相连，对外的辐射面广，而且航空货物运输比公路运输与铁路运输占用土地少，对寸土寸金、地域狭小的地区发展对外交通无疑是十分适合的。

3. 与其他运输方式相比，航空货物运输的安全性较高

2008年，全球飞行事故率为每百万架次0.81次，即大约每120万次飞行发生一次事故。航空公司的运输管理制度也比较完善，货物的破损率较低，若采用空运集装箱的方式运输货物，则更为安全。

4. 节约包装、保险、利息等费用

由于采用航空货物运输方式使得货物的在途时间缩短，周转速度加快，企业存货相应地减少。因此一方面有利于资金的回收，减少利息支出；另一方面企业仓储费用也可以降低。又由于航空运输安全、准确，货损、货差少，因此保险费用较低。此外，与其他运输方式相比，航空货物运输的包装简单，包装成本较低。这些都使得企业的隐性成本下降，收益增加。

当然，航空货物运输也有自己的局限性，主要表现在：航空货物运输的运输费用较其他运输方式更高，不适合低价值货物；航空运输工具——飞机的舱容有限，对大件货物或大批量货物的运输有一定的限制；飞机飞行安全容易受恶劣气候影响等。但总的来讲，随着新兴技术的广泛应用，现在的生产更趋向薄、轻、短、小、高价值，管理者更重视运输的及时性、可靠性，相信航空货物运输将会有更大的发展前景。

二、民航货物运输行业组织及协会

1. 国际民用航空组织

国际民用航空组织（International Civil Aviation Organization，ICAO）是世界范围内管理航空运输活动最重要的国家之间的国际组织。ICAO于1947年4月4日正式成立，总部设在加拿大蒙特利尔。中国于1974年加入，是理事国之一。

ICAO的宗旨在于协调各国有关民航的经济和法律义务，并制定各种技术规则，使国际民用航空得以按照安全和有序的方式发展，同时使国际航空运输业务得以在机会均等的基础上健康经济地运作。

ICAO标识如图1.1所示。

图1.1 ICAO标识

2. 国际航空运输协会

国际航空运输协会（International Air Transport Association，IATA）于1945年12月18日成立，是当时世界上58家较大的航空运输企业自愿联合组织的非政府性的民间行业组织，与监管航空安全和航行规则的国际民用航空组织相比，它更像是一个由承运人（航空公司）组成的国际协调组织，管理在民航运输中出现的诸如票价、危险品运输等问题。IATA总部设在加拿大蒙特利尔，在瑞士日内瓦设有办事处和清算所，在伦敦和新加坡也设有办事机构。

凡是由国际民用航空组织成员国颁发执照的任一经营定期航班的航空公司，经本国政府的许可都能成为该协会的会员。经营国际定期航班的航空公司为正式会员，只经营国内航班或包机业务的航空公司为准会员。目前，国际航空运输协会在全世界近100个国家或地区设有办事处，且有280家航空公司会员遍及全世界180多个国家或地区。

图 1.2　IATA 标识

IATA 标识如图 1.2 所示。

3. 国际货运代理协会联合会

国际货运代理协会联合会（International Federation of Freight Forwarders Associations）的法文缩写为 FIATA，是一个非营利性的国际货运代理行业组织，于 1926 年 5 月 31 日在奥地利维也纳成立，总部设在瑞士苏黎世，并分别在欧洲、美洲和太平洋、非洲、中东 4 个区域设立了地区办事处，任命有地区主席。此外，还设有秘书处，其中亚洲和太平洋地区的秘书处设在印度孟买。

国际货运代理协会联合会的宗旨是：保障和提高国际货运代理在全球的利益。工作目标是：团结全世界的货运代理行业；以顾问或专家身份参加国际性组织，处理运输业务，代表、促进和保护运输业的利益；通过发布信息、分发出版物等方式，使贸易界、工业界和公众熟悉货运代理人提供的服务；提高制定和推广统一货运代理单据、标准交易的条件，改进和提高货运代理的服务质量，协助货运代理人进行职业培训，处理责任保险问题，提供电子商务工具。

FIATA 标识如图 1.3 所示。

4. 中国航空运输协会

中国航空运输协会（China Air Transport Association，CATA）是民航体制改革后成立的第一个民间社会团体，是依据民航总局《关于民航协会改革指导意见》于 2004 年 8 月 24 日开始筹备的，由中国航空集团公司牵头，中国东方航空集团公司、中国南方航空

图 1.3　FIATA 标识

集团公司、海南航空控股股份有限公司、上海航空有限公司、中国民航大学、厦门航空有限公司、深圳航空有限责任公司、四川航空股份有限公司 8 家单位发起设立。2005 年 2 月 8 日，民航总局审核同意中国航空运输协会筹备成立和拟任领导人人选，民政部于 2005 年 9 月 6 日正式批准了设立申请。截至目前，中国航空运输协会已有单位会员 39 个。

图 1.4　CATA 标识

CATA 标识如图 1.4 所示。

三、机型介绍

1. 飞机的舱位结构

飞机主要分为两种舱位：主舱（Main deck）、下舱（Lower deck）。但 B747 飞机分为 3 种舱位：上舱（Upper deck）、主舱、下舱。B747 飞机舱位结构如图 1.5 所示。

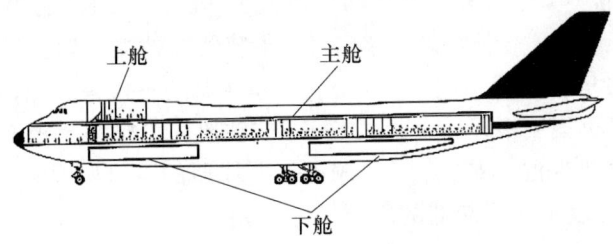

图 1.5　B747 飞机舱位结构

2. 飞机的分类

1）按机身宽度划分

（1）窄体飞机（Narrow-body Aircraft）。机身宽度约为3m，客舱内有一条通道。下舱内一般只能装载散装货物，如B707、B717、B727、B737、B757、DC-8、DC-9、MD-80、MD-90、A318、A319、A320、A321等。

（2）宽体飞机（Wide-body Aircraft）。机身宽度不小于4.72m，客舱内有两条通道。下舱内可装载集装货物和散装货物，如B747、B767、B777、DC-10、MD-11、A300、A310、A330、A340等。

2）按用途划分

（1）全货机（All Cargo Aircraft/Freighter）。主舱、下舱内全部装载货物，如B737-200F。

（2）全客机（Passenger Aircraft）。只在下舱内装载货物，如B737-300。

（3）客货混用机（Mixed/Combination）。在主舱前部设有旅客座椅，后部可装载货物，下舱内也可装载货物，如B747-200Combi。

自我检测

（1）简述航空货物运输的优势和劣势。

（2）简述6种货物运输方式的优缺点。

（3）简述宽体飞机与窄体飞机的特点，并列出常见的宽体飞机与窄体飞机的型号。

（4）查阅资料，并讨论国内航空货物运输的现状和发展趋势。

第二节 集装货物运输

一、集装设备的种类

集装设备是一种运输设备，具有承载能力强，可长期反复使用的特点；其在一种或多种运输方式下运输时，无须中途换装；具有快速装卸和搬运的装置，便于货物装满或卸空；内容积为$1m^3$或$1m^3$以上。

集装设备的种类有集装板和网套、集装箱、集装棚。

二、集装设备的代号

集装器是专为飞机设计的集装设备，集装器识别代码，即集装器的编号，由3部分组成，表示集装器的类型、尺寸、外形与飞机是否匹配，是否注册等，如AKE2001AA。

（1）第一部分，即第一个英文字母，表示集装器的种类，如：

A——注册的飞机集装箱；　　　　D——非注册的飞机集装箱；

P——注册的飞机集装板；　　　　F——非注册的飞机集装板；

R——注册的飞机保温集装箱；　　M——非注册的飞机保温集装箱。

第二个英文字母表示此集装器的底板尺寸，如：

K——153cm×156cm；　　　　A——224cm×318cm。

第三个英文字母表示此集装器的装载轮廓或外形及适用机型。

（2）第二部分，为4位或5位阿拉伯数字，表示集装器的编号（集装器所属航空公司自行编排的序号）。

（3）第三部分，为两个英文字母，表示集装器所属航空公司的两字代码。

三、集装运输的特点

集装运输有如下3个特点：

1. 集装运输是一种"门—门"运输

这里的"门—门"，一是指制造企业的"门"，二是指市场的"门"。所谓"门—门"，就是从制造企业将最终消费品生产完毕，装入集装设备后，无论进行多长距离、多么复杂的运输，中间不再进行任何装卸，一直到市场"门"，再卸下直接进入商场。这既是集装运输的特点，又是采用集装运输所要达到的目标。凡使用集装设备运输的货物，都应尽量不在运输中途进行拆箱与装卸。

2. 集装运输是一种多式联运

集装运输"门—门"的特点决定了其"多式联运"的特点。所谓多式联运，是指使用两种或两种以上的运输方式，对特定货物的运输。它以各种运输工具的有机结合为前提条件。并且在很多情况下，集装运输又是国际多式联运。所谓国际多式联运（International Multimodal Transport），是指根据一个单一的合同，以两种或两种以上的运输方式，把货物从一个国家运往另一个国家。这种单一的合同，即为多式联运单据或合同，由组织这种运输的个人或企业（联运经营人）签发，并由其负责执行全运程的运输业务。由于集装设备是一种封闭式的装载工具，在海关的监督下装货铅封以后，可以一票到底直达收货人。因此，集装运输是最适合国际多式联运的一种方式。

3. 集装运输是一种高效率的运输方式

这种高效率包含两方面的含义：一是时间上的高效率。由于集装设备在结构上是高度标准化的，与之配合的装卸机具、运输工具（船舶、卡车、火车等）也是高度标准化的，因此在各种运输工具之间的换装与紧固均极其迅速，大大节省了运输时间。二是经济上的高效率。集装运输可以在多方面节省装卸搬运费用、包装费用、理货费用、保险费用等，并大幅降低货物破损损失。这些都决定了集装运输是一种高效率的运输方式。同时，集装运输也是一种消除了货物外形差异的运输方式。

第三节 民航货物运输资料介绍

一、航空货运指南

OAG（Official Airline Guide）为客运航空、货运航空及商务旅行市场提供全球航班信息及数据解决方案。通过管理、分销航线信息产品，提供企业差旅策划工具并对旅行与运输产品进行促销，OAG将航空旅行与运输的供求双方连接在一起。OAG的业务以其数据管理为坚实基础，拥有与航空和旅行相关的信息与资讯，并以其管理的全球航空数据库最为知名。

OAG提供的信息覆盖全球航班分销系统和各旅游门户，对航空业如航空公司、机场、空中交通管理机构、航空金融分析机构、飞机制造商、飞机维修商、机场设计者及政府机构都有切实帮助。OAG 数据系统每 10s 更新一个新的航班信息，覆盖大约 2800 万个航班。

OAG 在全球经营 3 大业务：OAG 航空、OAG 货运和 OAG 旅游。

其中 OAG 货运业务为全球的航空货运行业提供了大量的创新产品与系列服务。其航空货运行业的门户网站中包括路线与装运策划工具、危险品条例、动态货运价格数据库、空货及路面运输计划数据、跟踪与分析解决方案及多种形式的货运时刻表产品。其知名的交互在线服务平台在全球 26 个市场有超过 25000 个注册货运代理和航空公司用户。

二、国际航空货物运输手册

TACT（The Air Cargo Tariff）是由国际航空出版社（IAP）与国际航空运输协会（IATA）合作出版的"空运货物运价手册"的缩写。

1975 年，一些航空公司各自出版其空运货物运价手册，其中的内容大致相同，但是格式相差甚远。为了减少浪费，并使空运货物运价手册更加具有实用性、通用性，国际航协决定共同出版一本全球适用的空运货物运价手册，这就是 TACT 的来历。

TACT 主要分为 3 个部分，即 TACT Rules、TACT Rates-North America、TACT Rates-Worldwide。

其中：

TACT Rates 每两个月出版一期，分别在二月、四月、六月、八月、十月和十二月出版。

TACT Rules 每年出版两期，分别在四月、十二月出版。

（1）TACT Rules 的内容非常全面，包括 IATA 在国际运输中的所有规则。主要内容有：

① GENERAL INFORMATION；
② ACCEPTANCE FOR CARRIAGE；
③ TRANSPORTATION CHARGES；
④ SERVICES AND RELATED CHARGES；
⑤ PAYMENT RATES AND CHARGES AND CURRENCY CONVERSION；
⑥ THE AIR WAYBILL；
⑦ INFORMATION BY COUNTRIES；
⑧ CARRIERS' SPECIAL REGULATIONS。

（2）TACT Rates-North America（《北美运价手册》）包含从北美出发或到北美的运价。主要内容有：

① SPECIAL RATES；
② DESCRIPTIONS；
③ NOTES；
④ RATES；
⑤ ADD-ONS。

（3）TACT Rates-Worldwide（《世界（除北美）运价手册》）包含除北美的全世界的运价。主要内容有：

① SPECIAL RATES；
② DESCRIPTIONS；
③ NOTES；
④ RATES；
⑤ ADD-ONS。

第二章 航空货运代理

学习提示

航空货运代理业是随着航空运输的发展而产生的，航空货运代理人在航空运输企业和旅客、货主之间扮演着非常重要的角色。本章主要介绍航空货运代理业和航空货运代理人的相关知识及国际航空进出口货运代理流程。

经过本章的学习，要求熟悉航空货运代理业和航空货运代理人的相关知识，掌握国际航空进出口货运代理流程。

学习本章时，使用联想记忆法和推测学习法。

第一节 航空货运代理概述

航空货运代理业是指受民用航空企业委托，在约定的授权范围内，以委托人名义代为处理航空货物运输销售及其相关业务的营利性行业。从事航空货运代理业的企业称为航空货运代理人。

一、航空货运代理业的由来

航空货运代理业的产生是社会分工和专业化发展的结果。在第二次世界大战后，航空货物运输开始出现。早期的货物运输主要依靠航空公司自己开拓市场。随着国际贸易和航空货物运输市场的发展，一些经营海运和旅游代理业务的公司便在公司内部增设航空货运代理部门，专营航空货运代理业务，因此很快就出现了一个个独立的航空货运代理公司并逐步发展成为航空货运代理业。目前，航空货运代理人已经渗透到航空货物运输业的各个角落，成为航空货物运输业中不可缺少的组成部分。

二、航空货运代理人的定义和作用

航空货运代理人（The Air Cargo Agent）是伴随着航空货物运输市场的繁荣而发展起来的；通常是接受航空公司或托运人的委托，专门从事航空货物运输的组织工作，如揽货、接货、订舱、制单、报关、交运或转运等，为托运人和航空承运人提供各种服务，从而获取一定的报酬；是航空货物运输市场中连接托运人和航空承运人的重要桥梁。

航空货运代理人专门从事航空货物运输的代理工作，其业务娴熟，经验丰富，精通运输、贸易、保险和法律方面的知识，熟悉政策，与运输、贸易、银行、保险、海关、商检等部门有广泛的联系，在市场开拓等方面拥有巨大的优势。对于托运人来说，只需要少量的佣金，就可以得到航空货运代理人的专业优质服务；对于航空公司来说，不需要投资或者只需要少量的投资，就可以让具备专门知识的人来分担其烦琐的辅助性服务工作。航空货运代理人在为航空公司开拓国际国内航空货物运输市场、促进航空货物运输市场的发展等方面发挥了相当大的作用。

从 20 世纪 80 年代开始，我国大力发展航空货运代理业，打破了以前由中国对外贸易运输总公司（中外运）一家垄断国际货运代理（包括航空货运代理）的局面。很快，在 20 世纪 80 年代中期，出现了 50 多家专业的航空货运代理公司。目前，作为航空运输辅助服务的近 3 万家代理公司中，有相当一部分属于专门的航空货运代理人或者开设了航空货运代理业务。航空货运代理人在联系航空公司和货源市场方面逐步发挥着主渠道的作用，已经成为发展航空货物运输必不可少的重要部分。要开拓国内国际航空货物运输市场，必须大力发展我国的航空货运代理业，建立健全的航空货运代理网络。

三、航空货运代理人的类型

（1）一类航空货运代理人，指经营国际航线或中国台湾、中国香港、中国澳门航线的民用航空运输销售代理业务。

（2）二类航空货运代理人，指经营国内航线除中国台湾、中国香港、中国澳门航线外的民用航空运输销售代理业务。

四、航空货运的当事人

航空货运涉及的当事人主要有：托运人（货主）、收货人、承运人（航空公司）和代理人（航空货运公司）。代理人可以是货主的代理，也可以是航空公司的代理，也可身兼二职，我国一般是身兼二职。

五、航空货运代理存在的必然性

（1）从航空公司的角度来看，航空货运代理的存在，使航空公司能更好地致力于自身主业，无须负责处理运输前和运输后繁杂的服务项目。

（2）从托运人的角度来看，可使托运人不必花费大量的精力去熟悉繁复的运输操作流程。

（3）航空货运代理在办理航空托运方面具有无可比拟的优势。

六、航空货运代理的业务范围

航空货运代理除提供订舱、租机、制单、代理包装、代刷标记、报关报验、业务咨询等传统代理业务外，还提供集中托运、地面运输、多式联运等服务。

七、集中托运

集中托运是集中托运人将若干批单独发运的货物组成一整批向航空公司办理托运，并采用一份总运单集中发运到同一目的站，由集中托运人在目的站指定的代理人收货，再根据集中托运人签发的分运单分拨给各实际收货人的运输方式，也是航空货物运输中最为普遍的一种运输方式，是航空货运代理的主要业务之一。

与航空货运代理人不同，集中托运人的地位类似多式联运中的多式联运经营人。他承担的责任不仅仅是在始发站将货物交给航空公司，在目的站提取货物并转交给不同的收货人，集中托运人承担的是货物的全程运输责任，而且在运输中具有双重角色。他对各个托运人负货物运输责任，地位相当于承运人；在与航空公司的关系中，他又被视为集中托运的一整批货物的托运人。

集中托运作为最主要的一种航空货物运输方式有着鲜明的特征，同时也给托运人带来了极大的便利，主要表现在以下 3 个方面：

（1）由于航空运费的费率随托运货物数量的增加而降低，因此当集中托运人将若干个小批量货物组成一大批发运时，能够争取到更为低廉的费率，二者形成一个大的价差。集中托运人会将差额的一部分用于支付目的站代理人的费用，一部分用于返还给托运人以吸引更多的客户，剩余的作为集中托运人的收益。

（2）集中托运人的专业性服务也会使托运人收益，包括完善的地面服务网络，拓宽了的服务项目，以及更高的服务质量。

（3）因为航空公司的总运单与集中托运人的分运单效力相同，所以采用集中托运的方式时，托运人结汇的时间提前，资金的周转加快。

但是，集中托运也有局限性，主要表现在以下3个方面：

（1）珍贵物品、活体动物、危险品、外交信袋等根据航空公司的规定不得采用集中托运的方式。

（2）由于在采用集中托运的方式时，货物的发运时间不能确定，因此不适合易腐烂变质的货物、紧急货物或其他对时间要求高的货物的运输。

（3）对于书本等可以享受航空公司优惠运价的货物，采用集中托运的方式并不能享受运价的优惠。

八、多式联运

多式联运是采用两种或两种以上运输方式进行联运的运输组织形式。这里的两种运输方式可以是海陆、陆空、海空等。这与一般的海海、陆陆、空空等形式的联运有着本质的区别。后者虽然也是联运，但仍是同一种运输工具之间的联运。

各种运输方式均有自身的优点与不足。一般来说，水路运输具有运量大、成本低的优点；公路运输具有机动灵活，便于实现货物"门—门"运输的特点；铁路运输的主要优点是不受气候影响，可深入内陆和横贯内陆，实现货物长距离的准时运输；航空运输的主要优点是可实现货物的快速运输。由于国际多式联运严格规定必须采用两种或两种以上的运输方式进行联运，因此这种运输组织形式可综合利用各种运输方式的优点，充分体现社会化大生产大交通的特点。

由于国际多式联运具有其他运输组织形式无可比拟的优越性，因此这种国际运输新技术已在世界各主要国家和地区得到广泛的推广和应用。

第二节　国际航空出口货运代理流程

一、市场销售

承揽货物是货运代理业务的核心。在具体操作时，需及时向出口单位介绍本公司的业务范围、服务项目、各项收费标准，特别是向出口单位介绍优惠运价，介绍本公司的服务优势等。

航空货运代理人向托运人进行询价，必须了解以下方面的情况：

（1）品名（是否为危险品）。

（2）重量（涉及收费）、体积（尺寸大小及是否为泡货）。

（3）包装（是否为木箱，有无托盘）。

（4）目的机场（是否为航空公司直达航点）。

（5）要求时间（直飞或转飞）。

（6）要求航班（各航班服务及价格差异）。

（7）提单类别（总运单及分运单）。

（8）所需运输服务（报关方式、代办单证、是否清关派送等）。

从托运人的角度来看，委托航空货运代理人办理航空运输要比自己亲自办理更为便利，更有效率。因此，托运人一般也更愿意委托航空货运代理人办理货物托运。

二、委托运输

在双方就航空货运代理事宜达成意向后，航空货运代理人就可以向托运人提供一份自己代理的航空公司的空白"国际货物托运书"，让托运人填写。

根据《华沙公约》的相关规定，托运书必须由托运人自己填写，并在上面签字或盖章。

某些特殊货物，如活体动物、危险品，由航空公司直接收运。

在接受托运人委托后，航空货运代理人通常会指定专人对托运书进行审核。审核重点应看价格和航班日期。

审核后，审核人员必须在托运书上签名并注明日期以示确认。

委托时，托运人除应填制"国际货物托运书"外，还应提供贸易合同副本、出口货物明细发票、装箱单及检验、检疫和通关所需要的单证和资料给航空货运代理人。

三、审核单证

航空货运代理人从托运人处取得单证后，应指定专人对单证进行审核，查看单证是否齐全，内容填写是否完整规范。

四、预配舱

航空货运代理人汇总托运书，制订预配舱方案，并给每票货物分配货运单号。

五、预订舱

航空货运代理人根据预配舱方案，向航空公司预订舱。

六、接收单证

航空货运代理人收到托运人送交的已经审核确认的托运书、报关单证和收货凭证后，将电脑中的收货记录与收货凭证核对并制作以下单据：

（1）操作交接单。

（2）逐单预配货运单。

（3）逐单随附报关单证。

然后将制作好的交接单、预配的总运单或分运单、报关单证移交制单。

如此，货物未到或未全到，可以按照托运书上的数据填入交接单并注明，货物到齐后再进行修改。

七、填制货运单

如果是直接运输的货物，只需填开航空公司的货运单，并将收货人提供的货物随附单据订在货运单后面。

如果是集中托运的货物，必须先为每票货物填开航空货运代理人的分运单，再填开航空公司的总运单，同时还需要制作集中托运货物舱单，并将集中托运货物舱单、所有的分运单及随附单据装入一个信袋，订在货运单后面。

最后制作《空运出口业务日报表》，供制作标签用。

八、接收货物

货物一般是运送到货运代理人的仓库或直接送达机场货站。

接收货物一般与接收货运单同时进行。

接收货物时，双方应办理货物的交接、验收，并进行过磅称重和丈量，并根据发票、装箱单或送货单清点货物，并核对货物的数量、品名、合同号等是否与货运单上的一致；检查货物的外包装是否符合运输的要求。

九、标记和标签

通常一件货物贴一张航空公司标签，有分运单的货物（如集中托运的货物），每件再贴一张分标签。

十、配舱

配舱时，需要运出的货物都已入库。这时需要核对货物的实际件数、重量、体积与托运书上预报数量的差别；应注意对预订舱位、板箱的有效领用、合理搭配，并按照各航班机型、板箱型号、高度、数量进行配载。同时，对于货物晚到、未到情况及未能顺利通关放行的货物做出调整处理，为制作配舱单做准备。实际上，这一过程一直延续到单、货交接给航空公司后才结束。

十一、订舱

订舱，就是将所接收运输的货物向航空公司正式提出运输申请并订妥舱位。

十二、航空公司舱位销售的原则

货运代理人订舱时，可依照托运人的要求选择最佳的航线和最佳的承运人，同时为托运人争取最低、最合理的运价，为此，就要求货运代理人必须掌握每家航空公司、每条航线、每个航班甚至每个目的站的运价和航班日期的信息。

在订舱过程中，货运代理人要与托运人保持密切联系。订舱前，就航班选择和运价情况需要征得托运人同意，订舱后，要及时向托运人确认航班及其相关信息（将订舱情况通知托运人），以便及时备单、备货。

海关审核无误后，海关的工作人员将在用于发运的货运单正本上加盖放行章。

十三、出舱单

预配舱方案制订后就可着手编制出舱单。

十四、申请集装设备

货运代理人向航空公司办理申领板、箱的相应手续，以便装货。

十五、货物装入集装设备

货物装入集装设备俗称"打板"。此过程要综合考虑货物的种类、轻重、大小及单证等的一致性和协调性。

十六、签单

货运单在盖好海关放行章后还需到航空公司签单。只有签单确认后才允许将单、货交给航空公司。

十七、交接发运

交接是向航空公司交单交货。

交单就是将随附单据和应由承运人留存的单据交给航空公司。

交货即把与单据相符的货物交给航空公司。交货之前必须粘贴或拴挂货物标签，（交货时根据标签）清点和核对货物，填制《国际货物交接清单》。大宗货物、集中托运货物以整板、整箱称重交接；零散货物按票称重，计件交接。航空公司审单验货后，在交接签收单上签字，并将货物存入出口仓库，单据交吨控部门，以备配舱。

十八、航班跟踪

要进行货物追踪，首先要确认货物是由哪家航空公司承运的，并得到其相应的货运单号。此货运单号通过相应航空公司对应网站的货物在线追踪系统也可得知。若有些航空公司尚未在网上使用货物在线追踪系统，则可以通过电话进行追踪。

国内几大航空公司都使用了货物在线追踪系统，如中国国际航空公司、中国东方航空股份有限公司、中国南方航空公司、上海航空股份有限公司。

十九、信息服务

航空货运代理人必须在多方面为客户做好信息服务：

（1）订舱信息。
（2）审单及报关信息。
（3）仓库收货信息。
（4）交运称重信息。
（5）一程及二程航班信息。
（6）集中托运信息。
（7）单证信息。

总之，航空货运代理人应为委托人进行全程信息服务。

二十、费用结算

费用结算主要涉及向航空公司、机场地面代理、托运人和国外代理人4方面的结算。

1. 与航空公司结算费用

向航空公司支付航空运费及代理费，同时收取代理佣金。

2. 与机场地面代理结算费用

向机场地面代理支付各种地面杂费。

3. 与托运人结算费用

向托运人收取以下费用：

（1）航空运费（在运费预付的情况下）。
（2）地面杂费。
（3）各种服务费和手续费。

4. 与国外代理人结算

与国外代理人结算到付运费和利润分成。

注意：目前，中国民用航空局下属的各航空公司不办理运费到付业务。

第三节 国际航空进口货运代理流程

一、代理预报

在国外发货之前，国外的货运代理人会将货运单、航班、件数、重量、品名、实际收货人及其地址、联系电话等内容通过传真或 E-mail 发给目的站的货运代理人，这一过程称为预报。

注意：

（1）中转航班。中转航班的延误会使货物的实际到达时间和预报时间出现差异。

（2）分批货物。从国外一次性运来的货物在国内中转时，由于国内载量的限制，往往采用分批的方式运输。

二、交接单、货

货运代理人凭到货通知向货站办理提货事宜。

交接时要做到：

（1）单、单核对，即交接清单与总运单核对。

（2）单、货核对，即交接清单与货物核对。

另外，还需要注意分批货物，应正确填写空运进口分批货物登记表。

总之，货运代理人在与货站办理交接手续时，应根据总运单及交接清单核对实际货物，若存在有单无货或有货无单的情况，则应在交接清单上注明，以便航空公司组织查询并通知入境地海关。

发现货物丢失、破损或其他异常情况，既可以向航空公司索要商务事故记录作为实际收货人交涉索赔事宜的依据，也可以由航空货运代理人代表收货人向航空公司办理索赔。

三、理货与仓储

航空货运代理人自航空公司接收货物后，立即短途驳运进自己的监管仓库，组织理货及仓储。

航空货运代理人根据不同货种的实际需要进行保管。

注意：上述货物的仓储，无论是在航空公司的货站、机场的货站，还是在航空货运代理人的仓库，都是由海关监管的。

四、理单与到货通知

具体操作如下：

（1）集中托运，总运单项下拆单。

（2）分类理单、编号。

（3）编配各类单证。

（4）发出到货通知及时效性要求。

五、制单与报验报关

1. 进口报验报关

需要做商检的货物应向商检局申报，查验合格后商检局将出具证明文件，由报关行、托运人或货运代理人交入海关，再进行进口报关程序。

2. 制单

制单是指按海关要求，依据货运单、发票、装箱单及证明货物合法进口的有关批准文件制作进口货物报关单。

货运代理人制单时的一般程序为：

（1）长期协作的收货人单位，有进口批文、证明手册等存放于货运代理人处的货物发出到货通知后，即可制单、报关，通知收货人提货或代办运输。

（2）部分进口货物，因收货人单位（或经营单位）缺少证明货物合法进口的有关批准文件的，可于理单、审单后，列明内容，向收货人单位催寄证明货物合法进口的有关批准文件，亦可将货运单及随附单据、提货单以快递形式寄送收货人单位，由其备齐证明货物合法进口的有关批准文件后再决定制单、报关事宜。

（3）无须证明货物合法进口的有关批准文件的，可直接制单、报关，通知收货人提货或代办运输。

（4）部分收货人要求异地清关时，在符合海关规定的情况下，制作转关运输申报单办理转关手续。进口货物报关单上需由报关人填报的项目有进口口岸、收货单位、经营单位、合同号、批准机关及文号、外汇来源、进口日期、提单或货运单号、运杂费、件数、毛重、海关统计商品编号、货品规格及货号、数量、成交价格、价格条件、货币名称、申报单位、申报日期等。转关运输申报单内容少于进口货物报关单，但仍需按要求详细填列。

3. 进口报关程序

（1）初审。

（2）审单。

（3）征税。

（4）验放。

最后，由海关在航空公司货运单正本上或经海关认可的分运单上加盖放行章。

六、收费与发货

办完报验报关等进口手续后，收货人必须凭盖有海关放行章、检验检疫章（进口药品必须有药品检验合格章）的进口货物提货单到所属监管仓库付费提货。

货运代理人在发放货物前，一般先将费用收妥。收费内容有：到付运费及垫付佣金，单证、报关费，仓储费，装卸费，铲车费，航空公司到港仓储费，海关预录入、动植检、卫检报验等代收代付费，关税及垫付佣金。

货物交接不当将会导致纠纷及索赔，应特别注意以下事项：

（1）分批到达的货物，应收回原进口货物提货单，并出具分批到达货物提货单，待后续货物到达后再通知货主提取。

（2）由航空公司造成的货物破损、丢失，应由航空公司签发商务事故记录。

（3）由货运代理人造成的货物破损、丢失，应由货运代理人签发商务事故记录。

（4）由货运代理人造成的破损事故，应尽可能协同收货人、商检单位立即在仓库进行检验，确定货损程度，以避免在后面的运输中加剧货损的程度。

七、送货与转运

1. 送货上门业务

送货上门业务主要是指将进口清关后的货物直接运送至收货人单位,运输工具一般为汽车。

2. 转运业务

转运业务主要是指将进口清关后的货物转运至内地的货运代理人,运输工具主要为飞机、汽车、火车、轮船。

3. 进口货物转关及监管运输

进口货物转关及监管运输主要是指货物入境后不在入境地海关办理进口报验报关手续,而运往另一设关地点办理进口报验报关手续,且在办理进口报验报关手续前,货物一直处于海关监管状态。监管运输亦称转关运输,意味着此运输过程置于海关监管之中。

自我检测

航空货运代理人分为哪几类?他们分别代理哪些业务?

第三章　民航货物运输专业术语

学习提示

本章主要列举民航货物运输的常见专业术语。民航货物运输涉及多个环节、航空公司、代理人和托运人，而货物运输与旅客运输最大的区别在于，一旦货物被承运就始终处于被动状态，因此各生产环节之间如何进行业务交流和沟通，业务电报、运输文件、运输标签、专业术语等在运输过程中就起着重要的桥梁作用。

学习本章时，使用联想记忆法。

专业术语是专业知识的基础。以下从货物运输的储藏、运输环节入手，讲解储运注意事项代码的缩略语、英文全称及中文释义。同时在此基础上介绍常用的民航货物运输名词及相关含义。

一、储运注意事项代码

（1）AOG　　Aircraft on Ground 紧急航材。
（2）AVI　　Live Animal 活体动物。
（3）SPF　　Laboratory Animals 实验用动物。
（4）BIG　　Outsized 超大货物。
（5）HEA　　Heavy Cargo, 150 kg and over Per Piece 超重货物。
（6）CAO　　Cargo Aircraft Only 仅限货机。
（7）CAT　　Cargo Attendant Accompanying Shipment 押运货物。
（8）DGD　　Shipper's Declaration for Dangerous Goods 发货人危险货物申报单。
（9）HEG　　Hatching Eggs 种蛋。
（10）EAT　　Foodstuffs 食品。
（11）FRO　　Frozen Goods 冰冻货物。
（12）GOH　　Hanging Garments 高级时装。
（13）HUM　　Human Remains in Coffin 灵柩。
（14）ICE　　Dry Ice 干冰。
（15）MAG　　Magnetized Material 强磁性物质。
（16）LHO　　Living Human Organs/Blood 活的人体组织/血液。
（17）NWP　　Newspapers, Magazines 报纸，杂志。
（18）PAC　　Passenger and Cargo 旅客和货物。
（19）PEF　　Flowers 鲜花。
（20）PEM　　Meat 动物肉。
（21）PEP　　Fruits and Vegetables 水果蔬菜。
（22）PER　　Perishable Cargo 鲜活易腐物品。

(23) PES　　Fish/Seafood 鱼/海鲜。
(24) VOL　　Volume 体积。
(25) VAL　　Valuable Cargo 贵重物品。
(26) VUN　　Vulnerable Cargo 易受损坏或易遭盗窃的物品。
(27) SWP　　Sporting Weapons 体育运动枪械武器。
(28) WET　　Shipments of Wet Material Not Packed in Watertight Containers 湿货。

二、民航货物运输常用名词

(1) 国际民用航空组织 International Civil Aviation Organization (ICAO)。
(2) 国际航空运输协会 International Air Transport Association (IATA)。
(3) 定期航班航空公司 Scheduled Airline。
(4) 不定期航班承运人 Chartered Carrier。
(5) 航空快递 Air Express。
(6) 航空货运单 Air Waybill。
(7) 总运单 Master Air Waybill (MAWB)。
(8) 分运单 House Air Waybill (HAWB)。
(9) 重货 High Density Cargo。
(10) 轻货 Low Density Cargo。
(11) 计费重量 Chargeable Weight。
(12) 实际毛重 Actual Gross Weight/Gross Weight。
(13) 体积重量 Volume Weight。
(14) 最低运费 Minimum Charge。
(15) 确指品名运价 More Specific Description。
(16) 泛指品名运价 Less Specific Description。
(17) 指定商品运价 Specific Commodity Rates (SCR)。
(18) 等级货物运价 Commodity Classification Rates (CCR)。
(19) 普通货物运价 General Cargo Rates (GCR)。
(20) 集装设备 Unit Load Devices (ULD)。
(21) 比例运价 Construction Rate。
(22) 比例运价附加额 Add-on Amount。
(23) 分段相加运价 Combination of Rate。
(24) 航空运费 Weight Charge。
(25) 其他费用 Other Charges。
(26) 货运单费 Documentation Charges。
(27) 垫付费 Disbursements Fees。
(28) 运费到付货物手续费 CC Fee。
(29) 声明价值附加费 Valuation Charges。
(30) 运输声明价值 Declared Value For Carriage。
(31) 不要求声明价值 No Value Declared (NVD)。
(32) 海关声明价值 Declared Value For Customs。

(33) 无海关声明价值 No Customs Valuation (NCV)。

(34) 始发站机场 Airport of Departure。

(35) 目的站机场 Airport of Destination。

(36) 储运注意事项 Handling Information。

(37) 货物品名及数量 Nature and Quantity of Goods。

(38) 货物尺寸、体积（长/宽/高）Dimensions or Volume (Length/Width/Height)。

三、名词解释

(1) 航空货运单（Air Waybill，AWB）：由托运人或以托运人名义签发的单据，是托运人和承运人之间货物运输的证明。

(2) 航空公司货运单（Master Air Waybill，MAWB）：即总运单，这是包括一批集装货物的航空货运单，上面列明货物集合人为发货人。

(3) 货运代理空运提单（House Air Waybill，HAWB）：即分运单，该文件包括拼装货物中的单件货物，由混装货物集合人签发，并包括给拆货代理人的指示。

(4) 中性航空货运单（Neutral Air Waybill）：一份没有指定承运人的标准航空货运单。

(5) 集运代理人（Consolidator）：将货物集合成集运货物的人或机构。

(6) 托运人（Shipper）：等同发货人。货物运输合同中指定的向收货人发货的人或公司。

(7) 收货人（Consignee）：其名字列于航空货运单上，接收由承运人运送的货物。

(8) 交运货物（Consignment）：由承运人在某一时间及地点接收托运人的一件或多件货物，并以单一的航空货运单承运至某一目的站的行为。

(9) 贵重物品（Valuable Cargo）：申明价值毛重平均每千克等于或超过1000美元的物品，如黄金和钻石等。

(10) 鲜活易腐物品（Perishable Cargo）：在一般运输条件下或在不利的温度、湿度或在其他环境下易腐的物品。

(11) 易受损坏或易遭盗窃的物品（Vulnerable Cargo）：没有申明价值，但明显需要小心处理的物品，或特别容易遭受盗窃的物品。

(12) 危险货物（Dangerous Goods）：指在空运时，可能对健康、安全或财产造成重大威胁的物品或物质。

(13) 集运货物（Consolidated Consignment）：由两个或两个以上托运人托运的货物拼成的一批货物，每位托运人都与集运代理人签订了运输合同。

(14) 混运货物（Mixed Consignments）：使用同一份货运单运输的货物中，包含不同运价、不同运输条件的货物。

(15) 散件货物（Bulk Cargo）：未经装上货板和装入货箱的散件货物。

(16) 预装货物（Prepacked Cargo）：在提交货站经营者之前，已由托运人包装在集装设备中的货物。

(17) 无人陪伴行李（Unaccompanied Baggage /Shipped as Cargo）：非随身携带而经

货运部门运输,以货物托运方式交运的行李。

(18) 托运人托运声明书(Shipper's Letter of Instruction):简称托运书,包括托运人或托运人的代理人准备的关于托运货物的文件。

(19) 活体动物/危险品托运人证明书(Shipper's Certificate for Live Animals/Dangerous Goods):托运人做的声明,即声明其活体动物或危险品已根据 IATA 最新版本的规则、所有承运人的规则和政府法律的规定进行了妥善包装、准确描述,符合民航货物运输标准。

(20) 管理、商业和运输电子资料交换(Electronic Data Interchange for Administration, Commerce and Transportation;EDIFACT):EDIFACT 是用于电子资料交换的讯息句法的国际标准。

(21) 禁运(Embargo):指承运人在一定期限内拒绝在任何航线,或其中的部分航线承运任何类型或等级的货物。

(22) 仅限货机承运(Cargo Aircraft Only/Do Not Load in Passenger Aircraft,CAO):表示只能用货机运载。

(23) 保税仓库(Bonded Warehouse):在这种货仓内,货物可以无限期存放,且无须缴纳进口关税。

(24) 到岸价格(Cost, Insurance and Freightage;CIF):指"成本、保险和运费",即 C&F 外加卖方为货物购买损失和损毁的保险。卖方必须与保险商签订合同并支付保费。

(25) 离岸价格(Free on Board,FOB):在"船上交货"的条件下,货物由卖方在买卖合同指定的装船港装船。货物损失或受损害的风险在货物经过船舷(离开码头被置于船上后)时便转移给买方。装卸费由卖方支付。

(26) 机场离岸价(FOB Airport):与一般 FOB 术语类似。卖方在离境机场将货物交付给航空承运人后,损失风险便由卖方转移到买方。货运代理(Forwarder)提供服务(如收货、转货或交货),以保证和协助货物运输的代理人或公司。

(27) 海关(Customs):负责征收进出口关税、查禁走私和麻醉品交易及滥用的政府机构。

(28) 清关(Customs Clearance):在原产地、过境和目的站进行货物运输或提取必须完成的海关手续。

(29) 到付运费(Charges Collect):即 CC,在航空货运单上列明向收货人收取的费用。

(30) 预付运费(Charges Prepaid):即 PP,在航空货运单上列明托运人已付的费用。

(31) 计费重量(Chargeable Weight):用来计算航空运费的重量。计费重量可以是体积重量、实际毛重或较高重量分界点重量。

(32) 总重量(Gross Weight):即毛重,装运货物的全部重量,包括货箱和包装材料的重量。

(33) 航空运费(Weight Charges):航空公司将一票货物由始发站机场运至目的站机场应收取的费用。

（34）垫付款（Disbursements）：由承运人向代理人或其他承运人支付，然后由最终承运人向收货人收取的费用。这些费用通常是支付代理人或其他承运人运输货物的运费和杂费。

（35）运输声明价值（Declared Value for Carriage）：由托运人向承运人申报的货物价值，目的是要计算运费或落实承运人因货物的丢失、损坏或延误应承担的责任。

（36）海关声明价值（Declared Value for Customs）：为核定关税向海关申报的货物价值。

（37）声明价值附加费（Valuation Charge）：以托运时申报的货物价值为基础的货物运输费用。

（38）ATA/ATD（Actual Time of Arrival/Actual Time of Departure）：实际到港时间/实际离港时间的缩写。

（39）ETA/ETD（Estimated Time of Arrival/Estimated Time of Departure）：预计到港时间/预计离港时间的缩写。

（40）出口许可证（Export License）：准许持证人（托运人）向特定目的站出口指定商品的政府许可文件。

（41）进口许可证（Import License）：准许持证人（收货人）进口指定商品的政府许可文件。

（42）标记（Marks）：即唛头，货物包装上标明用以辨认货物或标明托运人相关信息的记号。

（43）收货核对清单（Reception Checklist）：货运站经营者接收托运人货物时签发的文件。

（44）提货单（Shipment Release Form）：承运人向收货人签发的文件，用于从货运站经营者处提取货物。

（45）TACT（The Air Cargo Tariff）：由国际航空出版社（IAP）与国际航空运输协会（IATA）合作出版的"空运货物运价手册"的缩写。

（46）运费表（Tariff）：承运人运输货物的收费价格、收费和/或有关条件。运费表因国家、货物重量和/或承运人的不同而有所差异。

（47）集装设备（Unit Load Device）：用于运输货物的任何类型的集装箱或集装板（见图3.1）。

（48）国际货运代理协会联合会（International Federation of Freight Forwarders Association，FIATA）：该协会为国际货运代理的行业组织。

（49）世界航空指南（Official Airline Guide，OAG）。提供世界定期航班、航空公司班期时刻表等，提供航班衔接、时间换算、各国公众假期和运价等信息。

图 3.1　集装设备

第二篇　民航国内货物运输实务

第四章　国内货物收运

学习提示

航空货物收运工作是航空货物运输工作的起点，收运工作质量的高低直接影响货物运输全过程的运输质量。在收运工作中，工作人员要对收运的货物做最初的检查工作，并通过收运工作获得物流全过程都会使用的相关信息，如重量、体积、货物性质、各类运输文件、运输证明文件等。因此，从信息流控制及运输质量管理方面来看，收运工作是航空货物运输全过程的重要环节。

通过学习，了解航空货物收运工作流程，熟悉航空货物托运的一般规定；掌握航空货物托运书的填写；掌握航空货物收运工作的基本知识；熟悉航空运输对货物的限制及超限货物的处理。

学习本章时，使用理解记忆法。

第一节　国内航空货物收运工作流程

一、国内航空货物收运工作流程

国内航空货物收运工作流程如图 4.1 所示。

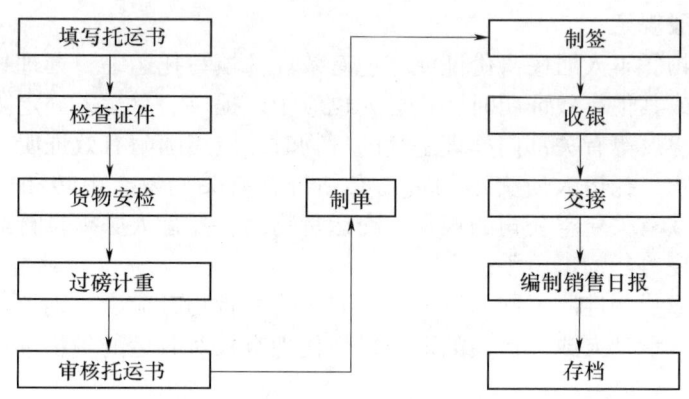

图 4.1　国内航空货物收运工作流程

二、航空货物收运工作

货物收运是承运人承运货物的开始。收运工作的好坏，对飞行安全、运输质量和贯彻运输原则都有直接影响。收运货物时，应按照下列程序操作。

（1）填写托运书。请托运人根据交运货物的实际情况，按要求认真填写托运书，并确保填写内容的真实性和准确性。

（2）检查证件。查验托运人的有效身份证件。

（3）货物安检。对货物进行安全检查，检查的方式主要有 X 射线机查看、开包检查和 24h 停放（由于各机场的安检设备有差异，因此称重与安检这两个工作的前后顺序并不固定）。

（4）过磅计重并清点货物件数。货物过秤后，在托运书的重量栏内填写重量。若为泡货，则应分别填写货物的计费重量和实际重量。若件数、重量与托运书上的不符，则应请托运人在托运书上更正。

（5）审核托运书。对托运人填写的托运书进行审核，若发现有不符合要求的地方，则请托运人及时更正或重新填写。

（6）填制货运单。根据托运书的内容填制货运单，并在托运书上填写货运单号码。

（7）贴挂标记标签。根据货运单填写货物标签，并将标签贴挂在货物包装的规定部位。

（8）计算并收取运费。根据货物的重量按公布货物运价和收费规定计算运费，并将金额填写在货运单的相关栏内。向托运人收取运费，款数点清后将货运单的第一联交给托运人。接受支票时，应审查支票的填写事项是否符合银行规定。

（9）货物入库交接。填写交接清单（仓单），将货物和货运单及时入库或转运。

（10）编制销售日报。根据货运单编制销售日报，连同货运单第一联及所收运费送交财务部门。

（11）文件归类存档。

第二节　航空货物托运

一、托运一般规定

托运国内货物凭本人居民身份证或其他有效证件填写托运书，办理托运手续，如需出具单位介绍信或其他有效证明时，托运人也应予以提供。承运人规定限制运输的货物或需要向公安、检疫等有关部门办理手续的货物时，应当随附有效证明。

托运国际货物，托运人所交运的货物必须符合有关始发、中转和目的地国家的法律、法令和规定及有关航空公司的规定。交运货物前，托运人必须自行或委托代理人办妥海关、卫生检疫等货物出境手续。

因运输条件或货物性质不同而不能在一起运输的货物，应当分别填写托运书。为确保航空运输安全，承运人或承运人的地面操作代理有权对收运的货物进行安全检查。

二、托运书

1. 托运书的定义

托运书是托运人办理货物托运时填写的书面文件，是填开货运单的凭据。

航空货物托运书如表 4.1 所示，由承运人提供给托运人。托运人在填写时，应按要求认真填写托运书中的各项内容,并对托运书内容的真实性、准确性负责。

表 4.1 航空货物托运书

(承运人公司LOGO)					
航空货运单号码:					
始发站:_____ 目的站:_____					
托运人姓名、地址				联系电话	
收货人姓名、地址				联系电话	
有无预订航班	有 无	月 日航班号		备注	
件数	包装	货物品名	实际重量	计费重量	保险金额
安全检查		安检人员签字盖章			
储运注意事项:					
托运人签字:_____ 身份证号码:_____ 托运单位:_____			承运人签字:_____ 日期: 年 月 日		

2. 托运书填写字迹要清楚

托运书应使用钢笔、圆珠笔或毛笔书写,有些项目如名称、地址、电话等可用戳印代替书写。字迹要清晰易认;不能潦草;不得使用非国家规范的简化字。

3. 托运书具体填写内容

航空货运单号码、实际重量、计费重量由航空公司或其代理人填写,其他内容均由托运人填写。托运书由航空公司或其代理人提供,托运书印有公司LOGO。各航空公司的托运书样式各有差异,但均包含以下内容。

(1) 航空货运单号码栏。由承运人填写该票货物的货运单号码。

(2) 始发站栏。填写货物始发站机场所在城市的名称。地名应写标准中文全称。有两个或两个以上机场的城市,应在城市的名称后注明机场名称,如上海虹桥国际机场、上海浦东国际机场等。

(3) 目的站栏。填写货物目的站机场所在城市的名称。地名应写标准中文全称。有两个或两个以上机场的城市托运人应指定到达站机场,并在目的站名称栏内注明,如上海虹桥国际机场、上海浦东国际机场等。

(4) 托运人姓名、地址、联系电话栏。填写托运人全名,托运人姓名要与有效身份证件上的姓名一致,若提供了地址或单位,则地址或单位要详细。联系电话要留移动电话号码或24h有人值守的固定电话,号码要书写清楚、准确。

(5) 收货人姓名、地址、联系电话栏。填写收货人全名,收货人姓名要与有效身份证件上的姓名一致，若提供了地址或单位，则地址或单位要详细。联系电话要留移动电话号码或24h有人值守的固定电话，号码要书写清楚、准确。

（6）有无预订航班栏。声明有无预订航班并在相应的栏内划"√"，若已订妥航班，则应填写托运人已预先订妥的航班号及日期。

（7）备注栏。属于危险物品、押运货物、急件、贵重物品或其他特种货物的在此栏内注明。

（8）件数栏。填写托运货物的总件数。

（9）包装栏。填写货物实际使用的外包装类别，如泡沫箱、瓦楞纸箱、纤维袋等。若该批货物包装不同，则应分别写明数量和包装类型，并填写每件货物的外包装尺寸和体积，单位分别用厘米和立方米表示。货物尺寸按其外包装的长×宽×高×件数的顺序填写。

（10）货物品名栏。填写货物的具体名称。不再填写表示货物类别的统称和品牌，如电脑、电视机等不能填写电子产品；心电图仪、压力表等不能填写仪器、仪表；急件、快件、押运货物、动物等不能作为货物品名。

（11）实际重量栏。填写不同种类货物的毛重和货物的总毛重。

（12）计费重量栏。填写计收运费的货物重量。

（13）保险金额栏。本着自愿的原则，托运人选择是否投保航空运输险，投保航空运输险的将投保价值填写在此栏内。

（14）安全检查栏。需要办理安全检查的货物在办理安全检查手续后由安全检查部门在此栏内填写或加盖戳印。

（15）储运注意事项栏。填写货物在保管运输过程中应注意的事项或其他有关事宜。

（16）托运人签字栏。由托运人或其代理人签字或盖章。

（17）身份证号码栏。填写托运人或其代理人的有效身份证件的名称及全部号码。

（18）承运人签字及日期栏。由承运人或其代理人签字，并填写收运货物的日期。

货物托运书应与货运单存根联一起装订留存。

自我检测

王纯燕（电话：××××××××）要托运15kg芒果，包装为一个纸箱，预订的航班是CA888，从海口运往北京，收货人叫李岩（电话：××××××××）。请根据以上信息填写航空货物托运书。

第三节　货物收运

一、收运原则

（1）承运人应根据运输能力，按货物的性质和急缓程度，有计划地收运货物。

（2）有特定条件、时限和批量大的联程货物，承运人必须事先安排好联程中转舱位后才可收运。

（3）遇有特殊情况，如政府法令、自然灾害、停航或货物严重积压时，承运人可暂停收运货物。

（4）凡是国家法律、法规和有关规定禁止运输的货物，一律不得承运；凡是限制运输的货物，符合相关的规定后，方可收运。

（5）需要经主管部门查验、检疫和办理手续的货物，在手续办妥前不能收运。

二、货物检查

（1）承运人收运货物时，应查验托运人的有效身份证件。对国家限制运输的物品，必须查验国家有关部门的准许运输的有效凭证。

（2）承运人必须认真检查托运人交运货物的包装。对不符合航空运输要求的货物包装，需经托运人改善包装并经承运人认可后方可收运。

（3）承运人对收运的货物应进行安全检查。对收运后24h内装机发运的货物，一律实行开箱检查或通过安检仪器检测。对不熟悉的货物品名，要查证清楚，防止将危险品误作为普通货物收运，避免误收、误运危险品。

（4）核查托运书中所填内容与货物及货物包装上的发货标记是否一致，若有错误或遗漏，则应请托运人更正或补充，无发货标记的货物不予收运。

三、货物包装

1. 货物包装的基本要求

（1）货物包装应坚固、完好。保证货物在运输过程中能防止包装破裂、内物散失及渗漏，不损坏和污染飞机设备和其他物品。严禁使用草袋包装或草绳捆扎。

（2）托运人应根据货物性质、重量、环境气候条件和承运人的有关要求，采用适当的内、外包装材料和形式妥善包装。精密、易碎、怕震、怕压、不可倒置的货物，必须有相应的防止货物损坏的包装。

（3）捆扎货物的绳索，其强度应以能承受货物的全部重量为准，用手提起整件货物时，绳索不致断开。

（4）货物包装中不准夹带禁止运输或限制运输的物品、危险品、贵重物品、现钞、证券、保密文件和资料等。

2. 对几类货物包装的特殊要求

（1）液体货物。无论瓶装、罐装或桶装，其内部必须留有5%～10%的空隙，必须封盖严密，不得溢漏。用玻璃容器盛装的液体，每个容器的容量不得超过500ml，并要外加木箱，箱内用衬垫和吸附材料填塞扎实，防止晃动。单件货物毛重以不超过25kg为宜。

（2）粉状货物。用袋盛装的，最外层要有保证粉末不漏出的外包装，如塑料涂膜编织袋或玻璃纤维袋等，重量不得超过50kg；用硬纸箱、木桶、胶合板桶盛装的，要求桶身不破，接缝紧密，桶盖密封不漏，桶箍坚固结实；用玻璃瓶盛装的，每瓶内装物重量不得超过1kg，并要外加铁箱或木箱，箱内用衬垫材料填塞扎实。单件货物毛重以不超过25kg为宜。

（3）精密易损。质脆易碎货物，每件毛重以不超过25kg为宜，并根据货物的易损程度分别采用以下包装方法：

① 多层次包装，即货物—衬垫材料—内包装—衬垫材料—运输包装（外包装）；

② 悬吊式包装，即用几根弹簧或绳索，从箱内各个方向把货物悬置在箱子中间，如大型电子管、X射线管等，实例如图4.2、图4.3所示。

图 4.2 悬吊式包装（一）

图 4.3 悬吊式包装（二）

③ 防倒置包装，即将容器做成底盘大、箱盖有手提把环或使用屋脊式箱盖等；不宜平放的玻璃板、风挡玻璃等必须用防止平放的包装（底盘大，用支架竖起），方可承运。

④ 玻璃器皿的包装，应使用足够厚的塑料泡沫或其他衬垫材料将其围裹严实，然后外加坚固的瓦楞纸箱或木箱，箱内物品不得晃动。

（4）裸装货物。不怕碰压的货物，如轮胎等可不用包装。但如不易清点件数，形状不规则或容易碰坏飞机的货物仍应由绳索、麻布包扎或外加包装。

（5）贵重物品除满足以上包装条件外，其外包装应加装"井"字形铁腰，接缝处必须有封志。

（6）大型货物。体积或重量较大的货物，其底部应有便于叉车操作的枕木或底托。

3. 对几种包装容器材质的质量要求

（1）纸箱。抗压能力应可承受同类包装货物码放 3m 或 4 层高的总重量，并用绳索捆紧。

（2）木箱。厚度及结构要满足货物安全运送的需要；盛装贵重、精密、易碎物品的木箱，不得有腐朽、虫蛀、裂缝等问题；毛重在20kg以上的包装应用铁腰箍紧。

（3）条筐、竹篓。不断条、不劈条，编织紧密整齐；外形尺寸以不超过50cm×50cm×60cm为宜，直径50cm左右的条筐、竹篓的重量以不超过40kg为宜，盖子要比口径稍大，并能承受同类包装货物码放几层的压力，内装货物及衬垫材料不得漏出。

（4）铁桶。铁皮的厚薄应与货物的重量相适应。中小型铁桶，容量为25kg～100kg的，应用厚度为0.6mm～1mm的黑铁皮制作；大型铁桶，容量为101kg～180kg的，应用厚度为1.25mm～1.5mm的黑铁皮制作。

为使货物包装符合航空运输的要求，货运工作人员应积极帮助发货人了解航空货物包装的有关规定和要求，宣传做好货物包装工作的必要性。经过运输以后，如发现包装不能保证货物安全时，应及时与发货人共同研究改进。在未改善包装以前，不宜继续承运同类包装不良的货物。

四、货物标识

货物标识是贴挂或书写在货物外包装上的标志。它对准确组织货物运输，防止差错事故发生，提高运输质量都有很重要的作用。货物标识的详细介绍如下。

1. 货物标记

托运人应在每件货物外包装上标明：

（1）货物的目的站，收货人的单位、姓名、电话、传真号码及详细地址等。

（2）货物的始发站，发货人的单位、姓名、电话、传真号码及详细地址等。

（3）货物特性和储运注意事项（如"小心轻放""防湿"等），大件货物的包装表面应标明"重心点""由此吊起"等操作图示。

（4）货物合同号、代号等。

（5）货物的单件重量超过150kg时，要将实际货物毛重写在外包装上。如包装表面不便于书写，可写在纸板、木牌、布条上再贴挂在包装外。

以上各项应与托运书所写的内容相符。

2. 标签的分类

标签包括识别标签、特种货物标签、操作标签。

1）识别标签

识别标签又称货物标签，是用来标明货物的始发站、目的站、货运单号码、件数、重量（包括本件货物重量）的标志。识别标签有如下两种：

（1）粘贴用的软纸不干胶，适用外包装可粘附的货物。

（2）拴挂用的硬纸标签，适用不宜使用软纸标签的货物。识别标签样式如图4.4所示。

2）特种货物标签

特种货物标签包括活体动物标签、鲜活易腐物品标签和危险物品标签等。其作用是要求工作人员按照货物的特性进行操作，预防事故发生。其图形、名称、尺寸、颜色由国家统一规定，如图4.5所示。

3）操作标签

标明货物储运注意事项的各类标志，称为操作标签。主要有请勿倒置、易碎物品、

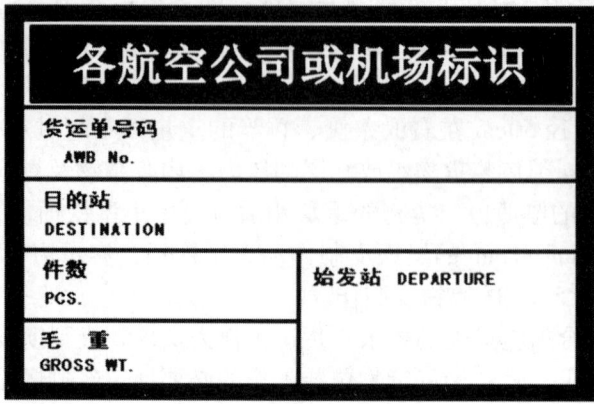

图 4.4　识别标签

(a)　　　　　　　　　(b)　　　　　　　　　(c)

图 4.5　特种货物标签

谨防潮湿、避免阳光直射等，其作用是提示工作人员按标签的要求操作，以达到安全运输的目的，其图形、名称、尺寸、颜色如图 4.6 所示。

(a)　　　　　(b)　　　　　(c)　　　　　(d)

图 4.6　操作标签

3. 货物标识的使用规定

（1）在货物的包装上，必须由托运人逐件书写或贴挂明显的发货标记。没有发货标记的货物，应请托运人补上，否则不予承运。

（2）货物标签上的各项内容的字迹要清晰易辨，货运单号码及到达站名要用较大字体书写或用字体较粗大的橡皮号码戳及站名戳打印。

（3）每件货物均需牢固地贴挂一个货物标签，体积超大的货物，要贴挂两个标签，对立面一面一个；超重货物的包装外面，应另有标明"重心点""由此吊起"的指示标志。

（4）凡是用陶土、玻璃瓶作为容器的液体、气体货物，其外包装必须贴挂"小心轻放""向上"的指示标志；凡精密易损、质脆易碎货物的外包装必须贴挂"小心轻放"及根据货物的性质贴挂"向上"的指示标志；其他货物必须根据货物的特性，正确贴挂指示标志。体积较大的货物，要在包装两边或四边贴挂指示标志。

（5）货物标签一般由承运人或其代理人贴挂。如托运人协助贴挂时，应逐件检查，发现错、漏或部位不当时，应立即纠正。

（6）托运人使用旧包装时，必须清除或抹掉旧包装上的残旧标记。使用旧包装运输的货物，以承运人在包装上新增的货物标签、指示标志为准。若为出厂新包装或进口原包装，则包装上的指示标志有效，并应按指示标志进行作业。

（7）包机运输的货物，若全部属于一个单位、运往同一个目的地且不需要中转换机，则可不贴挂货物标签。

（8）在装卸、保管过程中，要注意保持货物标签的完整性，若有脱落或辨认不清的货物标签，则应根据货运单及时查对补上。

（9）货物标签应按照规定贴挂，不得倒贴或歪贴，并要注意：

① 货物标签不得贴挂在货物的顶部或底部，应贴挂在货物的侧面。

② 若货物包装形状特殊，则应根据情况将标签贴挂在明显易见的部位。

③ 当贴挂两个货物标签时，应在包装两侧对称的部位贴挂。

④ 货物标签不得贴挂在绳索或其他捆扎材料的上面。

自我检测

HU7346航班承运了一只活体动物小狗，该货物在机坪待运区存放、装机时，该货物的前部包装笼门突然脱落，笼内小狗逃逸，并冲入机坪，货运人员立即报告现场，现场通知场务队工作人员在追至主跑道附近处将该逃逸小狗抓捕。请简述发生小狗逃逸可能的原因，并谈谈如何通过做好收运检查工作来避免类似事件发生。

第四节　货物收运的限制与要求

一、货物的收运限制

1. 货物重量的限制

（1）非宽体飞机。每件货物重量一般不超过80kg，超过80kg的货物需使用专门装卸设备进行操作，并收取超限货物处理费。单件重量超过150kg的货物一般不予收运。

（2）宽体飞机。每件货物重量一般不超过250kg，使用集装器运输的货物重量不能超过集装器的限重。

超过以上重量的货物，承运人可依据机型及出发和目的地机场的装卸设备条件确定最大可收运货物的重量。

2. 货物体积的限制

为确保货物不丢失，每件货物外包装尺寸的最低限额为长宽高之和不得小于40cm。低于以上标准的货物，应要求托运人加大包装的尺寸，方可收运。

货物收运时，体积不得超过飞机货舱门的最大尺寸；在收运时，应查询相应机型的装载表数据（见附录F）。

二、超大超重货物的处理

（1）一般情况下，不承运超大超重货物。但若货物的重量不超过机舱地板的承受力，大小不超过飞机货舱门的尺寸，并且可以解决装卸问题，则可以根据运力情况收运。

① 凡托运人托运的货物，由非宽体客机载运，单件重量超过80kg或体积超过40cm×60cm×100cm，称为超限货物。

② 在非宽体客机上载运，每件货物的重量可放宽至不超过150kg，但安-24、运-7飞机禁止载运每件重量超过80kg的货物。

③ 若需在货机或宽体客机上载运每件重量超过250kg的货物，则应按承运人的规定办理。

④ 由国际航班承运的需要联程转运至国内其他地点的超大超重国际货物，应设法予以转运。若实在无法转运，则应及时通知托运人或收货人提出处理意见。

（2）在承运超大超重货物时，必须考虑全程使用的机型和各联程站的装卸条件。未经联程站同意，禁止收运超大超重的联程货物。

（3）飞机载运超大超重货物，出发站应及时通知到达站准备装卸力量。

（4）装卸超大超重货物，必要时可请发货人或收货人提供装卸设备和人力。如需额外支付装卸费用时，此项费用应由托运人或收货人承担。

（5）承运超大超重货物所需的垫板及绳索，必要时可请托运人提供，并按照超重计收货物运费，贴挂货物标签，并在货运单上注明。垫板和绳索在到达站连同货物交付给收货人。

自我检测

（1）某件货物重150kg，接触底面积为45cm×40cm。此种情况下，货舱地板每平方米承受的重量为多少？能否在B737-800型飞机货舱内承运（该机型货舱地板承受力为每平方米732kg）？如果不能，该如何处理才能承运？

（2）某航空货站的工作人员收运一票货物，货单号为999-12345675，共15件，总重为250kg。在收运过程中，收运人员并未仔细核对每件货物的重量，导致有一件货物超重。根据该事件，谈谈在收运工作中应如何处理好超限货物的检查和收运工作。

第五章　国内航空货物运输费用

学习提示

航空货物运价是调节航空货物运输市场的经济杠杆，影响国民经济的各个方面。本章主要介绍在国内航空货物运输中，与运费直接相关的几个因素：运价及其类型、计费重量、货币、航空运费计算规则及各种其他费用等。

学习本章时，使用研究性学习法和推测学习法。

第一节　一般规定

一、定义

（1）运价。承运人运输单位重量货物应收取的从始发站机场至目的站机场的费用。

（2）运费。每票货物根据适用的运价和货物的计费重量计算得到的，承运人、代理人应收取的运输费用。不包括机场与市区、同一城市两个机场之间的地面运输费及其他费用。

二、运费支付规定

（1）中国境内以人民币支付。

（2）记账结算方式的托运人至少每月结算一次。

（3）中国境内一般不办理运费到付业务。

（4）在国内运输中，运价的最小单位为 0.1 元/kg（角/kg），角以下四舍五入。运费的最小单位为 1 元，元以下四舍五入。

（5）发生在货物运输过程中或目的站的与运输有关的费用，由收货人在提取货物时付清。

三、托运人责任

（1）托运人除支付必须支付的费用外，还应保证支付因收货人原因可能使第三人蒙受的损失。航空公司有权扣押未付清上述费用的货物，并可以拍卖处理，用部分或全部拍卖收入支付费用，但此种拍卖不能免除付款不足的责任。

（2）无论货物是否损失或是否运抵运输契约所指定的目的站，托运人或收货人均应支付因承运该货物而产生的所有费用。

（3）托运人或收货人拒绝支付全部或部分费用时，承运人可以拒绝运输或交付货物。

四、运价变动

（1）承运人根据中国民用航空局和国家物价局的批准，可收取地面运输费、退运手续费、燃油附加费、战争险和保管费等货运杂费。

（2）填制货运单后，若运价调整，则运费多不退、少不补。

自我检测

（1）在中国境内，航空运费和其他费用以_____（填写货币种类）支付；货物运价以_____为最小单位，运费以_____为最小单位，均四舍五入。

（2）填制货运单后，若运价调整，则运费_____。

第二节　国内航空货物计费重量

一、货物的重量

货物的重量分为实际毛重、货物净重、体积重量、计费重量。

（1）实际毛重（Actual Gross Weight）。实际毛重是指包括货物包装在内的货物重量，是收运货物时用衡器称得的重量。

（2）货物净重（Net Weight）。货物净重是指去掉外包装重量的货物重量。

（3）体积重量（Volume Weight）。体积重量是将货物的体积按一定的比例折合成的重量。换算标准为每 6000cm^3 折合为 1kg。

折算方法：以 cm 为单位（cm 以下四舍五入），度量出货物最长、最宽、最高部分的尺寸，计算出总体积，再除以 $6000\text{cm}^3/\text{kg}$ 得出体积重量。体积重量以 kg 为单位，kg 以下四舍五入。

计算公式：

$$\frac{最长(\text{cm}) \times 最宽(\text{cm}) \times 最高(\text{cm}) \times 货物件数}{6000\text{cm}^3/\text{kg}} = 货物的体积重量(\text{kg})$$

（4）计费重量（Chargeable Weight）。计费重量是指用以计算货物航空运费的重量。货物的计费重量可以是货物的实际毛重，也可以是货物的体积重量、较高重量分界点的重量。

（5）轻泡货物。轻泡货物是指每千克的体积超过 6000cm^3 的货物或体积重量大于实际毛重的货物。

由于货舱空间体积的限制，一般对于低密度货物（Low Density Cargo），即轻泡货物，计费重量采用体积重量。

二、重量单位

在国内航空货物运输中，普通货物的实际毛重、体积重量、计费重量均以 1kg 为最小单位，不足 1kg 的四舍五入；贵重物品的实际毛重、体积重量、计费重量均以 0.1kg 为最小单位，不足 0.1kg 的四舍五入。

每份航空货运单的货物重量不足 1kg 时，按 1kg 计算。

三、计费重量的确定方法

（1）先称出货物的实际重量。

（2）计量货物的体积。测量出每件货物最长、最宽、最高的部分（单位为 cm），测量至小数点后一位，再将测量得到的数值四舍五入。

(3) 计算体积重量。

(4) 比较体积重量和实际毛重,取高者作为计费重量。

(5) 一票货运单包含两件或两件以上体积不同的货物时,应将货物的总的体积重量与总的实际毛重相比较,并取较高者作为计费重量。

例1 某件货物的最长、最宽、最高部分分别为 86.5cm、52.3cm、25.8cm,实际重量为 11kg。

解:按照体积计算的重量为:

$$\frac{87 \times 52 \times 26}{6000} = 19.604(\text{kg})$$

计费重量为 20kg。

例2 一批货物共两件:

毛重	尺寸
包装 A:30kg	90cm×50cm×70cm
包装 B:40kg	50cm×50cm×80cm

解:求这批货物的体积重量可分以下两步。

第一步:首先求出这批货物的总体积。

包装 A:90×50×70 = 315000(cm³)

包装 B:50×50×80 = 200000(cm³)

总体积:515000cm³

第二步:用总体积除以 6000 得到总的体积重量。

$$515000 \div 6000 = 85.833 \approx 86 (\text{kg})$$

由于此批货物的总的实际毛重为 70kg,小于总的体积重量(86kg),因此此批货物为轻泡货物,计费重量应该等于 86kg。

例3 一形状为圆柱体的货物,底面直径为 40cm,高为 100cm,实际毛重为 35kg。该货物的计费重量是多少?

解: 实际毛重 = 35kg

体积重量 = 40×40×100÷6000 ≈ 27(kg)

故,计费重量 = 35kg

例4 一票货运单上有两件货物,其中 A:1 箱,30kg,体积为 90cm×50cm×70cm;B:1 桶,60kg,体积为 50cm×50cm×120cm。计算此票货物的计费重量。

解: A 体积 = 90×50×70 = 315000(cm³)

B 体积 = 50×50×120 = 300000(cm³)

总体积 = 615000cm³

总体积重量 = 615000÷6000 = 102.50(kg) ≈ 103(kg)

总实际毛重 = 90kg

计费重量 = 103kg

故，该票货物的计费重量为 103kg。

自我检测

1. 确定下列各题的计费重量

件数	单件体积	总实际毛重
（1） 10 箱	20.3cm×45.6cm×30.2cm	91.4kg；
（2） 4 箱	54.3cm×41.8cm×28.1cm	38.3kg；
（3） 5 箱	48.2cm×31.6cm×27.3cm	32.2kg；
（4） 2 捆	直径 37cm 高 35cm	24.3kg；
（5） 3 箱	37.2cm×18.9cm×23.7cm	32.8kg。

2. 确定以下各题的计费重量

件数	单件体积	实际毛重
（1） 4 桶	直径 43cm 高 42cm	76.1kg
2 箱	261cm×103cm×80cm	672kg
7 箱	44cm×27cm×37cm	67.6kg；
（2） 5 桶	直径 39cm 高 60cm	101kg
3 箱	289cm×98cm×75cm	540kg
4 箱	72cm×50cm×36cm	72kg。

第三节 国内航空货物运价及运费计算

一、航空货物运价的作用及影响

航空货物运价是调节航空货物运输市场的经济杠杆，影响国民经济的各个方面。若运价过高，则可能造成下列后果：

（1）运输市场供给增加，需求减少，运力过剩，现有运输设备得不到充分利用，导致资源浪费。

（2）与运输业有关的其他经济部门，特别是与运输业关联度较高的经济部门，将会受到不良影响，限制他们的正常发展。

反之，运价水平过低，也同样不利于资源的合理配置和有效利用，造成多种不合理运输，同样也会使运输业自身的发展受到限制，财务状况恶化，运力紧张，制约国民经济的发展。因此，制定合理的运价是保证货运收入、经济发展的重要因素。

二、国内航空货物运价体系简介

1971 年以前，航空货物运价的计价方法是以旅客运价为基础，按照一定的客货运价之间的比率计算货物的实际运价。因此，每次调整旅客运价时，货物运价也随之调整。在 1971 年 3 月民航大幅度调整运价时，国内货物、邮件、行李运价均以 1967 年的原价为基础做了调整。此后，货物、邮件、行李运价与旅客运价完全脱钩，改为以货物运价作为邮件、行李运价的基础运价。货物与邮件运价的比率为 1∶1.69；货物与行李运价的比率为 1∶1.25。1974 年，国内旅客运价实行两种运价时，货物运价也分为两种：第一种货物运价按原规定不变，只适用于国内居住的我国公民；第二种货物运价，45kg 以下的货物每千克按旅客运价的 0.8% 计算，45kg 以上的货物每千克按旅客运价的 0.6% 计算，适用于外国公民及港澳台同胞。此后，国内两种货物运价和旅客运价同时于 1984 年 9 月起取消，第二种运价改为公布运价，第一种运价改为折扣运价。从 1998 年 9 月 1 日起，国内航线货物运价按新运价体系执行。

三、国内航空货物运价种类

1. 协议运价

协议运价（Agreement Rate），指航空公司与托运人签订协议，托运人保证每年向航空公司交运一定数量的货物，航空公司向托运人提供一定数量的运价折扣。目前，航空公司使用的运价大多是协议运价，但在协议运价中又根据不同的协议方式进行细分。

（1）长期协议，通常是指航空公司与托运人或代理人签订的一年期限的协议。

（2）短期协议，通常是指航空公司与托运人或代理人签订的半年或半年以下期限的协议。

（3）包板（舱），指托运人在一定航线上包用承运人的全部或部分舱位或集装器来运送货物。

（4）死包板（舱），指托运人在承运人的航线上通过包板（舱）的方式运输时，托运人无论是否向承运人交付货物，都必须支付协议上规定的运费。

（5）软包板（舱），指托运人在承运人的航线上通过包板（舱）的方式运输时，在航班起飞前 72h 如果没有确定舱位，承运人则可以自由销售舱位，但承运人对代理人的包板（舱）的总量要有控制。

（6）销售量返还，指如果代理人在规定期限内完成了一定的销售量，航空公司则可以按一定的比例返还运费。

（7）销售额返还，指如果代理人在规定期限内完成了一定的销售额，航空公司则可以按一定的比例返还运费。

（8）自由销售，也称议价货物或一票一价，是指除签订协议的货物外，其余货物都是一票货物一个定价。

协议运价通常比公布直达运价低，且只能在协议双方或多方之间使用。本书不做详述。

2. 公布直达运价

（1）普通货物运价（General Cargo Rate，GCR），指除指定商品、等级货物外的一般货物所使用的运价。

① 普通货物标准运价：指 45kg 以下普通货物所使用的运价，代码为 N。

② 重量分界点运价：指 45kg 以上（含 45kg）普通货物所使用的运价，如 45kg、100kg、300kg、500kg 等多个重量分界点运价，代码为 Q。

（2）指定商品运价（Specific Commodity Rate，SCR），指在特定地区或航线上运输特定品名货物的运价，代码为 C。

对于一些批量大、季节性强、单位价值低的货物，航空公司可申请建立指定商品运价。因为此类运价水平较低，所以在进行运价类别的选用时应优先考虑指定商品运价。该运价有最低重量限制。

（3）等级货物运价（Commodity Classification Rate，CCR），指为运输指定的等级货物而制定的货物运价。在国内运输中，通常是在普通货物标准运价的基础上附加50%（N×150%），代码为S。

使用该运价的货物一般包括贵重物品、活体动物、鲜活易腐物品、危险物品、灵柩、骨灰及特快专递、急件货物等。

3. 非公布直达运价

分段相加运价，即当货物的始发站至目的站无公布直达运价时，可以选择某个运价组合点按分段相加的方法组成全程货物运价。使用此种运价时，要选择不同的运价组合点，并将构成的全程货物运价做比较，取低者。使用分段相加运价时，可以不考虑实际运输路线。但若托运人指定了运输路线，则应按其指定的运输路线将各航段的货物运价相加组成全程货物运价。

4. 运价的使用顺序

（1）协议运价。

（2）公布直达运价：SCR优先于CCR和GCR；CCR优先于GCR。

（3）非公布直达运价。

四、航空运费的计算方法

1. 运费计算公式

$$航空运费 = 货物的计费重量 \times 适用的货物运价$$

在使用货物运价时，应注意按照"从低原则"计算航空运费，即当货物的计费重量接近某个重量分界点时，应将按照货物的计费重量计算出的航空运费与按照重量分界点的重量计算出的航空运费做比较，并取低者。

2. 货物的最低运费（Minimum Charge）

（1）某两点间按货物的计费重量得出的航空运费，不得低于某一限额，此限额为航空运费的最低收费标准，称为最低运费。

（2）在国内航空运输中，普通货物每份货运单的最低运费为人民币30.00元。等级货物最低运费按普通货物最低运费的150%计算，即按人民币45.00元收取。

（3）若经中国民用航空局和航空公司特别批准，则可调整某类货物或航线的最低运费。

3. 航空运费计算例题

例1　Routing：广州—南京　　　CAN—NKG　　N　　3.5
　　　　Commodity：鞋　　　　　　　　　　　　45　　3.0
　　　　Gross Weight：40kg　　　　　　　　　100　　2.8
　　　　Dimensions：60cm×50cm×40cm

解：Volume：60×50×40 = 120000（cm³）

Volume weight：120000÷6000 = 20（kg）

Gross weight：40kg

Chargeable weight：40kg

Applicable rate：N 3.5

Wt. charge：min ｛40×3.5，45×3.0｝ ＝CNY135.00

根据运费计算从低原则，使用 Q45 运价计得的运费低于 N 运价计得的运费，所以适用运价为 Q45 运价，最终航空运费为 135.00 元。

填制航空货运单：

件数 No. of Pcs. 运价点 RCP	毛重 （千克） Gross Weight (kg)	运价 种类 Rate Class	商品 代号 Comm. Item No.	计费重量 （千克） Chargeable Weight（kg）	费率 Rate/kg	航空运费 Weight Charge	货物品名（包括包装、尺寸或体积） Description of Goods (incl. Packaging, Dimensions or Volume)
1	40	Q		45	3.00	135.00	鞋纸箱 60cm×50cm×40cm×1

例2　Routing：北京—广州　　　　　　BJS—CAN　N　9.2
　　　　Commodity：Day old Chickens（鸡苗）　　　45　4.2
　　　　Gross Weight：287kg
　　　　Dimensions：20 BOXES 60cm×30cm×40cm each

解：Volume：60×30×40×20＝1440000（cm³）

Volume weight：60×30×40×20÷6000＝240（kg）

Gross weight：287kg

Chargeable weight：287kg

Applicable rate：因为鸡苗属于活体动物，是等级货物，所以应使用等级货物运价 N150%　CCR S N150 9.2×150%＝13.80 元/kg

Weight charge：287×13.8＝3960.6≈CNY3961

填制航空货运单：

件数 No. of Pcs. 运价点 RCP	毛重 （千克） Gross Weight (kg)	运价 种类 Rate Class	商品 代号 Comm. Item No.	计费重量 （千克） Chargeable Weight（kg）	费率 Rate/kg	航空运费 Weight Charge	货物品名（包括包装、尺寸或体积） Description of Goods (incl. Packaging, Dimensions or Volume)
20	287	S	N150	287	13.80	3961.00	Day old Chickens（鸡苗） 纸箱 60cm×30cm×40cm×20

自我检测

1. Routing： 北京—广州
   Commodity： 服装
   Gross Weight： 120kg
   Dimensions： 50cm×50cm×40cm×14
   BJS—CAN： N   6.7
            45   5.0
            100 4.2
            300 3.2

2. Routing： 北京—西安
   Commodity： 印刷品
   Gross Weight： 3.5kg
   Dimensions： 30cm×30cm×20cm×1
   BJS—SIA： N   6.4
            45   5.1
            100 4.5
            300 3.3

3. Routing： 上海—广州
   Commodity： 沙蚕
   Gross Weight： 210kg
   Dimensions： 50cm×50cm×40cm×10
   SHA—CAN： N   6.4
            45   5.1
            100 4.5
   002   200 3.0

4. Routing： 上海—广州
   Commodity： 沙蚕
   Gross Weight： 120kg
   Dimensions： 50cm×50cm×40cm×10
   SHA—CAN： N   6.4
            45   5.1
            100 4.5
   002   200 3.0

5. Routing： 三亚—广州
   Commodity： 番茄
   Gross Weight： 320kg
   Dimensions： 70cm×65cm×40cm×10

	SYX—CAN：	N	6.4
		45	5.1
		100	4.5
009		500	3.0

6. Routing： 上海—天津
   Commodity： 零件（共2件）
   Gross Weight： 16kg
   Dimensions： 第1件 底部直径45cm，高60cm
   　　　　　　 第2件 20cm×32cm×40cm
   SHA—TSN： N 7.8
   　　　　　 45 6.9
   　　　　　 100 5.5
   　　　　　 200 4.0

7. Routing： 乌鲁木齐—广州
   Commodity： 钻石
   Gross Weight： 13.4kg
   Dimensions： 30cm×65cm×40cm×1
   URC—CAN： N 6.6
   　　　　　 45 5.1
   　　　　　 100 4.5
   　　　　　 500 3.0

8. Routing： 太原—广州
   Commodity： 宠物犬
   Gross Weight： 44kg
   Dimensions： 28cm×80cm×40cm×1
   TYN—CAN： N 4.6
   　　　　　 45 4.1
   　　　　　 100 3.5
   　　　　　 500 2.0

9. Routing： 乌鲁木齐—沈阳
   Commodity： 玫瑰花
   Gross Weight： 180kg
   Dimensions： 30cm×65cm×40cm×20
   URC—SHE： N 5.9
   　　　　　 45 5.1
   　　　　　 100 4.5
   　　　　　 500 3.0

第四节 其他费用

在实际工作中，航空公司或其代理人在将收运的货物自始发站（或从托运人手中）运至目的站（或交给收货人）的整个运输过程中，除发生航空运费外，在运输的始发站、中转站、目的站也会经常发生与航空运输有关的其他费用（Other Charges），如声明价值附加费、航空保险费、地面运输费、退运手续费等。

一、货物的声明价值及声明价值附加费

1. 声明价值

在国内航空货物运输中，根据《中华人民共和国航空法》，航空公司对货物的最高赔偿额是毛重每千克100.00元人民币。

托运人在托运货物时，可要求在货运单上声明货物的价值，即"供运输用的声明价值"，该价值也是承运人应负赔偿责任的限额。办理声明价值业务需缴纳声明价值附加费（Valuation Charges）。

2. 声明价值附加费的计算公式

$$声明价值附加费 = （声明价值 - 货物毛重 \times 100.00）\times 0.5\%$$

3. 相关规定

（1）托运人办理货物的声明价值时，需要整票货物统一办理，不得办理部分或两种高低不同的声明价值。

（2）声明价值附加费和运费一起，只能全部预付或全部到付。

（3）自愿变更运输时，声明价值附加费不予退还。

（4）声明价值附加费不得计入航空运费。

（5）运输用的声明价值，适用于货物的毛重，但不包括航空公司的集装设备重量等。

（6）每份国内航空货运单的声明价值不得超过人民币50万元。

二、航空货物保险费

（1）在国内运输中，托运人可以要求办理航空货物运输保险。航空公司作为保险公司的代理方，可以根据货物的性质、易损程度，按照保险公司提供的保险费率表，为托运人办理航空货物运输保险。

（2）保险费率表。

第一类，一般物资：1‰（购买1000元的保险收取保险费1元）。

一般物资：指物资本身属于非危险物品，受碰撞或包装破裂时，所装物资无明显影响或有一定损失，但不明显，如机器设备、一般金属原材料、电子元器件、马达、中西药材、10ml以下的针剂药物等。

第二类，易损物资：4‰（购买1000元的保险收取保险费4元）。

易损物资：指物资本身较易燃烧、破裂、渗漏、挥发等，如一般仪器仪表、家用电器、皮货、服装、印刷品、普通工艺品和较易挥发的物品等。

第三类，特别易损物资：8‰（购买1000元的保险收取保险费8元）。

特别易损物资：指物资本身属于危险物品，或者本身特别容易燃烧、破裂、渗漏、挥发等，或者在其损坏后没有残余价值的，如各种玻璃制品、石膏制品、高精密度仪表仪器、高精密度医疗器械、电子元件等。

注意：不同保险公司的类别划分和费率标准不同，具体执行以当地保险公司的标准为准。

（3）托运人办理保险业务时，航空公司凭托运书填开货运单，将保险金额填入货运单的相应位置后，加盖代理保险戳记。

（4）航空货物运输保险只在始发地办理，保险费需全部预付。

（5）航空货物保险费的最低收取标准由各地与保险公司协商制定。

（6）托运人托运货物时，航空货物运输保险和声明价值两者取其一。

三、地面运输费

（1）定义。使用车辆在机场和市内货运站之间运送货物的费用。

（2）收取规定：

① 在出发地使用车辆，每千克（计费重量）收取 0.20 元；

② 在到达地使用车辆，每千克（计费重量）收取 0.20 元，由到达站收取，出发地不应计收到达地的地面运输费；

③ 每份国内航空货运单地面运输费最低为 5.00 元；

④ 机场与市区之间路程较远时，可请当地工商、税务等部门核准收取地面运输费的标准。

四、货物退运手续费

在国内航空运输中，每份货运单的退运手续费为人民币 20.00 元。

第六章　国内航空货运单

学习提示

在航空货物运输中，航空货运单是最重要的法律文件，其记载了货物的主要信息。航空货运单填写的正确与否直接决定货物能否及时、安全地到达与交付。本章主要介绍国内航空货运单的相关知识与填写要求。

学习本章时，使用理解记忆法。

第一节　一般规定

一、航空货运单简介

航空货运单（Air Waybill，AWB）是托运人（或其代理人）和承运人（或其代理人）之间缔结的货物运输合同契约，同时也是承运人运输货物的重要证明文件。

航空货运单分为有承运人标志的货运单和无任何承运人标志的中性货运单两种。

航空货运单不可转让，所有权属于出票航空公司，即货运单所属的航空公司。在货运单的右上角印有"不可转让"（Not Negotiable）字样，任何IATA成员公司均不得印制可以转让的航空货运单，"不可转让"字样不可被删去或篡改。

一张航空货运单只能用于一个托运人（根据一份托运书）在同一时间、同一地点托运的，运往同一目的站、同一收货人的一件或多件货物。

二、航空货运单的有效期

航空货运单填制完毕后，以托运人（或其代理人）和承运人（或其代理人）在航空货运单上签字或盖章为航空货运单有效性的开始；货物运至目的站后，收货人在"交付联"或提货通知单上签字确认收货后，航空货运单作为运输的原始凭证，其有效性即宣告结束。

但作为运输契约，其法律依据在运输停止之日起两年内有效。

三、国内航空货运单的组成

国内使用的航空货运单由一式八联组成，其中正本三联，副本五联。航空货运单各联的名称、具体用途见表6.1。

表6.1　国内航空货运单各联的组成

序号	名　称　及　用　途		颜色
1	正本3	交托运人	浅蓝色
2	正本1	交出票航空公司财务部门	浅绿色
3	副本7	交第一承运人	淡粉色

(续表)

序号	名称及用途		颜色
4	正本2	交收货人	淡黄色
5	副本4	交付货物的凭证	白色
6	副本5	交目的站	白色
7	副本6	交第二承运人	白色
8	副本8	制单人留存	白色

四、航空货运单的法律作用

航空货运单是托运人和承运人（或其代理人）使用的最重要的运输文件，其作用归纳如下：

（1）承运人和托运人缔结运输契约的原始凭证；
（2）承运人收运货物的证明文件；
（3）托运人支付运费的凭证；
（4）保险证明，如果托运人要求承运人代办保险；
（5）向海关申报的文件；
（6）供承运人发运交付和联运的证明文件；
（7）承运人之间的运费结算凭证；
（8）货物储运过程中的操作指引。

五、航空货运单的填开责任

根据《华沙公约》《海牙议定书》和承运人运输条件的条款规定，承运人的承运条件之一是航空货运单由托运人准备。托运人有责任填制航空货运单。规定明确指出，托运人应自行填制航空货运单，也可要求承运人或承运人授权的代理人代为填制。托运人对航空货运单所填各项内容的正确性、完备性负责。由于航空货运单所填内容不准确、不完备致使承运人或其他人遭受损失的，托运人承担责任。托运人在航空货运单上的签字，证明其接受航空货运单正本背面的运输条件和契约。

根据《中华人民共和国民用航空法》有关条款规定，托运人应当填写航空货运单正本一式三份，连同货物交给承运人。承运人有权要求托运人填写航空货运单，托运人有权要求承运人接受该航空货运单。

六、航空货运单号码

航空货运单号码是航空货运单不可缺少的重要组成部分，在航空货运单的左上角、右上角和右下角分别标有航空货运单号码。通过此号码，即可以确定航空货运单的所有人——出票航空公司，它是托运人或其代理人向承运人询问货物运输情况及承运人在货物运输各个环节中组织运输时（如订舱、配载、查询货物等）的重要信息来源和依据。

航空货运单号码由两组数字组成：第一组3位数字为出票航空公司的票证代号；第二组8位数字为航空货运单的顺序号和检验号。其中，第8位是检验号（号码为0~6），为前7位数字除以7的余数。

七、航空货运单的填制规范

（1）航空货运单应由托运人填写，并连同货物交给承运人。若承运人依据托运人提供的托运书填写航空货运单并经托运人签字,则该航空货运单视为代托运人填写。

(2) 航空货运单应按编号顺序使用,不得越号。

(3) 航空货运单必须填写正确、清楚。托运人应当对航空货运单上所填关于货物的声明或说明的正确性负责。如果错误填写了收货人名称、运费合计等内容,而又无法在旁边书写清楚时,应当重新填写航空货运单。需要修改的内容,不得在原字上描改,应将错误划去,在旁边空白处书写正确内容,并在修改处加盖戳印。航空货运单只可修改一次,若再次填错,则应另外填制新的航空货运单。作废填错的航空货运单,应加盖"作废"的戳印。除出票人联留存外,其余各联随同销售日报送财务部门注销。

(4) 在始发站货物运输开始后,航空货运单上的"运输声明价值(Declared Value for Carriage)"一栏的内容不得再做任何修改。

自我检测

(1) 航空货运单号码的第一组 3 位数字为出票航空公司的票证代号,第二组为航空货运单的_____。一张航空货运单号码为 117-4197509 _____(填写检验号)。

(2) 国内航空货运单第一联(正本 3)应交给_____。   (   )

A. 收货人   B. 航空公司   C. 托运人   D. 第一承运人

(3) 根据《华沙公约》《海牙议定书》和承运人运输条件的条款规定,_____应对航空货运单上各项内容的正确性、完备性负责。   (   )

A. 托运人   B. 承运人   C. 收货人   D. 代理人

第二节　国内航空货运单的填制

国内航空货运单如表 6.2 所示。填写的国内航空货运单的货物交付联如表 6.3 所示。

自我检测

请练习并正确填开一份国内航空货运单。

第六章 国内航空货运单

表6.2 国内航空货运单

XXX－XXXXXXXX   XXX－XXXXXXXX

始发站 Airport of Departure	【1】	目的站 Airport of Destination	【2】	不得转让 NOT NEGOTIABLE 航空货运单 AIR WAYBILL　　　ABC航空公司	
托运人姓名、地址、邮编、电话号码 Shipper's Name, Address, Postcode & Telephone No. 【3】				印发人 Issued by	
				航空货运单一、二、三联为正本,并具有同等法律效力 Copier 1,2 and 3 of this Air Waybill are originals and have the same validity.	
收货人姓名、地址、邮编、电话号码 Consignee's Name, Address, Postcode & Telephone No. 【4】				结算注意事项及其他 Accounting Information 【22】	
				填开货运单的代理人名称　　　【23】 Issuing Carrier's Agent Name	
航线【5】 Routing	到达站 To 【5A】	第一承运人 By First Carrier 【5B】	到达站 To 【5C】	承运人 By 【5D】	到达站 To【5E】　承运人 By【5F】
航班/日期 Flight/Date	【6A】	航班/日期 Flight/Date	【6B】	运输声明价值 Declared Value for Carriage 【7】	运输保险价值 Amount of Insurance 【8】
储运注意事项及其他 Handling Information and Others 【9】					

件数 No. of Pcs. 运价点 RCP	毛重 (千克) Gross Weight (kg)	运价种类 Rate Class	商品代号 Comm. Item No.	计费重量 (千克) Chargeable Weight(kg)	费率 Rate/kg	航空运费 Weight Charge	货物品名(包括包装、尺寸或体积) Description of Goods (incl. Packaging, Dimensions or Volume)
【10】	【11】	【12】	【13】	【14】	【15】	【16】	【17】
【10A】	【11A】					【16A】	

预付 Prepaid 【18】		到付 Collect 【21】	其他费用 Other Charge 【20】	
【18A】	航空运费 Weight Charge	【21A】	本人郑重声明:此航空货运单上所填货物品名和货物运输声明价值与实际交运货物品名和货物实际价值完全一致。并对所填航空货运单和所提供的与运输有关文件的真实性和准确性负责。 Shipper certifies that description of goods and declared value for carriage on the face hereof are consistent with actual description of goods and actual value of goods and that particulars on the face hereof are correct.	
【18B】	声明价值附加费 Valuation Charge	【21B】		
【18C】	地面运费 Surface Charge	【21C】	托运人或其代理人签字、盖章 Signature of Shipper or His Agent ＿＿＿＿＿＿＿＿＿＿＿	
【18D】	其他费用 Other Charges	【21D】		
【18E】	总额(人民币) Total(CNY)	【21E】	填开日期　　　　填开地点　　　填开人或其代理人签字、盖章 Executed on (Date)　At (Place)　Signature of Issuing Carrier or Its Agent 【28A】　　　　　【28B】　　　　　【28C】	
付款方式 Form of Payment		【19】		

XXX－XXXXXXXX

47

民航货物运输（第 3 版）

表 6.3 填写的国内航空货运单的货物交付联

XXX－XXXXXXXX　　　　　　　　　　　　　　　　　　　　　　　　XXX－XXXXXXXX

始发站 Airport of Departure	广州	目的站 Airport of Destination	北京	不得转让 NOT NEGOTIABLE		
托运人姓名、地址、邮编、电话号码 Shipper's Name, Address, Postcode & Telephone No. 张文德 广州市机场路向云街 10 号 邮政编码：510403 电话号码：020-22243014				航空货运单 AIR WAYBILL　　　中国 XX 航空公司 印发人 Issued by		
				货物提取时完好无损 Received in Good Order and Condition 收货人签字　　　　　　　　　　日期 Received By　　　　　　　　　　Date		
收货人姓名、地址、邮编、电话号码 Consignee's Name, Address, Postcode & Telephone No. 李丽 北京市海淀区紫竹院路 98 号 邮政编码：100089 电话号码：010-53647856				收货人有效身份证件及号码 ID Card Number		
				交付人签字　　　　　　　　　　日期 Delivered By　　　　　　　　　　Date		
				填开货运单的代理人名称 Issuing Carrier's Agent Name		
航线 Routing	到达站 To PEK	第一承运人 By First Carrier HU		到达站 To　　承运人 By	到达站 To	承运人 By
航班/日期 Flight/Date		航班/日期 Flight/Date		运输声明价值 Declared Value for Carriage 无	运输保险价值 Amount of Insurance 无	

储运注意事项及其他 Handling Information and Others
注意防潮！

件数 No. of Pcs. 运价点 RCP	毛重（千克） Gross Weight (kg)	运价种类 Rate Class	商品代号 Comm. Item No.	计费重量（千克） Chargeable Weight(kg)	费率 Rate/kg	航空运费 Weight Charge	货物品名（包括包装、尺寸或体积） Description of Goods (incl. Packaging, Dimensions or Volume)
12	90	Q		100	3.9	390	书/纸箱 30cm×30cm×40cm×12

预付 Prepaid		到付 Collect		其他费用 Other Charge		
390	航空运费 Weight Charge			本人郑重声明：此航空货运单上所填货物品名和货物运输声明价值与实际交运货物品名和货物实际价值完全一致。并对所填航空货运单和所提供的与运输有关文件的真实性和准确性负责。 Shipper certifies that description of goods and declared value for carriage on the face hereof are consistent with actual description of goods and actual value of goods and that particulars on the face hereof are correct.		
	声明价值附加费 Valuation Charge					
	地面运费 Surface Charge					
	其他费用 Other Charges			托运人或其代理人签字、盖章 Signature of Shipper or His Agent　　张文德		
390	总额（人民币） Total(CNY)			填开日期 Executed on (Date) 13. 6. 16	填开地点 At (Place) 广州	填开人或其代理人签字、盖章 Signature of Issuing Carrier or Its Agent
付款方式 Form of Payment		现金				

副本 4（货物交付联）戊
COPY 4（DELIVERY RECEIPT）E

第七章 货物运输

学习提示

本章涉及货物运输过程中的实际操作,如吨位管理、仓库管理等。主要讲解民航货物运输各环节的具体操作及联系,要求了解货物发运过程中载量的测算预配和吨位管理;了解货运仓库的分区及有关操作;掌握货物装卸的操作要求,并填开货物装卸工作单;掌握货物到达目的站后的操作流程。

学习本章时,使用理解记忆法。

第一节 民航国内货物发运

一、货运载量测算

1. 定义

货运载量的计算和确定,也就是预装某航班货邮重量的计划,必须依据执行该任务航班机型的飞行手册,使之在手册限制的重量范围之内。

货运载量是指本次航班允许承运货物和邮件的重量值。其中货物包括外交信袋和快件。应根据航班的实际情况计算货邮的可用载量和可用容积。

最大业务载重量是指某一机型在具体的航线上执行飞行任务时,所能装载的客、货、邮件、行李的总重量。

2. 测算

货运载量=航班允许的最大业务载重量-实际旅客人数×旅客重量-行李重量

货邮可用容积=货舱总容积-旅客托运行李体积-容积损失

计算航班的货邮运载能力时,应考虑航班的各种实际情况,如机型、季节,有关航站的特殊要求,并综合机务、航行、客运部门的意见,避免因计算不准确造成航班货邮超载或空载。

例1 B-2501号飞机执行航班任务,最大业务载重量为14205kg,当次航班有旅客102人,每名旅客的平均重量为75kg,行李重量为1880kg。求货运载量。

解:货运载量=航班允许的最大业务载重量-实际旅客人数×旅客重量-行李重量

$$14205-102\times75-1880=4675 \text{(kg)}$$

二、航班货物吨位管理及运输路线安排

1. 货物发运先后顺序

(1) 抢险、救灾、急救、外交信袋和政府指定急运的物品。

(2) 指定日期、航班和按急件收运的货物。

（3）有时限、贵重和零星小件物品。
（4）国际和国内中转联程的货物。
（5）一般货物按照收运的先后顺序发运。

2. 货物吨位管理原则

（1）应根据每天可利用的空运舱位合理配载，最大限度利用货运载量，避免舱位浪费或货物积压。
（2）限定运输时间的货物，由托运人与吨位控制部门约定运抵日期并在货运单上注明。吨位控制部门应当在约定的时限内协调操作部门将货物运抵目的地。
（3）配货时，要正确选择运输路线，避免迂回。
（4）根据货物的特性配载，避免因配载不当而产生安全隐患。
（5）特殊货物须明确装载位置，并在货邮舱单上注明。

3. 货物航线安排

（1）凡有直达航班的，一般应由直达航班运送货物，以避免不合理运输。
（2）直达航班的班次较少，而联程航班中转速度较快时，可由联程航班运送。
（3）直达航班舱位紧张时，可安排联程航班运输。
（4）分批运输的货物，应尽可能使用同一条运输路线，不宜分成几条运输路线。

4. 需要提前预订舱位的货物

（1）有时限要求的货物。
（2）性质特殊的货物。
（3）批量较大的货物。
（4）联程中转货物。
（5）运价较高的货物。
（6）航空邮件。

5. 订舱要求

（1）货物订舱应向吨位控制部门提出申请。
（2）直达货物订舱由托运人提出申请，明确航班、时刻及联系电话。
（3）联程货物订舱由始发站提出申请，吨位控制部门应及时给予明确答复，并留存有关文件。
（4）吨位控制部门将订舱情况及时通知操作部门，以便做好订舱货物的收运工作。

6. 托运人或代理人预订舱位应提供的内容

（1）托运人或代理人的单位名称、地址、联系人及电话。
（2）货物始发站、目的站。
（3）件数。
（4）重量。
（5）货物品名、包装、尺寸和体积。
（6）储运要求。
（7）申请运输的航班、日期。

7. 舱位预订工作流程

（1）受理人员应将已订舱位货物的航班、日期及有关内容，逐项填写在货物预订舱位登记表上。

（2）通过外航站的电报和电话预定舱位时，承运人应根据航班的舱位情况，在24h内予以答复。若无法满足舱位预订申请，则应向申请人推荐其他可利用的航班。

（3）吨位控制部门在收到舱位预订信息后，应根据航班的载运能力和实际情况，合理安排舱位。

8. 货物运输不正常情况的处理

（1）拉卸货物是指在航班关闭后，根据航空公司的要求或由于货物尺寸、飞机空间的限制，必须临时拉卸的货物。

（2）如因特殊情况，订舱货物被临时拉卸时，航站必须将详细情况，包括拉卸货物的航班号、货运单号码、件数、重量、收货人地址、姓名及续运的航班，用电报或电话通知卸机站。

（3）订舱货物被拉卸后，必须尽快通知托运人或货运代理人，并征求托运人或货运代理人关于是否继续运输的意见，如托运人或货运代理人同意继续运输，应将被拉卸的货物用最早的航班运出。

（4）被拉卸的联程货物，应重新订妥后续运输的航班、日期、舱位。

（5）如果托运人或货运代理人取消订舱，那么承运人应根据航班的实际情况，安排其他货物装运，尽可能减少舱位浪费。

（6）托运人或货运代理人预订舱位后，如果未能按约定时间交运货物，那么吨位控制部门应尽快与托运人或货运代理人取得联系。

三、货邮舱单及填写

货邮舱单是装机站向卸机站运送货物的清单。

1. 货邮舱单的编制及编制要求

出港货物需编制货邮舱单。货邮舱单随货运单装入业务袋送上飞机交接给机组运输至目的站。

2. 货邮舱单的填写

（1）航班号：填写装载货物的航班号。

（2）飞机号：填写装载货物的飞机号。

（3）日期：此航班飞行的年、月、日。

（4）始发站：填写货物的始发站。

（5）目的站：填写货物的到达站。

（6）货单号：顺序填写货运单号码或邮件运单号。

（7）货物名称：填写货物的名称，应使用生产厂家提供的正式名称。

（8）件数：填写货物的件数，独立包装件为1件。

（9）重量：填写货物的重量，以kg为单位。

（10）备注：填写该票货物在运输过程中需注意的事项。特种货物的代码应标注在备注栏内。分批运输的货物，在货邮舱单的备注栏内注明"分批"字样及批次等信息。

（11）制单：制作货邮舱单的工作人员签字。

（12）出仓：负责此航班货物出库的工作人员签字。

（13）复核：负责此航班货物、邮件及货邮舱单检查的工作人员签字。

货邮舱单样式如表 7.1 所示。

表 7.1 货邮舱单样式

航班号：　　　　　　　飞机号：
装机站：　　　　　　　到达站：　　　　　　　　　　　　　　　日期：

序号	货单号	件数	重量	货物名称	始发站	目的站	备注

制单：　　　　　　　　复核：　　　　　　　　　出仓：

3. 货邮舱单的分发

货邮舱单一式六份：一份供货物出仓；一份本站留存；一份供配载使用；一份供现场操作使用；两份随货运单运至目的站。

案例分析

案例 1 4 月 20 日，货运地面操作人员在配货制作货邮舱单时，误将原运往上海的货单号为 02272314 的货物错配到北京的航班上。经处理，及时将该票货物从北京转运到上海，避免了货主的损失。

分析 此次事件的发生，主要是因为工作人员没有按照程序操作。配货制作货邮舱单时，没有核对货物的目的站，造成了错配。

案例 2 9 月 10 日，某航空公司执行三亚—深圳航班，此航班货物 962kg，货运地面操作人员在制作货邮舱单时，没有根据实际重量出舱，出舱货物重量只有 662kg，以致在深圳机场发现货物的实际重量和货邮舱单的数据不符，相差 300kg，造成航班隐载。

分析 工作人员没有仔细核对出港的货邮舱单与货运单是否一致，以致造成货物隐载。

案例 3 2 月 5 日，某航空公司执行三亚、成都两个航班，两航班落地时间相差 5min，由于货物晚到，当航班到达后，配载人员才对货物出舱，且两航班都同时配有相同的货物海鲜。由于现场出舱时，误将全部货物放在一个航班上，并装机。当第二个航班的货物出舱时，发现超过 300kg 的货物全部在第一个航班上，故立刻报告指挥中心协调，最终滑出跑道的班机滑回停机位，配载重新修改货邮舱单，造成航班延误。

分析 配载人员没有按照程序操作，仓促操作造成工作失误，应提前组织货物出舱。

第二节 货物仓储

一、库房分类及货物存放管理规定

1. 分类

应根据进出港货物的运输量及货物性质,分别建立进出港货物存放区、中转货物操作区、24小时货物存放区、危险物品仓库、贵重物品仓库、海关监管仓库等货物仓储。

2. 堆放形式

仓库内的货物有如下3种堆放形式:

(1) 按流向;

(2) 按货物性质;

(3) 按货运单的末位号码。

3. 对仓库内货物存放的规定

货物要有秩序地存放、发运;到达货物应分别堆放;同一张货运单的货物应集中在一起存放;小件货物应存放在货架上;进出港货物应分区存放;贵重物品等特种货物存放在专用仓库内;危险物品应存放在专用的危险物品仓库内;海关监管货物应放在海关指定的监管仓库内,不得与其他货物混放。

货物堆放要整齐、稳固,做到大不压小,重不压轻,木不压纸,货物标识应朝外显露。货区之间要留出可供装卸、搬运的通道,以便作业。

二、货物出入库核对

1. 货物出库核对

逐件核对货物的货运单号码、件数、重量、始发站、目的站,检查货物的包装是否完好,然后按货邮舱单出库。

2. 货物入库核对

根据进港货运单和货邮舱单,核对货物的货运单号码、始发站、目的站;清点货物件数;检查货物的包装。然后按货物的性质、流向等分别入库,存放于指定的位置。

3. 记录

需根据货物进出港的情况,填写进出港货物登记表,内容填写要清晰准确。对于入库和出库的货物件数和重量,必须核对准确。

三、清仓(地面仓库)

货物进入仓库后,仓管员应随时对库内货物进行整理,每天至少一次,每月清仓一次,并做好每月库存货物盘点表,库存货物盘点表如表7.2所示。

表7.2 库存货物盘点表

货单号	始发站	目的站	件数	重量	品名	到货日期	货物性质	基本情况

盘查人:　　　　　盘查日期:

库存货物盘点表填制说明：
(1) 货单号：货物的标识号码。
(2) 始发站：货物发运的地点。
(3) 目的站：货物到达的地点。
(4) 件数、重量：此票货物的件数和毛重。
(5) 品名：货物的名称。
(6) 到货日期：货物到达目的站的时间。
(7) 货物性质：表明货物是普货、贵重物品还是其他特殊类型。
(8) 基本情况：表明货物是否完好或其破损程度。

案例分析

案例1 11月30日，检查某航班的货物装运情况时，发现有一件货物外包装破损。经查，此货为CN-89027525，17PCS/334KG 到达重庆的中转货，原货运单号码为CN-92125530，货物品名为配件，纸箱包装，分为外包装和内包装两层。由于货物在始发站时外包装加固不严，封口只用不干胶局部粘贴，导致货物在本站卸机时，个别封口不干胶脱落，货物开包。且仓管分拣人员发现货物破损后，没有及时填写《货物运输事故签证》，并拍发电报，询问始发站处理情况。同时对于此类轻微破损货物，没有及时采取措施加固。

分析 货物始发站的工作人员应该把关，要求货主完善包装，否则不予承运；货物中转站发现货物外包装破损时应及时填写《货物运输事故签证》并拍发电报给有关机场部门，同时完善包装，等待处置。

案例2 9月23日晚，一票中转货从广州进港，进港货邮舱单上的品名为配件，货运单号码为58832756，共89件，其中81件货物中转至成都，8件175kg的货物中转至沈阳，到站后，发现有货物丢失。20：00左右入库后分拣员及时分拣该票货物，将中转至成都的81件货物和中转至沈阳的8件货物分拣并分别放在两块板上，并对该票中转货进行复核。复核后，车辆在行驶过程中有一件货物掉落，但司机未发现。另一名仓管员发现有一件货物散落，但没有仔细查看标签，随手捡起该件货物并放在中转至重庆的进港货物中，且未告知，以致货物被直接拉到现场，造成货物丢失。

分析 一份货运单只能有一个目的站，不同目的站的货物应该分开托运。此案例中，应该使用两份货运单；一票货物有多件的情况，需要清点确认无误后方可进入运输环节，不可以粗枝大叶，造成货物缺损。

第三节 货物装卸

一、货物装卸原则

(1) 装卸、搬运货物应严格按照货物包装上的操作标签作业，轻拿轻放，严禁翻滚、抛掷或强塞、硬挤使货物发生破损。行李、邮件的包装，要注意防止压破、擦破、污染，严禁用行李、邮件垫塞货物。

(2) 根据货物的形状、重量、体积、性质将装入机舱内的货物码放整齐，重不压轻，大不压小。码放货物，要使标识外露，以便在下一个装卸环节引起注意。合理码放，在保证货物安全的基础上，充分利用货舱的容积和载量。

（3）散装货物装机时必须堆紧捆牢。凡超重、易滚动的货物，一定要使用系留设备予以固定，防止货物在飞行中发生翻转滚动。在经停站如发现飞机上的过站货物捆绑地不够牢固，应予以加固。

（4）为了方便下一站的装卸作业，在同一货舱内一般是将远程航站的货物先装，放在货舱里面，将近程航站的货物后装，放在靠近舱门处。到达同一站的货物要集中堆放。

（5）对于前三点式飞机，装机应先装前舱，卸机应先卸后舱，防止机尾下沉（装前卸后）。在尾撑杆支好后，方可进行装卸作业。

（6）装卸作业完毕后，应检查飞机货舱内的卡子是否打好，舱门是否关好。

（7）装卸作业完毕后，应检查飞机的各货舱门是否关好。

二、装卸作业的工作内容

（1）负责行李、货物、邮件在运输过程中各个环节的搬运装卸作业。装卸人员应经过培训，能熟练开关货舱门、合理安排货物的摆放位置和固定货物。

（2）货物码放高度不能超过警戒线，防止损坏货舱顶部的释压板。

（3）所有超限货物的重量不得超过该机型货舱地板的承受力。

（4）货物体积、尺寸符合各机型货舱结构限制要求。

（5）每个航班货舱货物的装卸必须落实专人监装和监卸，指导装卸人员文明操作，确保飞机货舱设备不被损坏。

（6）认真复核装卸件数，防止因错装、漏装造成飞机装载不准确。

（7）在货邮装卸的过程中，必须有符合资格要求的专人负责监装监卸，并做好记录；按规定填写装卸工作单。

三、装卸工作单的填写

（1）进港航班到达后，监装监卸员应按要求填写装卸工作单，包括日期、航班号、机位、到达时间、货物行李不正常情况等相关信息。航班出港时，若不是同一航班则需要另外填写装卸工作单，包括出港航班号，货物、行李到达时间，舱门关闭时间等相关信息，不得漏填。

（2）卸机时，若发现有特种货物，则应将特种货物的货运单号码、件数、重量等填写在装卸工作单的相应栏目内。

装卸工作单如表7.3所示。

表7.3 装卸工作单

日期		到港航班		到港时间	
停机机位		出港航班		货物到达时间	
行李到达时间				舱门关闭时间	
不正常行李情况				卸机舱位	
不正常货物情况				卸机舱位	
特种货物情况				备注	

案例分析

案例1 12月23日，一航班停靠在机场4号位，07：00，将该航班运送的货物拉到现场。07：15，填写货邮舱单，内容为：LHW C/1846KG 1H C/532KG 4H，B/946KG 1H；WUH C/410KG 4H、B/1010KG 4H。随后监装监卸员根据货邮舱单到现场安排该航班货物装机。安排好后，监装监卸员离开。飞机起飞前，监装监卸员再次到航班下检查时，见该航班的前货舱门已关闭，搬运工正将运送至武汉的行李装入4舱，误以为运送至兰州的行李已正常装机，就没再过问，导致运送至兰州的行李错装在4舱没有被发现。

分析 监装监卸员工作不认真、不到位，没有进行复核，违反了操作程序。

案例2 3月8日21：00，某航空公司航班B738执行三亚—厦门、厦门—杭州的运输任务，货邮舱单：1舱、2舱装行李，3舱装货物。由于当日该航班监装监卸员现场疏忽大意看错货邮舱单，现场指挥搬运工误将本应该装入1舱的厦门旅客的行李（621kg）装入3舱，导致重心变化。随后在飞机滑出时发现问题并按实际装机情况在离岗系统里修正了飞机重心，同时告知航班机组。

分析 监装监卸员工作不细致、粗心大意，易造成安全隐患。

第四节 到达货物的操作流程

一、货物的接收

（1）业务袋交接时，监装监卸员应根据航班进港时间准时接取业务袋，并检查货邮舱单、货运单、邮件运单等运输文件是否齐全、完备，同时将业务袋交接给库房管理员。

（2）库房管理员根据货邮舱单、货运单、邮件运单等运输文件核对货运单号码、始发站、目的站，清点货物的件数。

二、货物的交付

货物到达后，向收货人发出到货通知的时间和方式。

1. 时限

（1）急件货物要尽快通知，一般在2h内发出通知。

（2）一般货物要在24h内通知。

2. 通知方式有电话及信函等方式

（1）电话通知。应将始发站、件数、重量、到货时间、提货地点、提货日期和提货手续及其他需要注意的事项通知收货人，通知人应记录通知时间。

（2）书面通知。书面通知采用寄发提货通知单的形式。通常，在电话无法联系到收货人时用书面通知。到货通知要求书写清楚、准确、及时发出。存根留下，作为已发货凭证。

三、货物交付的要求

（1）收货人应在承运人指定的提货地点提取货物。活体动物、鲜活易腐物品及其他指定航班运输的货物，托运人应负责通知收货人到目的站机场等候提取。除托运人与承运人另有约定外，货物应交付航空货运单上的收货人。

（2）检查收货人的提货手续是否完备有效。

收货人提取货物时，应当出示有效身份证件，承运人对收货人身份证件的真实性不承担责任。必要时，承运人可要求收货人出示有关货物运输的文件或证明。海关监管货物须在海关办理放行手续之后办理交付。

（3）交付时，收货人对货物外包装状态、件数或重量如有异议，应当场查验或复秤，必要时填写货物运输事故记录，由双方盖章或签字。

收货人在货运单货物交付联的收货人栏内填写本人的姓名和有效身份证件号码，以示签收。

（4）交付人在货运单上填写本人姓名、交付日期和时间。

四、分批货物的交付

分批货物应当在货物到齐后一次性交付给收货人。分批交付货物时，应在货运单上注明本次交付的件数、重量和交付时间，并由收货人和交付人双方签字证实。货物全部提取后，双方应当在货运单上签字，证实货物已全部提取。

交付分批货物的各种记录必须准确、完备，随附货运单备查。

五、丢失货运单货物的交付

（1）向相关承运人索要货运单副本或复印件后，按规定办理货物交付手续。

（2）根据收货人提供的货运单副本或复印件按规定办理交付手续。若发现提供的货运单副本或复印件上有更改或疑问的地方，则应向始发站核实。

（3）交付丢失货运单的货物，要注意核对货物标记和货物标签的各项内容。

（4）货物交付后，收货人提供的所有提货文件须与货运单交付联一起装订，留存备查。

六、货物的提取

收货人提取货物时，应付清所有应付费用，即到付运费、保管费、地面运费和提货服务费等。

收货人提取货物时，应清点货物的件数，若发现货物有丢失、污染、变质、损坏或延误到达等情况，则应当场向承运人提出异议，并由承运人按规定填写《货物运输事故记录》，由双方签字或盖章。

若收货人提取货物并在货运单上签字后而未提出异议，则视为货物已经完好交付，承运人对货物的责任同时解除。

案例分析

案例1　2001年1月初，某进港航班，到港有一票货物为有价票证（空白客票）260多箱。卸机时，发现机舱内有一个塑料袋，袋内散乱地装着一些损毁的空白客票。现场卸机时，搬运工未报告损毁货物，并拉回库房。由于仓管员没有及时对此票货物进行清点，没有按时做出事故签证交配载员发报，也没有任何记录。次日，货主提货，发现货物有两箱严重破损，散乱的客票装在一个塑料袋里。

分析　由于客票属于有价票证，因此提出异议。立即查阅前一日的值班记录，结果没有记录，也无事故签证，当即提出索赔申请。经同意，由机场公安局、货主保卫部、货运仓管员共同对毁损的客票进行了清点，结果有4个编号查不到任何证据。后货运公司按路段的价格赔偿。

案例2　2008年1月27日，一货主提取通过航空运输的冻品，航班预计13：50到港，实际14：10到港，但货物17：20才取到。由于是冻肉，货主投诉货物晚到。

分析　根据到货通知中的时限要求，冻肉应在航班到达后2h内发出。

第八章　货物的不正常运输及处理

学习提示

本章讲解民航货物不正常运输的基础知识，以及不正常货物运输的处理流程和方法。

通过本章的学习，熟悉货物不正常运输的种类及处理方法，并能够对变更运输、无法交付货物及货物赔偿有一定的了解，掌握在异常情况下操作货物的基本方式。

学习本章时，使用理解记忆法。

第一节　货物的不正常运输

一、定义

货物的不正常运输是指在货物运输过程中发生的多收货物、多收货运单、少收货物、少收货运单、有货无单、有单无货、货物漏装、货物漏卸、货物错运、多收业务袋、少收业务袋、货物丢失、货物破损、错贴（挂）标签等情况。

发生或发现货物不正常运输时，承运人或其地面代理人应在规定时限内拍发电报，将货物不正常运输的情况通知有关航站，同时采取措施，妥善处理。

二、种类

货物的不正常运输主要包括如下几种。

1. 多收货物（FOUND CARGO，FDCA）

1）定义

多收货物是指卸机站收到未在货邮舱单或货运单上登记的货物，或者实际收到的货物件数多于货邮舱单或货运单上登记的件数。

2）处理方法

在货邮舱单上注明，拍发查询电报，将多收货物的详细情况通知有关航站。

（1）货物目的站为本航站时，索要货运单。

（2）货物目的站非本航站时，拍发查询电报，将多收货物的详细情况通知有关航站，征求装机站的处理意见，并按装机站的要求将货物继续运输或退回装机站。

如果继续运输，就使用货运单复印件或代货运单将货物运至装机站要求运往的航站；如果退回装机站，就使用货运单复印件或代货运单将货物退回装机站。在货运单复印件或货邮舱单上应注明不正常运输情况。继续运输或退回装机站的航班和日期确定后，拍发电报将运输货物的航班和日期通知装机站和有关航站。发现错卸过站货物时，应安排同一承运人的最早航班运出。必要时，拍发电报通知货物的始发站和卸机站。

（3）多收既有货物又有货运单，但未在货邮舱单上显示的货物时，应将货运单号码、货物件数、始发站、目的站等信息登记在货邮舱单上，同时通知有关航站。

（4）收到其他航站的多收货物电报时，应尽快查明原因，并将处理决定通知多收货物的航站。

案例分析

案例 MU5102 北京—上海的航班在目的站核对货物时，发现多收了一件北京到西安的货物，但该货物未显示在货邮舱单上。上海航站应该如何处理？

分析 在货邮舱单上注明，拍发查询电报，将多收货物的详细情况通知北京航站，征求北京航站的处理意见，并按北京航站的要求将货物继续运输至西安航站或退回北京航站。

2. 多收货运单（FOUND AIRWAYBILL，FDAW）

1）定义

多收货运单是指卸机站收到未在货邮舱单上登记的货运单，也未收到货物。

2）处理方法

在货邮舱单上注明，拍发查询电报，将多收货运单的详细情况通知有关航站。

（1）货运单的目的站为本航站时，应拍发查询电报，并通知有关航站。

（2）货运单的目的站非本航站时，征求装机站处理意见，并按装机站的要求，将货运单运出。同时，在货运单和货邮舱单上注明不正常运输情况，并将有关电报复印件随附在货运单上；确定运出的航班和日期后，拍发电报通知有关航站。

案例分析

案例 CA1367 北京—深圳的航班在目的站深圳核对货物时，发现多了一票北京至武汉的货运单，但该航班上没有此票货物，深圳航站应该如何处理？

分析 深圳航站应征求北京航站的处理意见，并按北京航站的要求，将货运单退回北京航站或运往武汉航站。确定运出的航班和日期后，拍发电报通知北京航站和相关航站。

3. 少收货物（MISSING CARGO，MSCA）

1）定义

少收货物是指卸机站未收到已在货邮舱单上登记的货物，或者收到货物的件数少于货邮舱单上显示的件数。

2）处理方法

在货邮舱单上注明不正常情况，拍发查询电报，将少收货物的详细情况通知有关航站。

（1）如果本航站为货物中转站，经证实少收的货物已经由其他航班运至目的站，就将货运单和收到的货物运至目的站，并在货邮舱单或货运单上注明货物不正常运输情况，并将有关信息通知相关航站。

（2）如果货物信息已在货邮舱单上登记，但是既未收到货物又未收到货运单，就

应在货邮舱单上注明"无单无货",并拍发电报通知有关航站。

(3) 如果经过查询,航班到达后 14 日内仍然没有结果,就应将查询情况报告以下部门:始发站和经停站货运部门、本航站货运主管领导及其他有关航站的货运部门。

(4) 如果自航班到达之日起满 30 日仍无结果,就按货物丢失处理。

(5) 少收贵重物品、外交信袋或其他特种货物时,除按一般程序处理外,还应立即向上级报告。

案例分析

案例 MF8475 武汉—成都航班的一票货运单上登记的货物数量为 3 件,重量为 55kg。在目的站核对时,发现只收到 2 件货物,重量为 40kg。应如何处理?

分析 成都航站应在货邮舱单上注明少收货物的具体情况,并拍发查询电报,将少收货物的详细情况通知武汉航站。

4. 少收货运单(MISSING AIRWAYBILL,MSAW)

1)定义

少收货运单是指卸机站收到已在货邮舱单上登记的货物,但是没有货运单。

2)处理方法

在货邮舱单上注明,拍发查询电报,将少收货运单的详细情况通知有关航站,并索要货运单。

(1) 货物的目的站为本航站时,应向装机站索要货运单。

(2) 货物的目的站非本航站时,应征求装机站的处理意见,并按装机站的要求,将货物继续运输或退回装机站。

如果继续运输,就使用货运单复印件将货物运至装机站要求的航站;如果退回装机站,就使用货运单复印件将货物退回装机站;在货运单复印件和货邮舱单上应注明不正常运输情况,并将有关电报随附在货运单复印件上;确定运出货物的航班和日期后,拍发电报通知有关航站。

案例分析

案例 HU7192 厦门—北京的航班在目的站北京核对时发现有货物,货邮舱单上也有记录,但是没有货运单。此种情况为少收货运单,应如何处理?

分析 北京航站应在货邮舱单上注明少收货运单的情况,拍发查询电报,将少收货运单的详细情况通知厦门航站,并向厦门航站索要货运单。

5. 货物漏装(SHORT SHIPPED CARGO,SSPD)

1)定义

货物漏装是在航班起飞后,装机站发现应当装机的全部或部分货物未装上飞机,但货运单和货邮舱单已随飞机带走。

2)处理方法

(1) 立即通知货物的卸机站和目的站,说明漏装货物的货运单号码、件数、重量、始发站、目的站、续运的航班、日期。

（2）修改货邮舱单存查联，注明货物漏装情况。

（3）使用货运单复印件将漏装货物安排在原承运人的最早航班上运出，并在货邮舱单和货运单复印件上注明货物的不正常运输情况。

案例分析

案例 MU2161 西安—大连的航班起飞后，始发站西安的工作人员发现本应装在此航班上的一票货物 3 件、80kg 滞留在库房里，未能装上航班。此种情况为漏装货物，应如何处理？

分析 西安航站应立即通知大连航站，说明漏装货物的货运单号码、件数、重量和续运的航班、日期。同时，修改货邮舱单存查联，注明货物漏装情况，并将漏装货物安排在原承运人的最早航班上运出。

6. 货物漏卸（OVERCARRIED CARGO，OVCD）

1）定义

货物漏卸是指卸机站未按照货邮舱单卸下该航站应卸下的货物。

2）处理方法

（1）航站发现货物漏卸后，应立即向有关航站拍发查询电报。

（2）收到货物的航站，应立即通知漏卸航站、装机站，使用代货运单将漏卸货物尽快退运至漏卸航站或直接运至目的站。同时在货邮舱单和代货运单上注明货物的不正常运输情况。

案例分析

案例 一票货物 5 件、30kg，航程为三亚—海口—上海。在中转站海口卸机时，只卸下 4 件、25kg，剩下的 1 件、5kg 的货物被航班带往上海。海口航站发现漏卸后应如何处理？上海航站收到货物后应如何处理？

分析 海口航站发现漏卸后，应立即向三亚和上海航站拍发查询电报。上海航站收到货物后，应立即通知三亚和海口航站，使用代货运单将漏卸货物尽快退运至海口航站，并在货邮舱单和代货运单上注明货物的不正常运输情况。

7. 货物错运

1）定义

货物错运是指装机站在货物装机时，将不是该航班的货物装上该航班，致使货物错运。

2）处理方法

（1）装机站如果确认货物被错运到某航站，就应立即打电话或拍发电报将错运货物的货运单号码、件数等相关内容及处理办法通知有关航站。

（2）收到货物的航站，应立即通知装机站。根据装机站的要求，将货物退回或继续运输，并在货邮舱单上注明货物的不正常运输情况。

（3）装机站如果不能确认货物被错运至何处，就应拍发泛查电报向有关航站查询。

<h3 style="text-align:center">案例分析</h3>

案例 SC4767 重庆—长春的航班起飞后，重庆航站发现一票重庆至广州的货物由于操作失误被装上 SC4767 航班，重庆航站应如何处理？

分析 重庆航站应立即打电话或拍发电报将错运货物的货运单号码、件数等相关内容及处理办法通知长春航站。

8. 多收业务袋

1）定义

多收业务袋是指卸机站收到非本航站的业务袋。

2）处理方法

（1）立即拍发电报通知有关航站。

（2）安排最早航班将业务袋运至应到目的站，并拍发电报将运输的航班和日期通知业务袋的装机站和目的站。

（3）如果业务袋的装机站要求对业务袋另做处理，就应按照装机站要求进行处理。

<h3 style="text-align:center">案例分析</h3>

案例 大连至上海的 CZ6521 航班在目的站上海卸机时，除收到了本航班的业务袋外，同时收到了 CZ6125 大连至北京的业务袋，上海航站应如何处理？

分析 上海航站应立即拍发电报通知大连和北京航站，并安排最早航班将 CZ6125 业务袋运至北京航站，同时拍发电报将运输的航班和日期通知大连和北京航站。

9. 少收业务袋

1）定义

少收业务袋是指卸机站未收到应该到达本航站的业务袋。

2）处理方法

（1）少收业务袋的航站应将已到达的货物妥善保管，并检查其中是否有贵重物品、鲜活易腐物品、危险物品、活体动物等，对有时限的货物应立即打电话通知有关航站或收货人，并索要货运单，或者通过货运计算机系统提取货运单信息，填制代货运单后交付货物。

（2）立即通知航班的装机站或经停站。

（3）多收业务袋的航站应安排最早的航班将多收的业务袋运至少收业务袋的航站或退回装机站，并拍发电报将运输的航班和日期通知有关航站。

（4）收到补来的业务袋后，应立即按照进港工作程序对货物、邮件进行处理。

（5）3h 之内如果没有得到反馈信息，就应再次向有关航站查询。

（6）业务袋内只有货运单，没有货邮舱单。从货运计算机系统中提取货邮舱单，或者根据收到的货运单填制代货邮舱单，并据此核对货物；同时通知装机站将货邮舱单或其复印件传真或带到卸机站；卸机站接到装机站补来的货邮舱单后，与代货邮舱单核对，发现问题及时处理。

（7）货邮舱单、货运单同时丢失。立即拍发电报通知有关航站将货邮舱单、货运单或其复印件迅速带到卸机站；如果有紧急货物需要提取，就根据收货人提供的货运单副本，或者根据收货人提供的货运单号码在货运计算机系统中提取货运单信息，填制代货运单，由收货人办理检验检疫等手续并支付应付费用后，办理货物交付手续。如果属于国际国内联程运输的货物，经始发站证实不是海关监管货物后，方可用加盖始发站公章的货运单传真件或复印件办理货物交付手续；卸机站收到装机站补来的货邮舱单及货运单或其复印件后，应立即对货物进行处理。

案例分析

案例 北京至深圳的 ZH9852 航班，在目的站深圳卸机时未收到本航班的业务袋，深圳航站应如何处理？

分析 深圳航站应将已到达的货物妥善保管，对有时限要求的货物应立即电话通知有关航站或收货人，并索要货运单，或通过货运计算机系统提取货运单信息，填制代货运单后交付货物。同时，立即通知北京航站将业务袋用最早的航班运至深圳。收到补来的业务袋后，应立即按照进港工作程序对货物、邮件进行处理。

10. 货物丢失

1）定义

货物在承运人掌管期间，货物部分或全部下落不明满 30 日，可以认定为货物丢失。

2）处理方法

（1）如果托运人或收货人提出索赔，则应按规定赔偿。赔偿前，应与索赔人商定丢失货物找到后的处理办法，并签定书面协议。

（2）发现贵重物品、武器、弹药、危险物品、外交信袋下落不明时应立即上报。

（3）已赔偿的丢失货物找到后，应及时与索赔人联系，按双方协议处理。

案例分析

案例 北京至上海的 CA1521 航班，其货邮舱单上显示一票货物，货物名称为服装、3 件、100kg，但是只收到 2 件、80kg，另外 1 件、20kg 下落不明。经始发站、中转站、目的站多方查找未果。如果 30 日后仍未找到该件货物，应如何处理？

分析 如果托运人或收货人提出索赔，则应按规定赔偿。

11. 货物破损

1）定义

货物破损是指货物的外包装损坏、变形或受潮，致使包装内的货物可能或已经受到损伤。

2）处理方法

（1）货物收运后，如果发现外包装轻微破损，就应在修复货物外包装后发运。破损严重的，应与托运人联系处理。

（2）如果在中转站发现货物破损，就应填制货物不正常运输记录，并在中转舱单上注明破损情况，同时拍发电报通知有关航站。货物不正常运输记录的其中一份应随附在货运单后面。修复外包装或重新包装货物后，继续运输。

（3）如果在目的站发现货物破损，就应填制货物不正常运输记录，并通知有关航站。

案例分析

案例 三亚至沈阳的一票货物，在中转站海口航站被发现外包装破损，海口航站应如何处理？

分析 海口航站应填制货物不正常运输记录，并在中转舱单上注明破损情况，同时拍发电报通知三亚和沈阳航站。货物不正常运输记录的其中一份随附在货运单后面。修复外包装或重新包装货物后，继续运输至沈阳航站。

12. 错贴（挂）标签

1）定义

错贴（挂）标签是指货物标签上的货运单号码、件数、目的站等内容与货运单不符。

2）处理方法

（1）在始发站，根据货运单更换货物标签。

（2）在中转站或目的站，核对货运单和货物外包装上的收货人，复查货物重量，如果内容相符，就更换货物标签，并拍发电报通知始发站；如果内容不符，就立即拍发电报通知始发站，并详细描述货物的外包装、外形尺寸、特征等，征求处理意见。

（3）错贴（挂）货物标签的航站收到电报后，应立即查明原因，并答复处理办法。

案例分析

案例 HU7245北京至乌鲁木齐航班。乌鲁木齐航站在核对货物时，发现一票货物标签上的目的站写成成都，乌鲁木齐航站应如何处理？

分析 乌鲁木齐航站应核对货运单和货物外包装上的收货人，复查货物重量。如果内容相符，就更换货物标签，并拍发电报通知北京航站。如果内容不相符，就立即拍发电报通知北京航站，详细描述货物的外包装、外形尺寸、特征等，征求处理意见。

13. 货物无标签

1）定义

货物无标签是指货物的外包装上没有货物标签。

2）处理方法

（1）将货物的外包装、外形尺寸、特征等基本情况通知装机站和其他有关航站。根据装机站或其他航站提供的线索，核对货物外包装上的货物标记与货运单的内容是否相符。如果相符，补贴（挂）货物标签后，就按正常货物继续运输。

（2）如果货物标记与货运单不相符，就检查随附的有关文件、资料，必要时开箱检查。可以确定的，补贴（挂）货物标签，按正常货物运输；仍然不能确定的，在货物外包装上贴（挂）不正常货物标签，并将货物存放在指定位置，按无法交付货物处理。

案例分析

案例 一票天津至乌鲁木齐的货物，在中转站北京被发现没有粘贴货物标签。北京航站应如何处理？

分析 北京航站应检查随附的有关文件、资料，必要时开箱检查。可以确定的，补贴（挂）货物标签，按正常货物运输；仍然不能确定的，在货物外包装上贴（挂）不正常货物标签，并将货物存放在指定位置，按无法交付货物处理。

14. 货物品名不符
1）定义
货物品名不符是指实际运输的货物与货运单上申报的货物品名不符。
2）处理方法
（1）对货物中夹带禁止运输物品的处理。航站一旦发现夹带禁止运输物品的货物，应立即停止运输，采取严格保管措施，不得退运或续运。并通知政府有关部门，按程序逐级上报后按下列规定处理：
① 在始发站停止发运，另向托运人或货运代理人收取不低于整票货物应付运费总额的违约金，然后按政府指令对货物进行移交或处理。如果托运人要求退运，就需自行到相关政府部门办理手续。退运时，应按规定办理退运手续，按规定收取违约金和退运手续费，已付运费不退。
② 在中转站停止运输，通知当地政府部门，同时通知始发站，另外应向托运人或货运代理人收取不低于整票货物应付运费总额的违约金，然后根据政府部门意见将货物移交或处理。如果托运人或收货人要求在中转站提取货物，就需自行到相关政府部门办理手续。中转站收取违约金及退运手续费后按规定办理货物交付手续，剩余航段运费不退。
③ 在目的站停止交付，通知当地政府部门，另外应向收货人收取不低于应付全程运费总额的违约金。然后按政府指令对货物进行移交、处理或交付收货人。目的站也可通知始发站，由始发站向托运人收取违约金。
④ 收取违约金不影响其他费用的计收。
⑤ 属于货运代理人收运的货物，如果协议中另有约定，就按照协议处理。
（2）对货物中夹带限制运输物品的处理如下：
① 在始发站停止发运，通知托运人或货运代理人。向托运人或货运代理人收取不低于整票货物应付运费总额的违约金及运费差额，由托运人或货运代理人自行办妥政府规定的手续后，使用原货运单继续运输（必要时，可以重新填开货运单、重新核收货物运费，原货运单作废，原运费退还托运人）；如果托运人或货运代理人要求退运，就按货物退运处理，原运费不退，并按规定收取违约金及退运手续费，由托运人或货运代理人自行办理政府部门规定的手续后，将货物提取。

② 在中转站停止运输。通知始发站向托运人或货运代理人收取不低于整票货物应付运费总额的违约金及运费差额，由托运人或货运代理人自行办理政府有关部门规定的手续。接到始发站可以运输的通知后，安排货物继续运输。如果托运人或收货人要求在中转站提取货物，就应在始发站或中转站缴纳违约金及运费差额，自行办理政府手续后提取货物，剩余航段运费不退；如果托运人或货运代理人要求退回始发站，始发站就应向其收取不低于整票货物应付运费总额的违约金、运费差额及由中转站运回始发站的相应运费（剩余航段运费不退），托运人或货运代理人在始发站办妥政府手续后，通知中转站将货物运回始发站。

③ 在目的站停止交付。向收货人收取不低于应付全程运费总额的违约金及运费差额。由收货人自行办理政府有关部门规定的手续后将货物提取；目的站也可以通知始发站，由始发站向托运人或货运代理人收取违约金、运费差额，并由其自行办妥政府手续后，通知目的站交付货物；如果托运人或货运代理人要求退回始发站，除违约金及运费差额外，始发站还应按相应运价向托运人或货运代理人重新核收全程运费，政府手续由托运人或货运代理人在始发站办理；如果收货人要求退回始发站，除违约金及运费差额外，目的站还应按相应运价向收货人重新核收全程运费，政府手续由收货人在目的站办理。

④ 收取违约金不影响其他费用的计收。

⑤ 对于同时夹带禁止运输物品和限制运输物品的，按照夹带禁止运输物品处理；对于将高运价货物品名伪报为低运价货物品名的，按照夹带禁止运输物品处理。

⑥ 属于货运代理人收运的货物，如果协议中另有约定，就按照协议处理。

（3）其他货物品名不符情况的处理如下：

① 在始发站停止运输货物，并通知托运人或货运代理人。若托运人或货运代理人要求退运，则原运费不退，另向其收取不高于货物运费总额的违约金及退运手续费，并按规定办理货物交付；若托运人或货运代理人要求继续运输，则另向其收取不高于货物运费总额的违约金后，按新的货物品名以相应运价计算，重新核收运费、重新填开货运单、原货运单作废、原运费退还。

② 在中转站停止运输货物，并通知始发站。始发站向托运人或货运代理人另收取不高于货物运费总额的违约金及运费差额后，通知中转站继续运输货物。

③ 如果托运人或收货人要求在中转站提取货物，就应在始发站或中转站缴纳违约金及运费差额，并按规定进行交付，剩余航段运费不退。

④ 在目的站停止交付，向收货人收取不高于货物运费总额的违约金及运费差额后，由收货人提取货物；若收货人要求退回始发站，则目的站应核收违约金、运费差额及回程运费。若托运人要求退回始发站，则始发站应核收违约金、运费差额及回程运费。

⑤ 对于将货物品名填写为能够包含货物的具体名称，属于同一类性质的泛指商品名称的，可以减轻或免除违约金。

⑥ 收取违约金不影响其他费用的计收。

⑦ 属于货运代理人收运的货物，如果协议中另有约定，就按照协议处理。

第八章 货物的不正常运输及处理

案例分析

案例 一票货物的航程为长沙至南宁。交运后,长沙航站发现,实际运输的货物为观赏鱼,而货运单上显示的品名是仪器。通知货运代理人后,货运代理人表示继续运输,长沙航站应如何处理?

分析 长沙航站向货运代理人收取不高于货物运费总额的违约金后,应按货物的实际品名"观赏鱼"的相应运价核收运费,重新填开货运单,原货运单作废,原运费退还托运人。

15. 货物重量不符(如计费重量不符)
1)定义
货物重量不符是指交运的货物重量(如实际重量和计费重量)与货运单上货物毛重栏和计费重量栏内显示的重量不一致。
2)处理方法
(1)由于承运人原因造成货物重量不符的,运费多退少补。
(2)由于托运人原因造成货物毛重小于货物实际毛重或计费重量小于货物体积重量的,按如下规定处理:
① 在始发站按照公布运价的 N 运价或等级运价补收重量差额部分的运费,并按照相关规定处理。
② 在中转站停止货物运输,并通知始发站。始发站得到中转站关于货物重量不符的信息后,应尽快查明原因。收取运费差额后,尽快通知中转站继续运输货物。对于有运输时限要求的货物(如紧急航材、急救物资、活体动物、灵柩、放射性同位素、疫苗、需要冷藏冷冻的货物等),中转站在通知始发站和目的站后可以继续运输。
③ 在目的站向收货人补收差额部分的运费,并按规定处理后交付货物。交付货物后,应尽快通知始发站;也可以暂停交付,通知始发站,由始发站收取运费差额后再交付货物。

案例分析

案例 成都至北京的一票货物,货运单上货物的实际毛重为50kg,计费重量为50kg。北京航站交付货物时发现,货物的体积重量是80kg,北京航站应如何处理?

分析 北京航站应向收货人补收差额部分的运费,并按规定处理后交付货物。交付货物后,应尽快通知成都航站;也可以暂停交付,通知成都航站,由成都航站收取运费差额后再交付货物。

16. 其他不正常情况的处理
1)仓储期间发现有货无单
(1)记录发生或发现不正常运输情况的时间、地点和经过。
(2)根据货物包装上的货物标记、货物标签等,确定货物的始发站,向始发站索要货运单或其复印件。

(3) 如果货物包装上无任何标志，就应与本航站少收货物的货运单进行核对，如果确认属于同一票货物，就补贴（挂）货物标签。

2）仓储期间发现有单无货

(1) 记录发生或发现不正常运输情况的时间、地点和经过。

(2) 核对有关文件，并查找货物可能放置的地方。

(3) 向有关航站拍发查询电报，若2日内无答复，则应拍发泛查电报。泛查电报可以向相关航站查询，必要时向国内各航站查询。

(4) 收到查询电报的航站，应立即查找货物下落，做好查询记录，并在收到电报后24h内答复查询站。

(5) 找到货物的航站，应立即通知有关航站，并安排最早航班将货物退回始发站或运至目的站。

三、运输事故记录凭证

运输事故记录凭证是承运人内部或承运人之间调查不正常运输原因、确定责任的凭证。不可以提供给托运人、收货人或其代理人。

1. 定义

运输事故记录凭证是在运输过程中，承运人发现货物包装破损、内物丢失、变质、污染、受潮等不正常运输情况而填写的书面记录文件，是承运人内部或承运人之间调查不正常运输原因、确定责任的凭证。因此，该凭证不能出示给托运人、收货人或其代理人。

2. 承运人用运输事故记录凭证的填写

(1) 该凭证一式三联：一联随附在货运单上；一联给装机站；一联本航站留存备查。

(2) 根据承运人要求，该凭证应包括以下内容：

① 编号为填写该凭证的顺序号。

② 填开地点。

③ 填开日期。

④ 航班/日期。

⑤ 该票货物货运单号码和不正常运输货物的分运单号码。

⑥ 该票货物的货物品名、件数和重量。

⑦ 始发站、装机站/卸机站和目的站。

⑧ 货物的不正常类别。

⑨ 不正常运输货物的箱号。

⑩ 不正常运输货物的货物品名、件数、重量（丢失货物的重量由总重量减去未丢失货物的重量确定；损坏货物的重量通过称重后确定）。

⑪ 损坏后的重量。

⑫ 填写需要说明的有关货物的其他情况。

⑬ 外包装和损坏程度。

⑭ 发现破损的时间和地点。

⑮ 有关部门对货物不正常运输情况的详细说明。

中国国际货运航空股份有限公司的《货物不正常运输记录》如表8.1所示。

第八章 货物的不正常运输及处理

表8.1 货物不正常运输记录

货物不正常运输记录
CARGO IRREGULARITY REPORT

编 号:
FILE NO.

填开地点 ISSUED PLACE		填开日期 ISSUED DATE			航班/日期 FLT/DATE	
货运单号码 AWB NO.		件数 PIECE		重量 WEIGHT	装机站/卸机站 POINT OF LODING/UNLOADING	
货物品名 DESCRIPTION OF GOODS		始发站 AIRPORT OF DEPARTURE			目的站 AIRPORT OF DESTINATION	

不正常类别 CATEGORY	丢失 LOSS ☐	损坏 DAMAGE ☐	短少 SHORTAGE ☐	变质 DETERIORATION ☐	污染 CONTAMINATION ☐	其他 OTHER ☐

IRREGULARTY CASES 分运单号码 HA WBNO. 箱号 CASE NO. 货物品名 DESCRIPTION OF GOODS 件数 PIECES 重量 WEIGHT 箱内破损数量 QUANTITY OF THE CASE 其他 OTHER	标签注示 MARKS AND LABLES 向上 THIS SIDE UP ☐ 易碎 FRAGILE ☐ 玻璃 GLASS ☐ 小心轻放 HANDLE WITH CARE ☐ 勿躺放 DO NOT LAY FLAT ☐ 其他 OTHER ☐	外包装 OUTER PACKING 纸板箱 CARDBOARD BOX ☐ 纸包装 PAPER WRAPPED ☐ 瓦楞纸箱 CORRUGATED BOX ☐ 木箱 WOODEN BOX ☐ 金属罐/箱 METAL CAN/DRUM ☐ 手提箱 SUITCASE ☐ 包裹 BUNDLE ☐ 其他 OTHER ☐	损坏程度 CONTAINER DEFECTS 外部 OUTER / 内部 INNER ☐ 撕开 TORN ☐ ☐ 破碎 BROKEN ☐ ☐ 戳漏 PUNCTURED ☐ ☐ 压坏 CRUSHED ☐ ☐ 凹陷 DENTED ☐ ☐ 受潮 WET ☐ 包装带损坏 TAPE TORN ☐ 包装开裂 SEAMS OPEN ☐ 散包 BANDS LOOSE ☐ 无损 NO DEFECTS ☐ 其他 OTHER ☐

发现破损的时间和地点 FOUND IRREGULARITY CARGO TIME/PLACE 卸机时 WHEN UNLOADING ☐ 入库时 IN WAREHOUSE ☐ 交货时 WHEN DELIVERING ☐ 其他 OTHER	损失坏后的重量 REWEIGHT 是否照相 PHOTOGRAPHS 是 YES ☐ 否 NO ☐

详细说明:
DETAILS.

货物破损意图:
SKETCH MAP OF DAMAGE

其他
OTHER

收货人提取货物时,货物状况是否与以上记录相符? HAVE CONSIGNEE NOTICED DAMAGE TALLYING WITH THIS REPORT WHEN DELIVERING?	是 YES ☐	否 NO ☐
有关人员签字 WITNESS	填表人签字 PREPARED BY	

3. 可提供给托运人、收货人或其代理人的运输事故记录凭证

（1）货物交付时，若发现货物丢失、损坏或提货人对货物外包装的状态、重量提出异议，则承运人或其代理人应连同提货人当场查验或重新过磅，并填写运输事故记录凭证，该凭证可作为索赔人提出索赔时出具的书面凭证。

（2）该凭证一式两份，承运人或其代理人与提货人双方签字后各自留存一份。该凭证应包括以下内容：

① 发生运输差错事故的航班/日期、飞机号、始发站、航班离/进港时间。

② 发生运输差错事故的货运单号码、货物的始发站/目的站、货物件数/重量、货物品名、包装材料。

③ 发生运输差错事故时的货物状态及事故现场的详细描述、现场照片或录像。

④ 飞机、行李或其他货物的损坏情况。

⑤ 货物本身的实际损失。

⑥ 对货物包装方法的详细描述。

⑦ 对此次运输差错事故发生原因的初步分析和判断。

⑧ 对运输差错事故采取的补救或处理措施。

⑨ 报告单位/报告人的姓名、联系电话、报告日期。

第二节　货物的变更运输

变更运输是指在航空货物运输中，由于种种原因导致改变收货人、航班、运输路线等货物信息。

变更运输可以分为自愿变更和非自愿变更。

一、自愿变更

1. 定义

自愿变更是指由于托运人的原因致使承运人改变运输的部分或全部内容。

2. 自愿变更的时限

自货物托运后至收货人要求提取前，托运人在履行航空货物运输合同规定的义务时，享有对货物的处置权，即对货物行使变更运输的权利。

3. 自愿变更的条件要求

（1）自愿变更仅适用于一份航空货运单上的全部货物。

（2）托运人行使变更运输的权利时不能违反政府的有关规定，也不能损害承运人或其他人的利益。因托运人行使变更权利给承运人或其他人造成损失的，托运人应承担责任。

（3）自愿变更运输只能在原办理货物托运手续的地点办理。

（4）托运人提出变更运输时，应出具书面变更要求、航空货运单托运人联和个人有效身份证件及其他相关证明文件。

（5）货物收运后，托运人要求变更运输时，货物品名和声明价值不得变更。

4. 托运人有权对其托运的货物变更

（1）发运前退运。

（2）在经停站变更。

(3) 变更目的站。
(4) 退回始发站。
(5) 变更收货人（变更后的收货人即为货运单指定的收货人）。

5. 各类变更的操作

1）发运前退运

托运人已经办理货物托运手续，但尚未安排货物运输，可以为其办理货物退运手续。

其操作方法如下。

（1）托运人应自行办理商品检验检疫等政府部门的手续，经检查无误后办理货物退运。

（2）承运人向托运人收回货运单托运人联，并将原货运单各联作废。

（3）承运人扣除已经发生的各项费用，如声明价值附加费、地面运输费、退运手续费、保管费等，并将余款退还托运人。

（4）请托运人在货运单上签字并交付货物。

（5）将收回的货运单各联及有关文件一并交财务部门，托运人提供的书面变更运输要求等文件留存备查。

2）在经停站变更

（1）始发站的处理如下。

始发站受理变更运输时，应首先明确货物所在航站，按规定核收因变更运输产生的费用后，将变更运输的信息通知货物所在航站；根据持有货物航站的回复，扣除实际使用航段的运费和已经发生的其他费用，差额多退少补；托运人付清因变更运输产生的所有费用后，承运人执行其变更运输要求；托运人提供的书面变更运输要求等文件由始发站留存备查。

（2）经停站的处理如下。

收到始发站关于变更运输的通知后，应立即核对货物，并将货物情况及变更可能发生的费用通知始发站；对货运单及货物标签做相应的更改；收到始发站已经补收有关费用的书面答复后，执行变更。也可以填写货物运费更改通知单交收入结算部门，然后执行变更；对于其他承运人运输的货物，运费或其他费用发生变化时，必须在得到始发站补收相关费用的收据或其传真件后，才能执行变更。如果始发站填开《货物运费更改通知单》，在收到该通知单或其传真件后，方可进行变更；始发站要求将货物退回的，按照退回始发站的规定办理；始发站要求变更货物目的站的，按照变更目的站的规定办理；始发站要求收货人在经停站提取货物的，按照规定办理货物交付手续，并将处理情况通知始发站。

3）变更目的站

（1）货物发运前变更。向托运人收回货运单托运人联，并将原货运单各联作废，重新办理托运手续；按照变更后的目的站填制新的货运单，托运人自行办理政府部门的相关手续。

（2）货物发运后变更。始发站受理变更后应将变更运输的信息通知货物所在航站，并根据持有货物航站的回复，收取实际使用航段的运费和已经发生的其他费用，同时重新计算货物所在航站至新的目的站的运费，费用差额多退少补；托运人付清因变更运输产生的所有费用后，承运人执行其变更运输要求，填开货物运费更改通知单，或以补收运费的形式填制新的货运单；托运人提供的书面变更运输要求等文件由始发站留存备查。

持有货物的航站收到始发站关于变更运输的通知后，应立即核对货物并将货物情况及变更可能发生的费用通知始发站；收到始发站可以进行运输变更的确认后，应在货运单上注明，同时对货运单和货物标签做相应地更改，并将始发站要求变更运输的相关文件的复印件随附在货运单上一同运输至变更后的目的站。货物运出后，通知始发站。

4）退回始发站

（1）自目的站将货物退回始发站。始发站受理变更运输并核收变更运输发生的费用后，应尽快将变更运输的信息通知货物所在航站。托运人提供的书面变更运输要求等文件由始发站留存备查。

持有货物的航站收到始发站关于变更运输的通知后，应立即核对货物并将货物情况及变更可能发生的费用通知始发站；收到始发站可以进行变更运输的确认后，办理货物退运事宜；在目的站发生的费用，其中可以在目的站收取的部分应在目的站收取而不必到付。

（2）自经停站将货物退回始发站可以参照自目的站退回的方法办理。

5）变更收货人

（1）货物发运前变更收货人。在货运单上将原收货人划去，在旁边空白处书写变更后的收货人名称，并在修改处加盖修改人的戳印。

（2）货物发运后变更收货人。始发站收取变更产生的费用后，用四码电报将新的收货人姓名及地址等情况通知目的站。电报底稿与托运人的变更申请一起留存。特殊情况下使用传真发送变更信息时，传真上必须盖章，并由当地货运部门领导签发。

货物尚未办理交付的，目的站应根据始发站的要求在货运单上进行更改，并按照新的收货人办理货物交付手续。申请变更的电报或传真应随附在货运单交付联后一并留存备查。

货物已经交付给收货人的，通知始发站无法办理变更手续。

二、非自愿变更

1. 定义

非自愿变更是指由于不可预见、不可抗力或承运人原因产生的货物运输变更。发生非自愿变更时，承运人应当及时通知托运人或收货人，商定处理办法。

2. 非自愿变更的原因

（1）天气原因、机械故障、机场关闭、禁运等。

（2）航班取消、机型调整。

（3）因货物积压或超出机型载运能力，短期内无法按指定路线、指定承运人或指定运输方式运输至目的站。

3. 变更内容

（1）变更航线、航班、日期。

（2）变更承运人。

(3)变更运输方式。
(4)发运前退运。
(5)经停站变更。
(6)自经停站将货物退回始发站。
(7)变更目的站。

4. 变更的权力
(1)制单承运人、第一承运人有权变更运输。
(2)货运单上指定的航段承运人有权变更运输。
(3)货运单上续程航段无指定承运人时,持有货物和货运单的承运人有权变更运输。

5. 注意事项
(1)因机场关闭、航班中断无法将货物运输至目的站时,应尽快通知始发站或托运人。
(2)订舱货物需要变更运输时,应征求始发站或托运人的意见。
(3)执行变更运输后,应利用最早航班将货物运输至目的站。

6. 费用处理
由于承运人造成的货物运输变更,有关费用按下列规定处理。
(1)因变更运输路线将货物运输至目的站产生的费用,由承运人承担。
(2)改用其他运输方式将货物运输至目的站,产生的费用差额由承运人承担。
(3)发运前退运货物,退还全部运费,免收退运手续费。
(4)若在经停站发生变更,则退还未使用航段的运费。
(5)在经停站将货物退回始发站时,应在货邮舱单和原货运单"储运注意事项"栏内注明情况,并使用原货运单免费将货物退回,同时退还已付的全部运费。
(6)变更目的站时,应退还未使用航段的运费,并且需要核收由变更站至新目的站的运费。

三、货物运费更改通知单

在运输过程中,若在货物的始发站、中转站或目的站发现运费多收或少收,则应及时通知始发站。始发站确认情况属实后,可以填制货物运费更改通知单(以下简称CCA),并通知相关承运人或地面代理人对运费进行更正。CCA 的样式如表 8.2 所示。

1. CCA 的填写
(1)货运单号码:填写货运单号码。
(2)始发站:填写货运单的始发站名称。
(3)目的站:填写货运单的目的站名称。
(4)托运人:填写货运单的托运人名称。
(5)收货人:填写货运单的收货人名称。
(6)货运单填开日期:填写货运单的填开日期。
(7)货运单填开地点:填写货运单的填开地点。
(8)货运单填开人名称:填写制单承运人或其代理人的名称。

表 8.2 货物运费更改通知单

货物运费更改通知单
CARGO CHARGES CORRECTION ADVICE（CCA）

编号： (20)   No.

货运单号码 (1) AWB No.		始发站 (2) Origin		目的站 (3) Destination	
托运人 (4) Shipper				货运单填开日期 (6) Date of Issuing AWB	
收货人 (5) Consignee				货运单填开地点 (7) Place of Issuing AWB	
货运单填开人名称 (8) AWB Issued by		中转站 1 (9) To 1		航班号 (9) Flight No.	日期 (9) Date
中转站填写货物续运情况后将此通知单转下一承运人。Transfer stations complete 2 or 3 as appropriate and forward the form to next carrier.		中转站 2 (9) To 2		航班号 (9) Flight No.	日期 (9) Date
		中转站 3 (9) To 3		航班号 (9) Flight No.	日期 (9) Date
实际重量 Gross Weight	更改后货物实际重量 (11) Revised/Correct Gross Weight		更改前货物实际重量 (12) Original/Incorrect Gross Weight	备注和更改原因 Remarks and reason for issuing CCA (16)	
重量单位 (10) Weight unit					
费用 CHARGES	更改后货物运费 (14) Revised / Correct Charges		更改前货物运费 (15) Original / incorrect Charges		
货币代号 Currency Code (13)	预付 Prepaid	到付 Collect	预付 Prepaid	到付 Collect	
航空运费 Weight Charges					
声明价值附加费 Valuation Charges					
代理人的其他费用 Other Charges Due Agent					
承运人的其他费用 Other Charges Due Carrier					如果货物无人提取，填写应向托运人收取的所有在目的站产生的费用。 (17) In case of non-delivery, specify all charges to be collected from shipper, that occure at destination.
总额 Total					
正本 填开 CCA 的承运人 Original —for Carrier issues CCA 副本 1 制单承运人的结算部门 Copy1 —for Accounting Department of issuing Carrier 副本 2 第一承运人 Copy2 —for First Carrier 副本 3 第二承运人 Copy3 —for Second Carrier 副本 4 制单承运人的货运部门 Copy4 —for Cargo Department of issuing Carrier		中国国际货运航空有限公司 填开日期和地点 (18) Date and place of Issuing 签字 (19) Signature			
请将此回执填写完毕后退回填开 CCA 的承运人。 This slip must be completed and returned to carrier issues CCA. 至： To: 地址： Add: 货物运费更改通知单编号： (21) Ref: CCA No.: 货运单号码： (22) Ref: AWB No.:		我们已经根据要求将有关文件进行了调整,并采取了相应措施。We herewith confirm having corrected our documents and taken the necessary action as per your instructions. 自： (23) From: 在： (24) At: 日期： (25) 签字： (26) Date: Signature:			

（9）中转站、航班号、日期：填写第一承运人运输的目的站或中转站；航班号和日期及参与续运的承运人的中转站、航班号和日期；中转站将货物的续运情况填写清楚后，将其转交给下一承运人；目的站交付货物后，将填写完毕的回执联退还填开人。

（10）重量单位：填写货物重量的计量单位。

（11）更改后货物实际重量：填写更改后货物的实际重量。

（12）更改前货物实际重量：填写货运单上原来的货物毛重。

（13）货币代号：填写货运单上的货币代号。

（14）更改后货物运费：按照对应各项填写更改后的货物运费。

（15）更改前货物运费：按照对应各项填写货运单上原来所列的货物运费。

（16）备注和更改原因：运费更改的主要原因及无法交付货物在目的站产生的所有费用的原因。

（17）如果货物无人提取，填写应向托运人收取的所有在目的站产生的费用。

（18）填开日期和地点：填写 CCA 的填开日期和地点。

（19）签字：CCA 填开人签字。

（20）编号：填写 CCA 的编号。

（21）货物运费更改通知单编号：填写所回复的 CCA 的编号。

（22）货运单号码：填写货运单号码。

（23）自：填写回执公司的名称。

（24）在：填写回执公司所在地名称。

（25）日期：填写发送回执的日期。

（26）签字：发送回执部门领导的签字。

2. CCA 各联的分配

CCA 的份数根据分配的数量确定，至少一式四份，始发站、目的站、填开部门、收入结算部门各一份。分配时，应随附一份货运单正本的复印件。

3. 注意事项

（1）收到 CCA 后，应登记备查，并连同货运单副本一起送交收入结算部门。

（2）如果货物中转站收到的 CCA 上未指明各航段承运人，就应将续运情况填写在相关栏目内，并立即将其转交下一承运人。

（3）目的站收到 CCA 后，应在 14 日内将回执联的各栏内容填写完毕，并退还填开人。

（4）持有货运单的航站，应根据收到的 CCA 更改货运单。

① 在货运单的相关栏目内修改。

② 在更改处加盖更改人的戳印。

③ 在"储运注意事项"栏内注明更改的依据。

④ 发送电报将处理情况通知始发站。

⑤ CCA 的调整费用低于货物最低运费时，可不必进行调整。

4. CCA 填开时限

（1）承运人证实货物尚未交付收货人后，方可填开 CCA。

（2）发现运费需要更改时，应立即填开 CCA。

(3) 有关航站最迟应在货运单填制后的 180 日内填开 CCA。

第三节　无法交付货物

一、无法交付货物的定义

有下列情况之一称为无法交付货物：

(1) 货物到达后满 60 日仍无人提取，且始发站和托运人始终没有提出处理意见的货物。

(2) 收货人拒绝提取或拒绝支付应付费用的货物。

(3) 通过货运单上的联系方式无法联系到收货人的货物。

(4) 托运人或收货人声明放弃的货物。

二、无法交付货物的处理

(1) 通知始发站，由始发站通知托运人征求处理意见，并根据托运人的意见对货物进行处理。目的站得到始发站的答复后，按始发站意见处理。

(2) 如果托运人要求将货物退回始发站、变更目的站、变更收货人，就按自愿变更运输处理。如果托运人或收货人声明放弃货物，就必须出具书面声明，同时必须符合政府规定。

(3) 到达后满 60 日仍然无法交付的货物，可根据国家法律和规定处置。

(4) 若活体动物到达目的站后满 24h（以航班落地时间为准，下同）仍然无法交付，则经始发站同意后，目的站可以将货物退回始发站处理。在此期间活体动物发生死亡的，经当地货运主管领导同意后，可随时予以销毁，销毁后及时通知始发站。如果当地公安、卫生防疫、检验检疫等政府部门另有要求，就按政府规定办理。

(5) 冰鲜肉类、食品、水产品、蔬菜、水果、鲜花等植物类货物及含有易腐成分的食品类货物，到达目的站后满 48h 仍然无法交付的，经始发站同意后，目的站可以将货物退回始发站处理。在此期间货物发生腐烂、变质的，经当地货运主管领导同意后，可随时予以销毁，销毁后及时通知始发站。如果当地公安、卫生防疫、检验检疫等政府部门另有要求，就按政府规定办理。

第四节　货物运输责任与赔偿

一、承运人的责任

(1) 承运人自货物收运时起，到交付时止，承担安全运输的责任。在航空运输期间发生的货物损失，承运人应承担责任。但国家法律规定及承运人另有规定的除外。

航空运输期间是指在机场内、民用航空器上或机场外降落的任何地点，托运货物处于承运人掌管下的全过程。航空运输期间不包括机场外的任何陆路运输、海上运输、内河运输过程。但是，若陆路运输、海上运输、内河运输是为了履行航空运输合同而实施的，则在没有相关证据的情况下，发生的损失视为在航空运输期间发生的损失。

(2) 在运输过程中，货物延误的责任应当由承运人承担，但承运人及其代理人能够证明已采取一切必要措施或不可能采取措施的，承运人不对因延误引起的损失承担责任。

二、索赔人

1. 定义

索赔人是指在航空运输合同执行过程中有权向承运人或其代理人提出索赔要求的人。

2. 索赔人

（1）货运单上的托运人或收货人。

（2）持有托运人或收货人签署的权益转让书或授权委托书的法人或个人。

（3）保险公司授权的律师事务所。

3. 索赔地点

索赔人一般应在货物的目的站向承运人提出索赔，并由目的站受理。索赔人也可以在货物的始发站或发生损失的经停站提出索赔。

4. 提出索赔要求的时限

（1）索赔人应在下列期限内以书面形式向承运人提出索赔：

① 货物有明显损坏或部分丢失的，发现后应立即提出，最迟应自收到货物之日起 14 日内提出；

② 其他货物有损失的，应自收到货物之日起 14 日内提出；

③ 货物延误运输的，应自货物处置权交给指定收货人之日起 21 日内提出；

④ 收货人提不到货物的，应自货运单填开之日起 120 日内提出。

（2）除能证明承运人有欺诈行为外，索赔人未在上述期限内提出索赔的，即丧失向承运人提出索赔的权力。

5. 书面异议的形式

书面异议一般有以下几种。

（1）索赔意向书。索赔意向书是货物的托运人或收货人就货物运输中造成的损失向承运人提出索赔意向的书面文件。

收到索赔意向书后，应在上面注明收到的日期，并将索赔意向书的内容及收到的日期进行登记，同时回复索赔人，索赔意向书正本留存。

（2）货物交付状态记录。

（3）注明货物异常状况的货运单的货物交付联。

收货人发现货物不正常情况时，经承运人认可，可以将此情况注明在货运单的货物交付联上，索赔人可以凭此向承运人提出索赔。

6. 索赔函

索赔函是索赔人提出索赔的正式书面文件。

（1）收到索赔函后，应进行编号和登记备案，并在索赔函上注明收到的日期。收到索赔函后的 2 个工作日内，应书面通知索赔人已经收到其索赔函。

（2）如果索赔函超过索赔时限，就应检查是否附有索赔意向书、货物交付状态记录或注明交付时货物状况的货运单的货物交付联。

7. 索赔人应提供的文件

索赔人提出索赔时应提供下列资料：

（1）货运单正本或副本；
（2）货物交付状态记录或注明货物异常状况的货运单的货物交付联；
（3）货物商业发票正本、修复货物所产生费用的发票正本、装箱清单正本和其他必要资料；
（4）货物损失的详细情况和索赔金额；
（5）商检报告或其他关于损失的有效证明；
（6）承运人认为需要提供的其他文件或资料。

三、赔偿处理程序

1. 接受索赔

（1）接受索赔要求的承运人为索赔受理人。索赔受理人应核实索赔人的索赔资格，检查索赔资料是否齐全有效，并对索赔要求进行登记。

（2）索赔受理人负责通知各相关承运人，检查是否出现重复索赔，并确定赔偿处理责任人。具体要求如下：

① 一票货物只能有一个索赔人。当出现两个或两个以上的索赔人时，只能接受一个索赔人的索赔要求；

② 收到索赔要求后，应立即书面通知有关航站；

③ 收到索赔通知的航站，应立即检查本部门的索赔登记。发现该货物已向本航站提出索赔的，应通知发出索赔通知的航站。

2. 确定责任

确定责任指确定承运人是否应对此项索赔承担责任。

（1）对下列原因之一造成的货物损失，承运人不承担责任：

① 货物本身的自然属性、质量或缺陷；

② 承运人或其受雇人、代理人以外的人包装的货物，且货物包装不良；

③ 货物包装完好，货物标签无异状，但内件丢失或损坏；

④ 货物的合理损耗；

⑤ 战争或武装冲突；

⑥ 不可抗力；

⑦ 政府部门实施的与货物运输有关的行为；

⑧ 由于自然原因造成的动物死亡；

⑨ 由于动物自身或其他动物的咬、踢、角抵或窒息等动作造成的死亡；

⑩ 由于动物包装缺陷造成的死亡；

⑪ 由于动物在运输过程中，经不起不可避免的自然环境的变化而造成或促成的动物死亡或受伤，并由此引起的任何损失、损害和费用。

（2）除能证明货物是由于承运人的过失造成的损坏外，承运人对押运货物的损坏不承担责任。

押运活体动物的押运员在押运途中因动物的原因造成的伤害或死亡，承运人不承担责任。

（3）在运输过程中，经证明货物的损坏或延误等是由托运人或收货人的过错造成或促成的，应当根据造成或促成此种损失的过错程度，相应地免除或减轻承运人的责任。

（4）除承运人的故意行为外，由于托运人变更运输造成的货物损失，承运人不承担责任。

（5）因货物毁灭、遗失、损坏或延误等造成的间接损失，承运人不承担责任。

（6）对于不符合索赔条件和不应承担责任的索赔，应以书面形式回复索赔人。回复时，应说明不受理或不承担责任的理由，以及所依据的法律或运输合同的条款。属于联程运输的货物，应同时通知相关承运人。

3. 处理赔偿所需要的文件

（1）收货人、承运人双方签字的货运单的货物交付联或其副本。

（2）运输事故记录凭证和事故调查报告。

（3）货邮舱单。

（4）货物中转舱单。

（5）货物保管记录。

（6）往来查询电报、信函。

（7）始发站、中转站、目的站的有关记录。

（8）索赔人提供的所有资料，如商业发票、检验检疫证明、损失定价、照片等。

四、赔偿责任限额

（1）如果托运人未办理货物的声明价值，就按照承运人的最高赔偿限额（通常为毛重每千克 100 元人民币）进行赔偿；如果能够证明货物的实际损失低于承运人的最高赔偿限额，就按实际损失赔偿。

（2）如果托运人办理了货物的声明价值，并支付了声明价值附加费，声明价值就为赔偿限额；如果能够证明货物的声明价值高于货物的实际价值，就按照实际价值赔偿。

（3）航空保险赔偿条例如下：

① 如果承运人的飞机及其所承运的货物购买了航空保险，那么在货物全部或部分损失的情况下，保险公司赔偿免赔额以外的部分损失，其中货物的免赔额为 10000 美元。

② 如果托运人为货物单独购买了保险，那么索赔人应向保险公司索赔，并由保险公司对索赔人进行赔偿，承运人对其索赔不予受理。保险公司理赔后，可由保险公司向承运人提出追偿，承运人应要求保险公司提供托运人购买的保险单、托运人给保险公司的索赔函、保险公司赔付给索赔人的收据和权益转让书。

五、赔偿款的支付

（1）货物赔偿处理报告经审批后，随附所有调查材料，报财务部门划拨赔偿款。

（2）通知索赔人办理赔偿手续。如果不能全额赔偿，那么应向索赔人书面说明原因并提供法律依据。

（3）索赔人签署责任解除书后向索赔人支付赔偿款。责任解除书一式三份：一份交索赔人；一份交财务部门；一份交主办单位留存。

六、诉讼时限

航空运输的诉讼时限为两年，自民用航空器到达目的站、应当到达目的站或者运输终止之日起计算。

案例分析

案例1 货运单内容为：北京—长沙，10件，300kg，厨房用具。

目的站卸机后发现2件、30kg货物破损，经鉴定，破损货物不能再使用。该货物未上保险。货运单上显示，货物的声明价值为60000元人民币。收货人向航空公司提出索赔，航空公司应如何赔付？

分析 有声明价值的货物应该按照声明价值赔付。货物的声明价值是60000元人民币，破损的货物是2件、30kg。这里，要用破损货物的重量占整票货物重量的比例来拆分声明价值。30kg占300kg的10%，因此，航空公司应该赔付索赔人10%的声明价值，即6000元。

案例2 货运单内容为：成都—贵阳，8件，256kg，手机配件。

收货人在目的站提货时被告之货物未到达目的站，经始发站和目的站双方多次查询未果，确认为货物丢失，此票货物没有上保险，也没有声明价值。收货人向航空公司提出索赔，航空公司应如何赔付？

分析 没有声明价值的货物应该按照航空公司的最高赔偿限额进行赔偿。目前，航空公司一般的最高赔偿限额为100元/kg（也有航空公司的最高赔偿限额为20元/kg，应根据不同航空公司的具体情况来确定）。因此，该票货物的最高赔偿限额为100元×256kg，航空公司应向索赔人赔付25600元。

案例3 货运单内容为：广州—上海，5件，38kg，西药。

在货运单的"储运注意事项"栏内已注明"仓储时需冷藏2℃~8℃"。由于目的站员工疏忽未放入冷藏库，致使药物失效。收货人向航空公司提出索赔，并声称该票货物的价值为10万元人民币。货运单上显示，货物的声明价值为2000元。航空公司应如何赔付？

分析 航空公司应按照货物的声明价值2000元进行赔偿。当然，由于始发站的工作人员没有告知托运人货物的最高赔偿限额为100元/kg，致使托运人填写了低于最高赔偿限额的声明价值。索赔人如果对赔偿金额不满意，也可以向司法部门提起诉讼，由法院最后进行裁决。

自我检测

1. 填空题

（1）货物的变更运输可以分＿＿＿＿＿＿＿＿和＿＿＿＿＿＿＿＿＿＿。

（2）收货人提不到货物的，应自货运单填开之日起＿＿＿＿＿＿日内以书面形式向承运人提出索赔。

2. 判断对错题

（1）多收货运单是指卸机站未收到已在货邮舱单上登记的货物，或者收到货物的件数少于货邮舱单上显示的件数。（　　）

（2）自愿变更运输只能在原办理货物托运手续的地点办理。（　　）

（3）索赔人只能在货物的目的站向承运人提出索赔，并由目的站受理。（　　）

（4）一票货物只能有一个索赔人。出现两个或两个以上的索赔人时，只能接受一

个索赔人的索赔要求。(　　)

3. 选择题（可选择一个选项或多个选项）

（1）多收货物的代码是（　　）。

A. MSCA　　　　B. FDAW　　　　C. FDCA　　　　D. MSAW

（2）索赔人包括：（　　）。

A. 货运单上的托运人或收货人

B. 持有托运人或收货人签署的权益转让书或授权委托书的法人或个人

C. 交运货物的代理人

D. 保险公司授权的律师事务所

4. 简答题

（1）在目的站，发现货物中夹带禁止运输的物品应如何处理？

（2）托运人有权对其托运的货物做什么样的变更？

（3）请列举处理赔偿所需要的文件。

5. 案例分析题

（1）一票货物10件、260kg，始发站为北京，目的站为拉萨，被装载上航程为北京—成都—拉萨的航班。在经停站成都卸机时，只卸下9件、240kg，剩下的1件、20kg的货物被航班运往拉萨。请问，此种情况为哪一类的不正常运输情况？成都航站和拉萨航站应如何处理？

（2）货运单内容为：南京—广州，20件，400kg，服装。

在目的站广州卸机时发现，由于同货仓的一票水产品包装破损，致使该票服装货物中的1件、20kg被水污染，且其内装服装全部失去市场价值。该货物未上保险，且货运单上显示货物的声明价值为50000元人民币。货主向航空公司提出索赔，航空公司应如何赔付？

第九章 特种货物运输

学习提示

本章主要讲解民航特种货物运输的一些基本概念和基础知识，以及特种货物运输操作的注意事项等内容。

特种货物是指在收运、储存、保管、运输及交付过程中，因货物本身的性质、价值或重量等因素，需要进行特殊处理的货物。常见的特种货物有超大超重货物、押运货物、贵重物品、鲜活易腐物品、活体动物、车辆；公务货物、灵柩和骨灰、生物制品、菌种和毒种、植物和植物产品、危险物品（此部分内容详见《民航危险品运输规则》）、枪械、弹药、急件、外交信袋、AOG 等。

经过本章的学习，要求了解几类常见的特种货物；熟悉特种货物运输的一般规定；掌握特种货物运输的特点及注意事项；掌握特种货物机长通知单的填写；熟悉特种货物运输事故的应急处理。

学习本章时，使用理解记忆法和比较学习法。

导入案例

2005 年 9 月 3 日，南航 CZ6208 执行北京至哈尔滨的航班，承运了 230kg 鸡苗，共计 4600 只，执行该飞行任务飞机的机型为 MD-82 型。交付时，发现有 2200 只鸡苗在交付时已经死亡，其余鸡苗到达鸡场后死亡。鸡苗属于活体动物，在航空运输过程中，气压、温度都会发生较大变化，活体动物的运输也需要很多特殊的照顾，如鸡苗耗氧量较大，装载鸡苗的货舱必须为有氧舱，鸡苗装箱的密度不宜过大等。如果不注意这些运输细节，就会导致前述事件的发生，对货主无疑会造成巨大的损失，同时也会给承运人带来负面影响。事实上，不仅是活体动物，贵重物品、危险物品、灵柩和骨灰等特种货物，在航空运输过程中均需要特殊的照料。因此要重点学习民航特种货物运输的相关知识。

第九章 特种货物运输

第一节 贵重物品运输

一、贵重物品的定义

贵重物品是指珍贵、价值高的，承运人需要进行特殊处理和储存的一类物品。中国民用航空局对贵重物品的范围划定如下：

（1）毛重每千克物品的申报价值大于或等于 2000 元人民币。

（2）黄金（包括提炼过和未提炼过的）、金锭、混合金、金币及各种形状的黄金，如金粒、金片、金箔、金条等。

（3）白金（铂金）、白金类稀有贵重金属（如钯、铱、钌、锇、铑）、各种形状的铂合金，如铂金粒、铂金片、铂金箔、铂金条等。

此外，以上金属及其合金的放射性同位素，还应该按照危险物品运输的有关规定办理。

（4）合法的钞票、债券、股票、旅行支票、邮票（不包括新印刷的邮票）。

（5）钻石、红宝石、蓝宝石、祖母绿、猫眼儿、翡翠、白玉、黄玉、墨玉、碧玉、珊瑚、孔雀石、松石、青金、蛋白石、天然珍珠等宝石制作的首饰，以及由上述贵重金属、宝石制作的手表及其首饰。

（6）珍贵的古董（如书、画、古玩等）展品、特种工艺品等。

二、贵重物品的识别

识别白金、黄金、珍贵的宝石、钞票和股票等贵重物品并不困难，但识别物品每千克的价值是否超过 2000 元人民币则并不容易。因为物品的品种繁多，所以在判断其价值时，通常用毛重乘以 2000 元，然后与它的商业发票价值做比较来确定这批货物是否为贵重物品。

三、贵重物品的包装要求

（1）除有人押运的人民币和其他有价证券等不易损坏的物品其外包装可以用结实的麻、布袋包装外，其他贵重物品应根据其性质采用坚固的木箱或铁皮箱包装。外包装应用"#"形铁腰捆紧，包装箱接缝处必须用铅封或火漆封志，封志要完好，封志上最好有托运人的特别印记。

（2）贵重物品的包装内应用衬垫材料填塞严实，不得松动。

（3）贵重物品的外包装上必须使用挂签，不得使用贴签或其他粘贴物，不得有任何显示物品性质、种类的标志。

四、贵重物品储运注意事项

（1）收运贵重物品时，要认真检查包装、封志是否完好。若有缺陷，则应要求货主完善包装，否则拒绝收运。

（2）交接、装卸和存储保管：

① 必须有严格的交接手续。装机和卸机、出舱和入舱、城区与机场之间的交接，必须由交接人员逐件点装、点卸、点交、点接。在装机、卸机单和交接清单上都要注明贵重物品的件数，并由交接人员签字。在地面运输时，必须有人押运。

②仓库应设置贵重物品库，并安装专人看守分离控制装置。贵重物品要由专人护送到飞机上，同样也要护送从飞机上卸下的贵重物品至库房。贵重物品在整个运输过程中都要被监护。由于涉及额外的工作，因此这类货物的运输要相应地增加费用（见运费计算），即收取附加费用。

③贵重物品在装机或装集装箱的过程中，至少应有三人在场，其中一人必须是承运人的代表。

④装卸贵重物品应轻拿轻放，避免挤压，禁止碰撞、摔滚。

⑤市内货运仓库和机场仓库要专门设置贵重物品库，并应指定专人负责保管。要有防火、防盗、防潮等安全措施。

⑥贵重物品到达后，应立刻通知收货单位提取。在交付时，应会同收货人查验货物的包装、封志，办清一切手续。

五、贵重物品运输事故处理及责任赔偿

（1）若贵重物品包装轻微破损，封志未破坏，能确定内件未丢失或损坏，则经整修后可继续发运。但应在货运单上注明整修事项。

（2）若包装破损、内件可能受损或丢失，则出发站应停止发运，并会同发货单位进行处理。若在经停站或联程站发现，则应停止运输，并报送当地运输部门，根据具体情况决定处理办法。必要时，可在领导的指导下开箱检查。若有缺损，则通知出发站转请托运人提出处理意见。到达站对于包装破损的贵重物品应妥善保管，并迅速通知收货人前来共同开箱检验受损情况。

（3）在运输过程中的任何环节，若发现贵重物品有标签脱落、包装破损、内件丢失或损坏等不正常情况，均应立即会同机组或有关人员检查受损情况，过秤量重，并详细填制运输事故记录。

（4）若发生贵重物品运输事故，则应及时向上级汇报、查明情况、明确责任。发生内件丢失时，应立即申请有关航站协助查找。有关航站应密切配合，尽快查明并答复。

（5）贵重物品包装、封志完好，但内件丢失或损坏，除能证明是承运人的责任外，承运人不承担责任。

第二节 活体动物运输

一、活体动物的定义

活体动物指活的家禽、家畜、鱼介、野生动物（如鸟类）、实验用动物和昆虫等。

二、活体动物的运输规定

活体动物的运输必须符合运输过程中有关国家和承运人的规定。活体动物的收运和操作标准必须符合国际航协《活体动物运输规则》的有关规定。

1. 收运活体动物的条件

托运人托运活体动物时，必须符合以下条件。

（1）活体动物的健康情况良好，不会传播疾病，特别是狂犬病。

（2）活体动物的运输必须符合国家的有关规定。托运属于检疫范围的活体动物应提供当地检疫机关的免疫注射证明和动物检疫合格证明（见图9.1）；托运属于国家保护动物的活体动物应提供相关部门的准运证明，托运属于市场管理范围的活体动物应提供市场管理部门的证明。

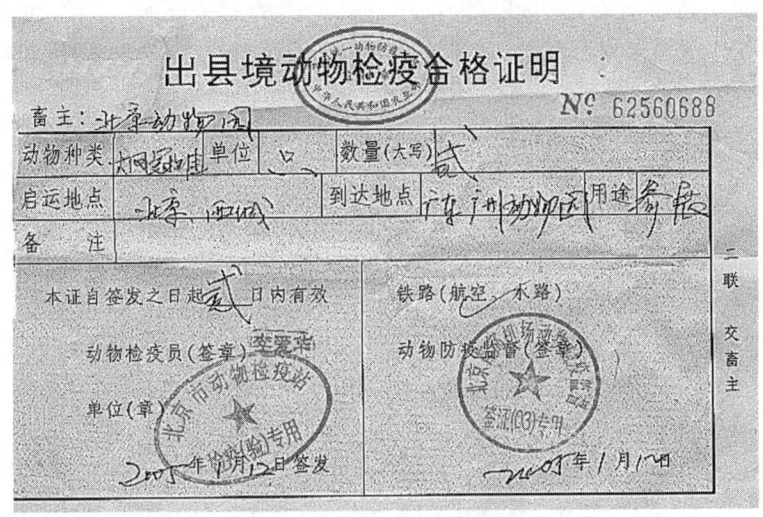

图9.1　动物检疫合格证明

（3）盛装活体动物的设施既要便于装卸，又要适合活体动物的特性和航空运输的要求，应能防止其逃逸和接触外界；底部要有防止粪便外溢的措施，要保证通风，防止动物窒息。凡是运输可能伤害人员、损坏设备、危及飞行安全的凶猛禽兽和蛇类等动物（如狮、虎、豹、熊、狼、蟒等）应用铁笼盛装，外加铁网或木框，并应装有便于装卸的把手。

盛装活体动物的容器，其大小不能超过机舱门的宽度和高度。托运带水的活鱼时，其容器底部应能防止水分洒漏，以免造成动物死亡或液体污染飞机地板和设备。

托运经承运人同意不用容器盛装的活体动物，如牛、牛犊、羊等时，必须有防止动物走动的系留设备（如分隔栏杆、绳网、腰带、鼻绳等），以免影响飞机平衡。

在外包装上，应清楚地写明托运人和收货人的姓名、详细地址和联系电话等（与货运单相同），还应写明动物的习性、特性、有关特殊饲养的方法及相关注意事项。

在外包装上，应贴（挂）下列货物标签：
① 活体动物标签（Live Animals）；
② 不可倒置标签（This Side Up）；
③ 对于危害人类的有毒动物，应贴有毒标签（Poisonous）；
④ 对于实验用动物（Specific Pathogen Free，无特定病原体实验动物），应贴实验用动物标签（Laboratory Animals）。

（4）在运输过程中，所需的动物饲料由托运人自备。照料活体动物的特殊设备、装卸大型活体动物的人力和设备，凡航空公司不具备的，均由托运人提供。需要专业护理和喂养或批量大的活体动物，应派人押运。

（5）托运活体动物，应事先与承运人联系并订妥舱位。办理托运手续时，应同时填写航空运输托运书一式两份。

2. 托运人的责任

交运任何活体动物之前，托运人应保证如下条件：

（1）符合国家的有关法律和中国民用航空局的有关规定；交运前已办妥动物检疫手续，野生动物要持有政府部门签发的许可证，所需的有关证明应随附在货运单后。

（2）货物已准确分类和包装，动物名称准确，货物外包装上的标签和标记完好。

（3）活体动物托运书一式三份，并已按要求填写完毕。

（4）孕期的活体动物不能交运。除非得到国家检疫部门的许可说明，证明该动物在运输途中不会有分娩的可能性。

（5）在始发前72h内分娩的动物不得通过航空运输。

（6）已做好运输前的准备工作。

（7）收货人已获悉有关的航班情况，以便货物到达后立刻安排提取。

（8）托运人应按照与承运人约定的时间、地点办理托运手续，并负责通知收货人前往到达站机场等候提货。

（9）活体动物运输不支持运费到付。

3. 承运和运送

（1）承运凶猛的活体动物应逐级上报管理局（公司）审批。

（2）为了防止疫病传播及非法贩运，承运活体动物时应认真查验证件，不符合规定者不予承运。

（3）一般只在直航航班上运输活体动物。确定需要联程运输的活体动物，应订妥全程的航班、日期、舱位，并经托运人同意后方可承运。运达目的站的日期应尽量避开周末和节假日，以免延误交付造成动物死亡。

（4）托运人和收货人应在机场交付和提取货物，并负责货物在运送前和到达后的保管。在决定起运日期后，应根据活体动物的特性，要求托运人在约定时间内办理活体动物托运手续。托运大批或需要照料的活体动物时，应由托运人通知收货人前往到达站机场等候提货，承运人也应通知到达站机场转告收货人。

（5）承运人应根据《活体动物国内运输收运检查单》的项目对收运的活体动物进行检查。

（6）随活体动物运输的饲料和设备，应计算件数、重量，并按活体动物的同等级运价使用同一份货运单计收运费。

（7）有人押运的活体动物，应由押运员在到达站机场进行提货和签收。对于无人押运的活体动物，到达站机场应迅速通知收货人提货。

4. 储运

活体动物有可能因地理位置和气温变化造成疾病或死亡，应注意根据托运的要求做好仓储工作。如对怕冷、怕风的动物，应放置在避风处或保暖的地方；对怕光、怕晒、怕热的动物，应放置在阴凉处。

根据活体动物的习性，野生动物（如哺乳动物）和爬行动物喜欢黑暗或光线暗淡的环境，一般放置在安静阴凉处；家畜或鸟类一般放置在敞亮的地方。

仓储过程中，禁止围观、惊扰、戏逗活体动物，以免发生事故。

5. 装机规定

承运人应保证将活体动物装载在适合其运输的飞机舱内，在装载活体动物时，要格外小心。除某些活体动物之间爱争斗（如猫和狗）外，还有些货物不能与活体动物混装在同一货舱内。如干冰消耗氧气可导致呼吸困难，尸体可导致家养活体动物情绪不稳定，有毒的货物和放射性物质也不能和活体动物同装一舱。

没有不良气味和不会污染飞机及其他物品的小动物，如塑料袋灌氧的鱼苗、鱼种和昆虫，小的野生动物可以在客机的货舱内载运。

有不良气味的小动物，如供实验用的猴子、兔子、豚鼠及会发出叫声的初生家禽、小狗等只能装载在飞机的下货舱。

各类机型可装活体动物舱位如下：

（1）747 型飞机能装在前后货舱，主货舱不能载运有异味的活体动物。

（2）737 型飞机没有舱位限制。

（3）767 型飞机不能装在前货舱，只能装在后货舱，最好装在散舱。无异味动物和冷血动物（如虾、螃蟹及刚孵出的鸡苗）没有舱位限制。

（4）MD-80/82 型飞机只有 1 舱可以载运活体动物，其他货舱空气不流通。

（5）运-7 型、BAE-146 型、ATR72 型等飞机不能载运活体动物。

遇有特殊运输要求或带有政治色彩的活体动物（如国家领导人互送的动物）须经承运人批准，并由货运部事先通知飞行总队。

旅客随身携带的小猫、小狗，在包装符合要求的情况下，按以上规定装机。

6. 保证活体动物安全运送的要求

（1）为了提高活体动物在运输中的成活率，要求确保容器内及舱内空气流通；容器之间、容器与其他货物之间要有间隙；不能堵塞货舱内的空气滤网；不能用不透气的物质覆盖容器；装载时，不要垛码太高；运输耗氧量较大的鸡、鸡雏等活体动物更应注意。

（2）几种活体动物在运输过程中要求的温度如表 9.1 所示。

表 9.1　几种活体动物在运输过程中要求的温度

动物种类	适宜温度/℃	动物种类	适宜温度/℃
鸡雏	32	鸭雏	30
淡水鱼苗	水温 15	非洲鲫鱼	水温 15～20
鳗鱼苗	不能低于 10		

（3）对于采取干法运输的活体动物（如蟹苗等），应保持一定的湿度。因为蟹苗离水后是依靠腮腔里剩余的水分来完成呼吸的，所以此类活体动物在装机前和卸机后要防止风吹日晒，特别是幼苗更应该注意保持湿度。

（4）活体动物在地面停留时，应放在安静的地方，工作人员不得逗弄活体动物。

（5）活体动物种类繁多，特性不一。在承运时，应向托运人详细了解活体动物的特性，并尽可能按要求处理，不能胡乱喂水喂食。

（6）要加强与托运人的联系和配合。在运送大批活体动物时，航站有关人员应了解气象和飞机能否正常飞行等情况,并及时通知发货单位,以便根据情况做好运输的准备工作。

(7) 运量较大的航站,应尽可能指定专人负责运输、做好预订舱位工作,并经常收集运送活体动物的有关资料,注意总结经验。到达站机场应主动了解活体动物的成活情况。发现成活率低于 90% 时,应及时分析原因,并将情况以拍发电报或寄送信函的方式通知出发站机场,以便改进工作。

(8) 应保持空气流通。以鸡雏为例,鸡雏是耗氧量大的活体动物,它比猪牛等畜类的耗氧量约大一倍。每只 2 日龄~6 日龄的鸡雏（36g 重）每小时耗氧量约为 90ml。

空气中,氧气的体积百分率为 20.93%,二氧化碳的体积百分率为 0.028%,氮气的体积百分率为 78.1%,其他的体积百分率为 0.942%。如果空气中的二氧化碳浓度过大会导致动物死亡。

为便于计算,可按机舱或容器内"多少立方厘米的体积等于多少毫升的空气"计算。

机舱或容器内二氧化碳的浓度：

① 鸡雏只数×每只每小时耗氧量×飞行小时÷机舱或容器体积×100＝二氧化碳的浓度。

② 动物千克数×每千克体重每小时耗氧量×飞行小时÷机舱或容器体积×100＝二氧化碳的浓度。

由此可见,空气不流通对活体动物的安全运送威胁最大。但是,在运输少量的活体动物时也不必每次都计算二氧化碳的浓度,因为飞机的密封舱内每隔 2 分钟~3 分钟就交换空气一次,非密封舱内的空气也是流通的。当整个货舱载运耗氧量大的活体动物,并估计空气流通不良时,可参照上述公式计算。运输家禽类活体动物时,可以以鸡的耗氧量作为参考,空气中的二氧化碳浓度以不超过 40% 为宜。

7. 运输责任

动物在运输过程中死亡,除因承运人的过错所致外,承运人不承担任何责任。

第三节 鲜活易腐物品运输

一、鲜活易腐物品的定义

鲜活易腐物品是指在一般运输条件下因气候、温度、湿度、气压变化或运输时间等原因,容易引起变质、腐烂或死亡的物品。植物、花卉、种蛋、蚕种等物品应按鲜活易腐物品处理。鲜活易腐物品在运输保管的过程中需要保持一定的温度、湿度,如水果、蔬菜和需要冷藏的肉类、水产品、鲜花等。鲜活易腐物品需要采用航空运输,并且要有与航班时刻表相配的地面运输。

二、鲜活易腐物品的运输规定

1. 鲜活易腐物品的承运条件

(1) 物品本身质量优良或经过检查合格。

(2) 根据中央及省（市）自治区规定需要凭证明文件运输的物品,要提供农业、卫生检疫或市场管理等部门的有效证明（动、植物检疫证书）。

（3）对于怕压的物品，必须有坚固且抗压的包装，每件物品的重量不能超过25kg；对于需要通风的物品，其包装必须有通风孔；冷冻物品的包装要严密，便于保冷和防止冰水外流。

（4）包装要符合物品的特性，不致污损飞机和其他物件；客机不载运有不良气味的鲜活易腐物品。

（5）需要特殊照顾的物品，应由托运人自备必要的设施。必要时，托运人派专人押运。

（6）托运人应提出最长的允许运输期限和运输注意事项。订妥舱位，并按约定时间在机场办理托运手续。

2. 承运和运送

（1）为了保护农副业生产和配合地方做好市场管理工作，在承运鲜活易腐物品时，应根据规定认真查验有关证件及物品，符合规定者方可承运。

（2）航站应根据运力情况承运鲜活易腐物品，在确定起运日期以后，通过托运人在约定时间到机场托运。

（3）货运单到达联储运注意事项栏应加盖或注明"鲜活易腐物品"的戳印或字样。在包装上应贴挂特种货物标签，见第四章第三节图示。

标签名称：鲜活易腐物品

标签颜色：白底、白字、蓝色图案

尺寸：4in（1in＝2.54cm）宽×6in 高

文字：航空公司名称

（4）承运后的鲜活易腐物品，应优先发运，并安排直达航班运送，中途站不得拉卸。对于必须办理联程运输的鲜活易腐物品，征得联程站同意后方可承运，联程站应负责及时中转。

（5）物品达到后，到达站应立即（最迟不超过2h）通知收货人前来提取。

三、包装

1. 一般规定

鲜活易腐物品的包装应符合物品的特性，以确保物品在运输过程中不致破损或有液体漏出而污染飞机、设备、行李、邮件及其他物品。每件物品的外包装上应贴有"鲜活易腐物品"标签，并写明收货人、发货人的姓名，地址、电话号码及储运注意事项，如"冷藏""冷冻"等。

2. 鲜活易腐物品的包装材料

（1）聚苯乙烯泡沫绝缘材料、泡沫箱。

（2）涂蜡的纸板箱。

（3）瓦楞纸箱。

四、储运注意事项

（1）鲜活易腐物品在炎热天气装机前或卸机后，应存放在阴凉通风的地方，切忌烈日曝晒。在冬天，应根据物品特性注意保暖。

（2）在运输过程中，应尽可能提供合适的温度和通风条件，以保证运输质量。包机运送对温度要求比较严格的物品时，可事先与飞行、调整部门研究调节机舱温度，或者在保证飞行安全的前提下调整飞行高度等，以满足物品特性的需要。

鲜活易腐物品对温度、湿度、通风条件的要求及飞机可能提供的温度如下。

（1）鲜活易腐物品对温度、湿度、通风条件的要求如表9.2所示。

表9.2　鲜活易腐物品对温度、湿度、通风条件的要求

种　类		温　度/℃	湿度/%	通风
亚热带、热带水果		+9 ~ +15	90	气温高时，要通风良好
其他水果		+3 ~ +6		
鲜蔬菜		+0 ~ +6		
树苗		+15 左右		
冻肉、水产品		-8 以下		可不通风
冻鲜花		0 以下		
种蛋	未入孵的	+13	70 ~ 80	通风良好
	已入孵即将孵出的蛋温不得超过37.8			

（2）飞机可能提供的温度如下：

① 飞机在空中飞行时，每升高100m，气温下降0.65℃。

② 除运五、伊尔14、里二外，其他机型的货舱均能调节温度。飞机在飞行时，温度一般调节到20℃左右。密封货舱的温度与客舱相同（没有密封货舱的飞机除外）。

为避免鲜活易腐物品和其他物品相互污染，在储运过程中应注意。

（1）种蛋不能与干冰相邻放置；

（2）鲜花、蔬菜不能与水果相邻放置；

（3）食品不能与毒性物质、感染性物质、灵柩或活体动物等相邻放置。

五、不正常运输的处理

（1）遇飞机延误、取消或过夜时，应根据当时当地气候情况及货物特性采取卸下飞机或其他妥善处置的措施。卸下的货物应安排最早航班续运。

（2）延误超过最长的允许运输期限时，应及时征求托运人的处理意见，并且在可以接受的范围内尽量按托运人的意见办理。

（3）货物在运输保管过程中，承运人因采取防护措施所发生的费用由托运人或收货人承担。

（4）货物在运输过程中发生腐烂变质或收货人未能及时提取致使货物腐烂变质，应当如实填写运输事故记录，视具体情况将货物毁弃或移交检疫部门处理，并将处理结果通知托运人或收货人。

处理腐烂变质货物（除承运人原因造成的外）发生的费用应由托运人或收货人承担。

鲜活易腐物品检疫证书如表9.3所示。

表 9.3　鲜活易腐物品检疫证书

中华人民共和国北京动植物检疫所

编号　　　　　动物检疫证（副本）　　　　　年　月　日

报 检 人：------------------------
品　　名：------------------------　数　　量：------------------------
产　　地：------------------------　运往地点：------------------------
检疫结果：

　　　　　　　　　　未发现检疫对象，准予放行。

本证有效期自 20　年　月　日至 20　年　月　日

兽医师

六、水产品运输

1. 定义

水产品是指海洋、江河、湖泊、滩涂、池塘中出产的鲜、活的动物，如鱼、虾、蟹、泥鳅、黄鳝、贝类等。

2. 包装

1）一般要求

（1）妥善包装，不漏水、不渗水、不散发不良气味。保证在运输过程中，不致损害货物、邮件、行李和设备。

（2）包装必须能承受气温和气压的突然变化。

（3）包装应具有一定的抗压能力，保证在运输过程中不会损坏。

（4）冰块至少应用两层聚乙烯塑料袋包装。

（5）凡使用多个聚乙烯塑料袋的，聚乙烯塑料袋应分别封口。

（6）每箱水产品包装件的重量不应超过 30kg。

2）包装材料

包装材料包括瓦楞纸箱、泡沫箱、聚氯乙烯贴布革水产袋、聚乙烯塑料袋、胶带及其他辅助材料。

3）包装前处理

（1）将水产品的水或血尽量控干，以减少运输过程中的渗漏。

（2）冰鲜、保鲜水产品可提前进行冷冻，减少运输过程中冰块的使用。

（3）活的水产品，在包装时，应尽量减少包装中的水量。

4）包装顺序

各类水产品由内至外的包装顺序要求如下：

（1）冰鲜水产品、鱼苗。两层聚乙烯塑料袋→泡沫箱→瓦楞纸箱。

（2）活鱼。聚氯乙烯贴布革水产袋→泡沫箱→聚乙烯塑料袋→瓦楞纸箱。

（3）活虾、贝类。两层聚乙烯塑料袋→泡沫箱→瓦楞纸箱。其中最里面一层与第二层顺序可对换。

（4）螃蟹、甲鱼、蛙类。泡沫箱→瓦楞纸箱。

（5）泥鳅、黄鳝、鳗鱼类。泡沫箱→聚乙烯塑料袋→瓦楞纸箱。

其他水产品的包装可参照以上包装顺序。

5）包装的封口

（1）聚乙烯塑料袋及聚氯乙烯贴布革水产袋的封口应采用以下3种方法中的一种：

① 开口处打一结；

② 将开口拧紧或折叠，再用胶带粘紧，泡沫箱箱盖应用胶带将四边密封好；

③ 瓦楞纸箱应用胶带封胶。

（2）螃蟹等水产品的包装，应在泡沫箱内加带吸水性的材料。包装中需挖孔的，挖孔位置应距箱底部10cm，孔的直径为3cm，挖在对称的两面，每面3个。

（3）需要充氧的水产品，所充氧气的消耗量不应少于24h。

第四节 灵柩和骨灰运输

灵柩和骨灰与贵重物品、鲜活易腐物品及急件等货物不同，其运输质量的好坏和工作人员的服务态度容易影响托运人和收货人的情绪。因此，在处理这类货物时，应极其注意与死者家属的接触方式，即谈话要礼貌、得体。

一、骨灰运输

（1）骨灰应装在封口的塑料袋或其他密封容器内，外加木盒，最外层用布包装。

（2）骨灰可在客货班机上运送，并装在货舱内。

（3）旅客要求随身携带时，可作为随身携带物品处理，由旅客自行照管，免收运费。每位旅客只可随身携带一个骨灰盒，超过者应作为货物托运。

（4）作为货物托运的骨灰，按等级货物运价计费方法收费。

二、灵柩运输

1. 一般规定

（1）国内运输灵柩必须有国家民族事务委员会或中国伊斯兰教协会出具的同意运输的有关证明文件。无此文件的灵柩概不承运。

（2）托运人还需提供县级以上医院出具的死亡证明、殡仪馆出具的入殓证明、防腐证明和卫生防疫部门出具的准运证明。非正常死亡的灵柩，除应有上述证明文件外，还需有县级以上公安部门出具的准运证明或法医证明。

（3）灵柩内必须是非传染性疾病死亡的尸体。

（4）尸体经过防腐处理，并在防腐期内。

（5）尸体以木质棺材为内包装，外加铁皮箱，最外层加木制棺材，棺材上应有便于装卸的环扣。棺内铺设木屑或木炭等吸附材料。棺材应当钉牢、焊封、无漏缝，确保气味及液体不致外漏。

（6）除死者遗物外，灵柩不能与其他货物使用同一份货运单托运。

（7）托运人必须预先向承运人订妥航班、日期、舱位。

（8）每个灵柩的最低计费重量为250kg。

2. 储运注意事项

（1）托运人应在航班离港前，按约定的时间将灵柩送到机场办理托运手续，并负责通知收货人到达目的站机场等候提取。

（2）灵柩必须在旅客登机前装机，在旅客下机后卸机。

（3）灵柩不能与活体动物、鲜活易腐物品、食品装在同一集装器内。

（4）散装时，灵柩不能与活体动物装在同一货舱内；装有灵柩和活体动物的集装器，装机时中间至少应间隔一个集装器。

（5）灵柩的上面不能装木箱、铁箱及单件重量较大的货物。需要在灵柩上面装其他货物时，灵柩的表面与货物之间应用塑料布或其他软材料间隔，以防损坏灵柩。

（6）航班到港后，承运人应电报通知目的站及其他有关航站。

（7）必要时，运送过灵柩的飞机或设备，应请机务和医务人员消毒。

（8）装机前或卸机后，灵柩应停放在僻静地点。条件允许时，应加盖苫布，并与其他货物分开存放。

（9）以包机方式承运的，应按照有关规定办理包机运输手续，并填制货运单作为运输凭证。

（10）包机应选择最短航程的路线飞行，并尽量减少中途停站。

第五节　急件运输

急件运输是指托运人要求货物用最早航班或在限定时间内运达目的站，并经承运人同意的一种运输形式。

一、急件货物

急件货物是指外交信袋、电视片、录像带、稿件、样品、展品、急救药品及其他要求急运的物品，承运的急件货物最迟应在 3 日内运达目的站。托运人未要求按急件运输时，应按接收货物的先后顺序组织运输，并最迟应在 7 天内运达目的站，不得积压。

二、急件运输的航班安排

办理急件运输应以直达航班为主，严格控制联程运输。直达航班的承运数量，视运力情况而定。联程的急件运输，始发站应充分考虑中转站的航班班次、机型。始发站至中转站的每个航班，大型机以 50kg 为限，小型机以 20kg 为限，超过限量需要预订舱位，经中转站同意方可承运。

三、急件运输的时限

急件运输首先要考虑货物的运输期限是否在航班的运输期限内，运力能否保证按期运达。此外，除需要在货运单上准确写明收货人名称、地址外，还应尽可能写明电话，以便到达站及时通知提货。货运单储运注意事项栏内应加盖"急件"印章，并在货物上加贴急件标签。

四、办理急件运输的手续

所有急件货物除发、运双方事先申明或商定外，一般都应在航班起飞当日按双方的约定时间在机场办理托运手续。

五、急件运输的运价

急件运输的运费按普通货 N 运价的 150% 计收。由于承运人原因造成运输延误时，承运人应按双方协议交付违约金。因天气或不可抗拒的原因造成货物逾期运达，可免除承运人的责任。

六、急件货物的安检

急件货物应严格开箱检查或按规定进行安全检测，否则收运后需要停放 24h 才能装机。

第六节　货物押运

货物押运是指由于货物特性，需要在运输过程中加以照料或由托运人派人押运的货物运输。

根据货物特性，在运输过程中需要专人照料、监护的货物，托运人必须派人押运，否则承运人不予承运。押运货物需要预先订妥舱位。

一、常见的货物押运

托运人托运下列货物时，必须派专人押运：

（1）需要沿途饲喂、供水、浇水、输氧、保温等的鲜活动、植物，如家畜、鱼苗、鱼介、初生家禽、花卉及树苗等（途中不需要照料者除外）。

（2）机密性强和价值很高的货物，如重要文件、档案材料、尖端保密产品和珍贵文物等。

（3）需要采取特殊防护措施和看管，以确保运输安全的货物，如凶猛动物、成批货币和证券，以及包机运输的危险品等。

（4）必须有专人照料和护送的其他货物。

二、储运注意事项

（1）托运人应提前向承运人订妥全程航班、日期、舱位。

（2）押运员应预先按照规定购买客票，在航班起飞当天，按双方约定的时间在机场办理乘机手续，并在押运员的机票上加盖"押运人员"印章，同时注明押运货物的货运单号码、件数及重量。

（3）检查托运人出具的证明和押运员的身份证和工作证。

（4）在货运单储运注意事项栏内注明"押运"字样，并写明押运的日期和航班号。

（5）在货物包装上加贴"押运货物"标签，以便识别和防止装卸错误。

（6）向押运员详细阐明其职责，交给押运员一份"押运员职责"，并应向押运员介绍安全注意事项、乘机规定及其应负的责任。

三、押运员职责

为了保证飞行和货物的安全，对需要押运的货物，发货人应指派能完成押运任务的人员负责押运。押运员的职责如下。

（1）负责货物在地面停留期间的照料和地面运输时的护送工作。

（2）指导货物的装卸工作。

（3）在飞行途中或在经停站时，及时观察和照料货物并采取防止货物损坏和避免事故发生的措施。

（4）遇飞行不正常，货物发生损坏或其他事故时，决定货物的处理办法。

（5）有人押运的货物，若发生遗失或损坏，则由押运员负责。

（6）押运员在到达站提取货物时，应在货运单上签字。

（7）承运人应在押运员在场的情况下将货物出库、装机。押运员在飞机舱门关闭后方能离开。

（8）在客机上载运货物时，应注意先卸后装，并将货物装在货舱内显眼的地方以便押运员在停站时进行必要的照料。

（9）出发站应留足舱位载运有人押运的货物，中途站不得拉卸。

（10）若货物由押运员在客舱内自行看管，则应请押运员在办理托运手续后立即在货运单上签收。国内货物押运不得办理"随机""自理""自提"或贴挂货物标签，必须统一以货物押运的规定办理。

四、责任规定

有人押运的货物发生遗失或损坏时，除因承运人或其代理人的过失造成的遗失或损坏外，均由押运员负责。

五、押运员的乘机规定

（1）乘坐班机的押运员，凭身份证及押运货物的证明购票乘机。

（2）包机的押运员，凭包机单位介绍信和包机运输协议书，由承运人开具免费客票，凭票乘机。

（3）押运员应遵守民航旅客运输的有关规定。

第七节 邮件运输

一、邮件运输的一般规定

邮件是指邮局交给民航运输的邮政物件，其中包括信函、印刷品、包裹、报纸和杂志等。邮件运输是航空货物运输的重要组成部分，故应按照航班计划安全、迅速、准确地组织运输。

1. 承运范围

邮件内不得夹带危险品及国家限制运输的物品，邮政部门承担邮件的安全检查责任。

2. 班期时刻、运送路线

（1）航站应将民航的班期时刻、运价等资料按时提供给当地邮局。如班期时刻临时变更或有加班飞机时，也应随时通知邮局。

（2）机场值班人员应将载运邮件飞机的起飞和到达时间及时通知邮局，以便邮局按时交接邮件。

（3）邮件的运送路线要做到运程合理、速度最快。

（4）承运人应当优先组织运输邮件。

3. 预留舱位

（1）机场货运配载部门根据邮局的要求，参照邮件的一般运量，每次应在班机上预留一定的舱位，用以载运邮件。在预留舱位运力以内的邮件，应保证运输。超出预留舱位运力的邮件，应优先普通货物运输。发生运力调整或运力不足时，征得邮政部门同意后方可安排异地中转。

（2）因气候等特殊原因造成飞机载量减少需要拉卸邮件时，承运人应及时通知邮政部门，并向目的站拍发电报。未运输的邮件下次应优先运输。

（3）邮件的运量经常与预留舱位相差较大时，应与邮局协商调整预留舱位。临时有大量邮件需要运输时，邮局应尽可能与承运人联系，协商解决。

4. 封包要求

（1）邮件应按种类用完好的航空邮袋分袋封装，加挂"航空"标牌。邮件应进行安全检查。

（2）对运往同一航站的同类小型邮件袋，应汇封总袋交运。

（3）航空邮件袋牌的地点要书写清楚准确，不得使用同音字或字迹潦草。对寄往非通航地点的邮件袋，应在袋牌上加注目的站省名。

（4）为了计费方便，除信函与印刷品、报纸与杂志可混合封装外，其他邮件均不得混合封装。

（5）联程邮件应由始发站的邮局直接封包寄往目的站。

5. 交接地点

为了减少装卸和交接环节，应请邮局自备交通工具到机场交接邮件。

二、邮件的承运

1. 承运程序

（1）邮局应按约定时间将邮件送到机场交运。

（2）对于国际邮件，应请邮局办妥海关手续，并经海关在国际航空邮件总包路单上签章放行后方可承运。

（3）承运人应按航线和目的站分堆点交运邮件。

（4）承运人应按航空邮件路单上登记的项目核对和检查邮件。

① 逐袋核对邮件号码、重量和目的站是否与路单相符。

② 核对路单上的编号、邮袋的件数和目的站是否与邮件相符。

③ 检查每个邮袋的外部情况：袋身有无破损；袋身破损处有无人工缝补；袋口扎绳是否松动和绳子有无接头；字迹是否清楚和有无撬动铅封痕迹；内物有无破碎或渗漏现象等。

④ 一切检验无误后，方可在邮件出港分发交接单上签字。对于不符合承运条件的邮袋，应剔除并请邮局取回。邮件出港分发交接单是民航承运邮件与邮局交接的凭证。此单一式四份，邮局留存一份，民航驻邮局代办人员一份，值机配载室一份，出港办公室一份，以便各部门同时掌握当日邮件出港的指定航班、件数、重量和飞机的起飞时间等信息，保证邮件优先按时运出。邮件出港分发交接单如表9.4所示。

2. 航空邮运结算单

（1）航空邮运结算单如表9.5所示。

第九章 特种货物运输

表9.4 邮件出港分发交接单

年 月 日

站名	起飞时间	件数	重量	转港	北京	航班号	飞机号	站名	起飞时间	件数	重量	转港	北京	航班号	飞机号
太原								沈阳							
西安								长春							
延安								哈尔滨							
贵阳								大连							
重庆								济南							
成都								南京							
昆明								合肥							
包头								上海							
银川								郑州							
兰州								武汉							
西宁								长沙							
乌市								南昌							
呼和								福州							
锡林								石家庄							
赤峰								连云港							
通江								烟台							
桂林								青岛							
南宁								山海关							
广州								宁波							
杭州															

经手人签字

航空邮运结算单（以下简称邮件运单）是承运人进行邮件运输的凭证，是承运人及其代理人接收和承运邮件、承运人与承运人或承运人与其代理人之间结算运费的凭证，也是承运人运输邮件的凭证，其作用同货运单。

每月应填制销售月报和运费结算汇总清单一式三份，分别交货运部财务部门、邮局、民航结算中心。

（2）邮件运单一式七联，其用途如下：

① 第一联，财务联，淡绿色。该联同运费结算汇总清单送接收邮件的承运人财务部门，并由其转送邮运运费清算单位作为记账凭证。

② 第二联，结算联，淡蓝色。该联同运费结算汇总清单送接收邮件的承运人财务部门，并由其转送邮运运费清算单位作为向邮方结算邮件运费之用。

③ 第三联，目的站联，淡粉色。该联随邮件运往目的站，目的站凭此联与当地邮局（代理人）办理交接手续。

④ 第四联，第一承运人联，淡橙色。该联作为承运人向邮运运费清算单位结算运输收入的凭证。

表9.5 航空邮运结算单

××—××××××××

始发站		目的站		航空邮运结算单	
邮件托运局名称、地址： 电话：		联系人：		**CAAC**	
邮件接收局名称、地址： 电话：		联系人：		始发站航方接收邮件单位及制单人员 （签章） 制单日期：	制单地点：
承运人		航班日期		到达站	应分运费
第一承运人：					
第二承运人：					
第三承运人：					
邮件种类 （特快、普件）		件数 （包括尺寸和体积）		实际重量 （kg）	计费重量 （kg）
航空运费（元）	费率/kg （特快）		储运注意事项及其他		
	费率/kg （普快）				
总额（元）			到达站交接情况 航方交付单位及经手人（签章） 邮方接收单位及经手人（签章）		

第一联（财务联）××—××××××××

⑤ 第五联，中转联，淡粉色。该联作为中转机场的商务部门核对备查之用，直达运输时不需要此联。

⑥ 第六联，第三承运人联，淡黄色。该联作为承运人向邮运运费清算单位结算运输收入的凭证。

⑦ 第七联，存根联，白色。该联作为接收邮件的承运人留存之用。

（3）邮件运单的填制内容如下：

① 始发站栏：填写始发站机场所在城市的名称。有两个或两个以上机场的城市应

在城市名称后注明机场名称，如上海虹桥国际机场、上海浦东国际机场。

② 目的站栏：填写目的站机场所在城市的名称。有两个或两个以上机场的城市应在城市名称后注明机场名称，如上海虹桥国际机场、上海浦东国际机场。

③ 邮件托运局名称、地址栏：填写送交邮件的邮局名称、地址、电话和经办人姓名。

④ 邮件接收局名称、地址栏：填写接收邮件的邮局名称、地址、电话和经办人姓名。

⑤ 第一承运人栏：填写自始发站承运航空邮件的承运人的名称、航班号和经办人的姓名。

⑥ 到达站栏：填写第一承运人承运邮件的中转站或第二承运人、第三承运人将邮件最终运往的目的站（填写时，应靠上书写，留出适当间距，以备中转或变更时用）。

⑦ 应分运费栏：填写按规定的分配方法计算出的，该承运人应分得的邮件运费。

⑧ 储运注意事项及其他栏：填写托运人提出的运输中的注意事项等。

⑨ 邮件种类栏：填写邮件的具体种类（特快、普件等）。

⑩ 件数栏：填写邮件的件数、尺寸或体积。

⑪ 实际重量栏：填写经计重后得出的邮件的实际重量，以千克为单位。

⑫ 计费重量栏：填写邮件的计费重量，如轻泡邮件，填写按体积折算出的计费重量（轻泡邮件计费重量的折算方法同货物）。

⑬ 航空运费栏：填写承运人按规定的运价和邮件的计费重量计算出的航空运费。

⑭ 总额栏：填写承运人应收取的费用总额。

⑮ 制单日期、制单地点、始发站航方接收邮件单位及制单人员（签章）栏：填写填制邮件运单的具体日期、地址（机场）、接收邮件的承运人的具体单位名称及经办人等，同时加盖销售单位专用公章。

⑯ 到达站交接情况栏：邮件运至到达站后，承运人向到达站邮局交付邮件时双方共同填写后签字盖章，用于备查。

3. 邮件的运营

航空邮件按运输时限的不同计收相应的运费。

（1）目前，普通邮件按国内普通货物运价计收，特快专递邮件按国内普通货物运价的150%计收。

（2）寄往同一到达站的邮件，虽经不同航线运送，其运费均按出发站到到达站两地之间规定的费率结算。

4. 运费结算

（1）各类邮件的运费由各地航站与当地邮局直接结算。

（2）航站应于每月末根据路单结算邮件运费，经与当地邮局核实后编制本月邮件运费结算汇总清单，并于次月处理日以前送交邮局一份。

（3）邮局应在每月九日以前将上月的邮件运费付清。航站收到运费后，填制邮件运单，并将第三联交给邮局作为收清运费的凭证。

三、航班不正常时对邮件的处理

承运人运输邮件，仅对邮政企业承担责任。

（1）出发站遇班机延误、取消或改变航线等情况，应及时通知邮局，以便邮局另行安排发运。

（2）中途站遇班机延误、中断飞行等情况需要改用地面运输时，应通知当地邮局自行办理续运。

（3）飞机将邮件过带至他站时，他站应利用其他飞机将邮件带至到达站。

第八节　特种货物机长通知单

一、特种货物机长通知单

1. 定义

特种货物机长通知单是指地面操作人员将即将装上航空器的特种货物的相关信息传递给机组时使用的书面单据。特种货物机长通知单如表 9.6 所示。

2. 特种货物机长通知单的样式

各航空公司、机场使用的特种货物机长通知单的样式可能会有所区别，主要集中在公司 LOGO、格式及内容布局等方面，但内容基本一致。

通常情况下，特种货物机长通知单为一式五联：第一联始发站填写人留存；第二联监装员留存；第三联机长留存；第四联目的站留存；第五联为额外副本。

二、特种货物机长通知单的填写

1. 一般填制要求

特种货物机长通知单一般由货站库房的工作人员在出库时填写，所有内容均要求清晰、准确。特种货物机长通知单分为 3 个部分：基础信息部分、危险品信息部分、其他特种货物信息部分。基础信息部分主要填写承运该特种货物航班的相关信息，若运输的特种货物为危险品，则应继续填写危险品信息部分，若运输的是除危险品外的特种货物，则应填写其他特种货物信息部分。

使用特种货物机长通知单时，始发站填写人留存一份，监装员装机时应与机长确认特种货物装机情况，并请机长在特种货物机长通知单上签字，监装员留存一份，剩余联交给机长。

2. 填写要求

基础信息部分如下。

（1）装机站：填写始发站的三字代码。

（2）航班号：填写承运特种货物的航班号。

（3）离港日期：填写承运特种货物的日期。

（4）飞机注册号：填写执行承运特种货物任务的航空器注册号。

（5）填写人：填写人在此栏签字。

（6）监装人：承运特种货物航班的监装员在此栏签字。

危险品信息部分如下。

（7）卸机站：填写该票危险品运输目的站的三字代码。

（8）货运单号码：填写该票危险品的货运单号码。

第九章 特种货物运输

表9.6 特种货物机长通知单

特种货物机长通知单
SPECIAL LOAD NOTIFICATION TO CAPTAIN

装机站 Stat. of load	航班号 Flight No.	离港日期 Date	飞机注册号 Aircraft Registration	填写人 Prepared by	监装人 Loading Supervisor

危险品 DANGEROUS GOODS

已装载本架飞机上的危险品的包装件无任何破损或泄漏现象。
There is no evidence that any damaged or leaking packages containing dangerous goods have been load on the aircraft.

卸机站 Stat. of Unload	托运单号码 AWB No.	运输专用名称 Proper Shipping Name	类别(或项组)(一类爆炸品的配装组) Class or Division for 1 Comp.Grp.	UN或ID编号 UN or ID No.	次要危险品 Sub.Risk	包装件数 No. of PKGS	净重或运输指数 Net Qty. or Trans. Index per pkg	放射性物品名称或标签颜色 Radioactive Material Catege.	包装等级 Packing Group	代号 Code	仅限货机 CAO	装载位置 Position		应急处置措施代码 ERG Code
												ULD识别编号 ULD No.	装机位置 Position	变更后位置 Moved to Position

其他特种货物 OTHER SPECIAL LOAD

卸机站 Stat. of Unload	托运单号码 AWB No.	名物品名及包装特征 Contents and Description	包装件数 No. of PKGS	重量 Quantity	代号 Code	附加说明 Supplementary Information	装载位置 Position		
						温度要求 Temperature Requirement 加热要求 □Heating Required for ___ ℃ (指定) 冷藏要求 □Cooling Required for ___ ℃ (指定)	ULD识别编号 ULD No.	装机位置 Position	变更后位置 Moved to Position

代号	名称	代号	名称	代号	名称
RRX	1.3项爆炸品	RPS	易腐物件	RRW	放射性Ⅰ—白色
RX	1.4项爆炸品配装	RSC	易燃固体配装	RRY	放射性Ⅱ—黄
RGX	1.3G爆炸品	RFW	湿潮危险	RCM	腐蚀性
RNG	非易燃无毒气体	ROX	氧化剂	RSB	聚合性
RPG	易燃气体	ROP	有机过氧化物	MAG	磁性物质
RCL	液化气体	RPB	毒性物质	ICE	干冰
RPB	有毒气体	RDS	诊断样本	RMD	杂项危险品
RFL	易燃液体	RIS	传染性物质	CAO	仅限货机
RHF	与食品同舱装载	REQ	例外数量包装危险品	RRE	放射性物质例外包装

代号		
VAL		
AVI		
HEG		
FIL		
HUM/ASH		
PER		
LHO		
EAT		

名称		
贵重物品		
活体动物		
需冷藏物品		
胶卷		
灵柩、骨灰		
易腐物品		
人体器官		
鲜活易腐物		

装机人 Loading by	机长签字 Captain's Signature	监装/装机长签字 Loading Supervisor's Signature

(9) 运输专用名称：根据《危险品运输规则》的相关要求正确填写该票危险品的运输专用名称，需用英文填写。

(10) 类别或项别：填写该票危险品的危险性种类及项别，若是1类爆炸品，则需要将爆炸品配装组的信息写出。

(11) UN或ID编号：填写该票危险品适用的UN或ID代号，填写时必须冠以"UN"或"ID"字样。

(12) 次要危险品：填写该票危险品次要危险性的种类及项别。

(13) 包装件数：填写该票危险品的总件数。

(14) 净重或运输指数：填写该票危险品的净重，若为7类放射性物质，则该栏填写放射性物质的运输指数。

(15) 放射性物品等级或标签颜色：若为7类放射性物质，则应将放射性物质标签的等级和颜色写在这一栏，如Ⅰ级白、Ⅱ级黄、Ⅲ级黄或裂变物质。

(16) 包装等级：填写该票危险品的包装等级。

(17) 代号：填写该票危险品的CargoIMP代号。

(18) 仅限货机：若该票危险品仅限货机运输，则在该栏打"√"。

(19) 装载位置：填写具体的装机位置，如发生变更也应注明。

(20) 应急处置措施代码：填写《危险品运输规则》品名表中对应的应急处置代码。

其他特种货物信息部分如下。

(21) 卸机站：填写该票特种货物运输目的站的三字代码。

(22) 货运单号码：填写该票特种货物的货运单号码。

(23) 货物品名及包装种类：填写该票特种货物的确指品名及货物包装的材质、类型等信息。

(24) 包装件数：填写该票特种货物的总件数。

(25) 重量：填写该票特种货物的总毛重。

(26) 附加说明：货物有温度、湿度等特殊的需要可以填写在此栏。

(27) 代号：填写该票特种货物的CargoIMP代号。

(28) 装载位置：填写该票特种货物具体的装机位置，如发生变更也应注明。

签字栏部分如下。

(29) 装机人：实施特种货物装机的班组长签字。

(30) 监装人：承运该票特种货物航班的监装员在此栏签字。

(31) 机长签字：监装员将特种货物的装机情况告知机长后，机长在此栏签字确认。

(32) 接班机长签字：若该运输为两个航段，即由不同机组执行飞行任务，则接班机长应了解该航班上特种货物的装机情况，并在该栏中签字确认。

自我检测

某一航班的运输时间为10月11日（星期六），航班号为CA1296，飞机号为B2948，14：00起飞。收运货物信息如下：

999-12345653，1件，40kg，URC-PEK，货物品名为金锭。
999-34512365，10件，200kg，URC-PEK，货物品名为鸡苗。
999-32566892，5件，160kg，URC-PEK，货物品名为服装。
999-32566870，2件，160kg，URC-PEK，货物品名为汽车配件。
根据以上信息，判断哪几票货物属于特种货物运输？并填写特种货物机长通知单。

第三篇　民航国际货物运输实务

第十章　国际航空货物运输费用

学习提示

民航国际货物运输业务知识的核心之一在于运费的计算，航空公司通过运费的收取获得承运收入，代理人从中获得代理手续费。运费如何确定，首先需要明确一票货物的航空运费（Weight Charge），航空运费是空中运输的费用，不包括任何地面运输和操作等发生的费用；其次，航空运费主要涉及两个因素：计费重量（Chargeable Weight）和运价（Rate）。所以，货物运输和旅客运输不一样。旅客运输的票价（Fare）是各航空公司按照各航班收益的最大化，根据舱位等级、不同运输对象、购票时间、购票方式和季节等的不同，以最大限度满足社会需求为目的来确定的。货物运价（Rate）主要是根据货物种类、数量、价值、运输条件来确定的。例如，贵重物品的运价最高，危险品和普通货物的运价一样。

本章前一部分就航空运费涉及的两个因素展开，重点介绍运费的计算。本章后一部分介绍航空货物运输涉及的相关收费，如地面运输费、运费到付手续费和危险品收运检查费等。

学习本章时，使用研究性学习法和推测学习法。

第一节　一般规定

一、运价及运费

1. 运价

运价又称费率，是指单位重量（每千克或每磅）货物所收取的由运输始发站机场至目的站机场的航空运输费用。

1）运价的货币单位

航空货物运价的货币单位用始发国货币表示。如果航空货物运输的始发站在中国，那么运价就以人民币元/kg 公布。例如，北京—巴黎，45kg 以下普通货物的运价为 50.37 元/kg。也就是说，由北京运输 1kg 货物到巴黎，所需要的运费为 50.37 元人民币。有的国家和地区比较特殊，以美元公布，主要原因在于本国货币波动幅度较大，不稳定，不便于实际操作。

2）运价的有效期

货物运输的适用运价为填制航空货运单当日适用的有效运价。

2. 运费

航空货物运费就是航空公司将一票货物由始发站机场运至目的站机场应收取的费用。一票货物指的是使用同一份航空货运单运输的货物。影响该数值大小的因素有货物的种类、重量等。

该费用不包括地面运输费等其他收费。

二、运价表的使用

（1）运价公布以 BJS—PAR 为例，如表 10.1 所示。

表 10.1　BJS—PAR 运价

Date/Type	Note	Item	Min. Wght	Local Curr
BEIJING		CN		BJS
Y. RENMINBI		CNY	KGS	
PARIS	FR		M	320.00
			N	50.37
			45	41.43
			300	37.90
X25071		9623	300	33.42
E25071		9716	300	30.71
X25071		9991	300	28.33

（2）运价公布以 GVA—SFO 为例，如表 10.2 所示。

表 10.2　GVA—SFO 运价

Date/Type	Note	Item	Min. Wght	Local Curr
GENEVA		CH		GVA
SWISS		CHF	KGS	
SAN FRANCI CA	MA	US	M	120.00
			N	13.80
			45	10.90
			100	6.85
			300	6.15
			500	5.70
			1000	5.30

自我检测

查询以下航段的货物运价：

（1）BJS—SEA；（2）SEA—BJS；（3）MEM—PAR；（4）ROM—SAO；（5）SHA—FRA；（6）BJS—FRA。

第二节 货 币

一、货币代码

目前,全世界有230多个国家及地区,其中大约有30种货币属于交易活跃的货币。单以这30种货币来说,每一种货币对其他货币有29种汇率,因此会有许多种不同的汇率。目前,世界外汇市场上重要外汇之间的基本格局是:大多数货币之间的基本定价关系仍以美元为主,美元的国际地位是与美国强大的发展实力和国际汇率制度形成与发展的历史紧密相连的。日本经济的飞跃使日元地位得以稳固和扩张。

2001年1月1日,国际货币基金组织规定,特别提款权(SDR)由创立之初的与黄金挂钩调整为由美元、日元、英镑和欧元"一篮子"四国货币作为定值标准。

表10.3是世界主要货币的符号介绍。除人民币外,其余货币均满足作为外汇的条件。

表10.3 世界主要货币的符号介绍

货币名称	货币符号	货币名称	货币符号	货币名称	货币符号
人民币	CNY	美元	USD	日元	JPY
欧元	EUR	英镑	GBP	瑞士法郎	CHF
加拿大元	CAD	澳大利亚元	AUD	挪威克朗	NOK
瑞典克朗	SEK	丹麦克朗	DKK	韩国元	KRW
新西兰元	NZD	泰铢	THB		
菲律宾比索	PHP	新加坡元	SGD		

二、货币进位

民航国际货物运输费用的货币进整,因货币币种的不同而不同。各国或地区货币的进整单位公布在TACT RULES5.7.1CURRENCY TABLE中,分为最低运费和最低运费以外的其他运价或费用两种。

进位时,将运费计算到进整单位的下一位,然后四舍五入,也就是半数进位法,达到进整单位一半则入,否则舍去。

人民币的进位规定为:

(1) 最低运费为整数进制"1";

(2) 最低运费以外为"0.01",如航空运价和运费、声明价值附加费等。

三、货币进位的计算

根据本书附图B TACT货币进位表,依据国家名称查得其货币名称及代号,找出相应货币的进位规则进行圆整。

例 将运费AUD2356.19进行圆整。

解:Australia Australian Dollar AUD 运费最小单位为0.05 最低收费单位为1。

运费AUD2356.19四舍五入取整为AUD2356.20。

自我检测

根据进位规则确认以下航空货物运费。

(1) KWD104.4481　　　　　　CDF746.3893　　　　　　USD536.603;

(2) AUD407.886   KHR6783.846   KES98.766;
(3) TWD243876.3   XAF8357.6   KRW235834.2;
(4) TND21.8735   KWD4.4471   XAF71052.5;
(5) RWF19460.263 EUR244.2569   GBP79.232;
(6) EUR356.7634   USD148.517   SEK789.11;
(7) LKR1540.38   AUD441.783   EUR874.4003;
(8) JPY132425   OMR59.1685   DKK990.243。

第三节 货物的计费重量

计费重量的英文全称为 Chargeable Weight。计费重量，即确认航空货物运费时对应的重量。该重量可能是体积重量、实际毛重或较高重量分界点重量。那么究竟是哪一个重量，需要根据不同的货物种类、数量、体积及计算等情况进行确认。

一、实际毛重

1. 定义

实际毛重的英文全称为 Gross Weight，也就是货物的实际重量，其包含外包装重量。(The weight of the shipment including all packing, blocking, etc., also including weight of platforms, special bracing, etc., if required.)

为提高精确度，在称量时可保留至千克后面两位小数。

2. 实际重量的计量单位

(1) 非贵重物品无论是以千克，还是以磅为计量单位，都保留到小数点后一位。

(2) 贵重物品以 0.01kg 为计量单位。当一票贵重物品含有多个包装件时，每个包装件应当单独计重并记录，总重量以单件重量之和为准。

二、体积重量

1. 定义

体积重量的英文全称为 Volume Weight。在货物运输工作中，人们会遇到轻泡货物（每 6000cm³ 体积重量不足 1kg 的货物），它们通常体积大，占用空间大，但实际重量却相对较小，按照实际毛重计收运费不合理，因此规定按照每 6000cm³ 折合 1kg 确认其重量，并称为体积重量。体积重量高于货物的实际毛重。

2. 体积重量的计算步骤

(1) 丈量每件货物实际的最长边、最宽边、最高边，保留到毫米，毫米以下舍去。

(2) 将以上长度四舍五入进整到厘米，相乘除以 6000（若是英寸，则除以 366），求得的结果按照实际毛重的进位方法进整。

3. 注意事项

(1) 圆柱体和圆锥体的体积重量应以底面直径的平方乘以高来计算。不规则形状货物体积重量的确定，必须是最长边、最宽边和最高边的乘积，不可以按照实际的体积计算确认。

(2) 由一份货运单运输的两件或两件以上货物的体积重量等于货物总体积合计后

换算的结果。不可以先分别确认每件货物的体积重量再相加求和。

三、计费重量的确定

当货物的体积重量和实际毛重确认后，如何确认货物的计费重量？比较体积重量和实际毛重，取高的数值作为计费重量。这个时候，暂时不考虑较高重量分界点重量。

计费重量的计量单位规定：无论是计算求得的体积重量，还是称量得到的实际毛重，在计算运费确认计费重量时，均以0.5kg为计量单位，有位即入，0.5kg以下按0.5kg计算，0.5kg以上按1kg计算。

自我检测

请确认以下货物的计费重量。

（1）一票货物，共4 boxes，毛重单件为13.3kg。尺寸：31.8cm×45cm×66.3cm。

（注：一票货物是指凭一份货运单运输的运往同一个目的站交付给一个收货人的一件或多件货物。）

（2）一票货物，共6drums，毛重单件为21.9kg。尺寸：58cm×58cm×32cm。

（3）一票货物，共1piece，毛重为201.6kg。尺寸：150.2cm×125.5cm×100.6cm。

（4）一票货物，共2pieces。1 box，毛重单件为29.6kg，尺寸：89.5cm×50.1cm×70.3cm；1 drum，毛重单件为59.7kg，尺寸：49.6cm×50.3cm×119.6cm。

第四节 民航国际货物运价

当货主托运一票货物时，除按托运的有关规定办理承运手续、称量货物、计件、确定货物品名、确认收发货人姓名、地址及联系方式等基本信息外，必须明确该票货物适用的运价。民航国际货物运价选择的基本出发点是选择经济、合理的运输路线和运输费用。

国际航协关于民航国际货物运价和运费的计算有一套完备的规则。下面将对国际航协的相关规定进行介绍。

一、运价的分类

民航国际货物运价按照货物种类、数量、价值、运输条件的不同，运价水平也各不相同。

1）根据制定途径的不同划分

根据制定途径的不同，分为协议运价和国际航协运价：

（1）协议运价是一种优惠运价，由航空公司和托运人共同签订，托运人保证每年向航空公司托运一定数量的货物，航空公司在相应航线公布直达运价的基础上给予其一定的折扣。大多数航空公司普遍采用协议运价。

（2）国际航协运价是指TACT公布的全球范围运价。

2）根据公布形式的不同划分

根据公布形式的不同分为公布直达运价和非公布直达运价，如图10.1所示。

（1）公布直达运价。直达也就是点到点，即从运输始发站机场至目的站机场之间

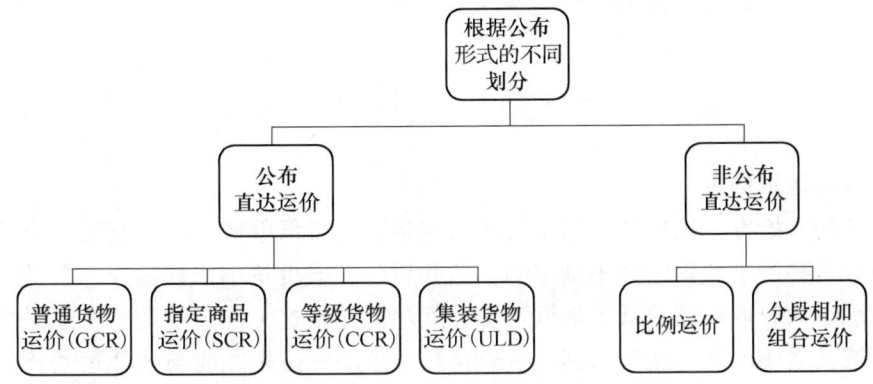

图 10.1　公布直达运价和非公布直达运价

的运价，该运价按照货物性质的不同分为普通货物运价、指定商品运价、等级货物运价和集装货物运价 4 种。

（2）非公布直达运价。由于世界上国家、城市众多，因此任何一册运价资料都无法也没有必要罗列世界上任意两个机场之间的运价。当两地之间没有公布直达运价时，需要借助第三点构成运价或组合成新的运价，这种运价称为比例运价或分段相加运价。

二、运价的分类代号

IATA 对每种运价都专门规定了一个运价代号，具体如下：

M　　Minimum charge 最低运价

N　　Normal rate 45kg 或 100kg 以下运价

Q　　Quantity rate 45kg 或 100kg 以上运价

C　　Specific commodity rates 指定商品运价

R　　Class rate reduction 附减等级运价

S　　Class rate surcharge 附加等级运价

三、运价的特点

（1）民航国际货物运价由国际航协各成员航空公司统一协商制定，在 TACT RATES 中公布。该运价不同于国内货物运价，具有以下特点：

① 运价应是填开货运单当日承运人公布的有效运价。

② 承运人公布的运价是始发站机场至目的站机场之间的直达运价。

③ 运价的使用必须按照货物运输的正方向，不能反方向使用。

④ 原则上，运价与运输路线无关，但影响承运人对运输路线的选择。

⑤ 使用运价时，必须符合运价注解中提出的要求和规定的条件。

⑥ 运价以始发站国家的货币公布。例如，从中国始发的货物，运价以人民币公布。

⑦ 运价的单位是每千克始发站国家货币。

（2）运价选择的原则如下：

在使用民航国际货物运价时，应注意按照"运费从低原则"计算航空运费，即：当货物重量（实际毛重或体积重量）接近某一个重量分界点的重量时，将该货物重量和其对应货物运价计算出的航空运费与该重量分界点的重量和其对应货物运价计算出的航空运费做比较,取低者作为航空运费。

第五节 最低运费

一、最低运费的定义

一票货物自始发站机场至目的站机场航空运费的最低限额,是航空运输企业根据办理任意一票货物产生的固定费用制定的,这些货物一般批量小、数量少、重量轻。

如果承运人收取的运费低于最低运费,就不能弥补这个固定费用——运送成本。因此,货物按其适用的航空运价与其计费重量相乘所得的运费,应与最低运费比较,高者为实际运费。

最低运费在TACT RULES3.4MINIMUM CHARGES中按照国家的不同进行公布,一个直达航程对应一个最低运费。以下以中国为例,如表10.4所示。

表10.4 中国出发国际货运最低运费表

From Area	COUNTRY to Sub-area/exception	CURRENCY CODE Minimum charge
From CHINA (excluding Hong Kong SAR and Macao SAR to)		CNY
1		420
2	Europe, Middle East	320
2	Africa	451
3	Japan	230
	Koreal (Dem. People's Rep. of)	
	Koreal (Rep. of)	
3	South Asian Subcontinent	230
3	South East Asia except to Hong Kong (SAR), Macao (SAR)	230
3	Hong Kong (SAR), Macao (SAR)	90
3	South West Pacific	420

二、最低运费的计算

例

Routing	BEIJING, CHINA (BJS) to PARIS, FRANCE (PAR)
Commodity	CLOTHES
Total Gross Wt	5.8kg
Dims	1 box
Payment	PP

解:

Volume:

Volume weight:

Gross weight: 5.8kg

Chargeable weight：6.0kg

Applicable rate：50.37

Wt. charge：6.0×50.37＝CNY302.22

表中，中国发往二区欧洲次区的最低运费为320元，二者比较，最低运费低于实际计算结果，故该票货物的实际航空运费为320.22元。

货运单简易运费计算栏表示如下：

No. of pieces RCP	Gross weight	kg lb	Rate class	Commodity Item No.	Charegable Weight	Rate/Charge	Total	Nature and Quantity of goods (incl. Dimensions or Volume)
1	5.8	K		M	6.0	50.37	320.22	CLOTHES NO DIMENSIONS AVAILABLE

自我检测

1. 查询以下航段对应的最低运费

（1）Rome, Italy（ROM）to Mumbai, India（BOM）.

（2）Mumbai, India（BOM）to Rome, Italy（ROM）.

（3）Santiago, Chile（SCL）to Stuttgart, W. Germany（STR）by Finnair（AY）.

（4）Kinshasa, Congo（FIH）to Montevideo, Uruguay（MVD）.

（5）Tokyo, Japan（TYO）to Caracas, Venezuela（CCS）.

（6）Dublin, Ireland（DUB）to Hong Kong（HKG）.

（7）Honolulu, HI, USA（HNL）to Copenhagen, Denmark（CPH）by SAS Scandinavian Airlines（SK）.

（8）Copenhagen, Denmark（CPH）to Honolulu, HI, USA（HNL）by SAS Scandinavian Airlines（SK）.

（9）Seoul, Dem. People's Rep. of Korea（SEL）to Auckland, New Zealand（AKL）.

2. 计算以下货物的实际航空运费

Routing　　　　　　BEIJING, CHINA（BJS）to WELLINGTON, NEW ZEALAND（WLG）

Commodity　　　　CLOTHES

Total Gross Wt　　 3.9kg

Dims　　　　　　　1box

Payment　　　　　　PP

（BJS—WLG　CNY　N　32.20，45　28.60，100　25.20）

第六节 公布直达运价

前面介绍了计费重量的确定规则，考虑运费的最终结果由计费重量和运价两者决定。接下来将具体讲解民航国际货物运价的选择。运价选择的规则依据国际航空运输协会 TACT RULES 的规定，全球统一遵照执行。

一、运费的计算步骤及保留位数

（1）Volume：丈量货物最长边、最宽边、最高边的尺寸，以厘米为单位，四舍五入。

（2）Volume weight：将步骤（1）的3个长度相乘，除以6000，保留到小数点后一位，余位舍去。

（3）Gross weight：实际称量货物的总重量，非贵重物品以 0.1kg 为计量单位；贵重物品以 0.01kg 为计量单位。

（4）Chargeable weight：计费重量，以 0.5kg 为单位，有位即入。

（5）Applicable rate：计算到对应始发国货币进整单位的下一位，四舍五入。例如，人民币以 0.01 元为非最低运费类收费的计量单位，那么在确定运价时，保留到小数点后两位，小数点后第三位四舍五入。

（6）Wt. charge：进位规则同步骤（5）。

二、运价的使用顺序

前面介绍了公布直达运价分为普通货物运价、指定商品运价、等级货物运价和集装货物运价。集装货物运价的适用对象是集装货物，这里不做介绍。接下来，具体介绍关于散装货物的运价体系及选用原则。

三、普通货物运价（GENERAL CARGO RATES）

1. 定义

The rate for the carriage of cargo other than a class rate or specific commodity rate, also known as "General Commodity Rate" (GCR).

The General cargo rates are published in the Rates books, Section 4.3.

For most countries, the Normal general cargo rate is applicable to consignments of less than 45kg. For some countries, however, the normal general cargo rate will apply to consignments of up to 100kg.

2. 一般规定

普通货物运价的分类及使用说明如下。

（1）N 运价：Normal 运价，即货物重量在 45kg 以下对应的运价。若没有 45kg 以下对应的运价，则取最低重量货物对应的运价。该运价水平在普通货物运价里面是最高的。

（2）Q 运价：Quantity 运价，即货物重量在 45kg 以上（含 45kg）对应的系列运价；若没有 45kg 以上对应的运价，则取普通货物运价中除 N 运价外的所有运价，即较高重量分界点运价。这类运价的运价水平在整个普通货物运价中较低。

（3）有些公布的普通货物运价没有货物重量在45kg以下对应的运价，则以货物重量在100kg以下对应的运价作为N运价。

（4）普通货物运价的较高重量分界点（45kg、100kg…）越高，也就是货主托运的货物越重，其支付的每千克货物的航空运费越低。

3. 注意使用较高重量分界点的运价

在选择普通货物运价时，应将按货物实际毛重计得的运费与按较高重量分界点的重量计得的运费比较，取较低者对应的运价为普通货物运价。

4. 普通货物运费的计算

普通货物运费的计算如下。

例1

Routing	BEIJING, CHINA（BJS）to ROME, ITALY（ROM）
Commodity	TYPEWRITER RIBBONS
Total Gross Wt	14.9kg
Dims	1box 39.5cm×50.3cm×59.6cm
Payment	PP

公布运价查询如下：

Date/Type	Note	Item	Min. Wght	Local Curr
BEIJING		CN		BJS
Y. RENMINBI		CNY		KGS
ROME		IT	M	320.00
			N	45.72
			45	37.98
			100	36.00

解：

Volume：40×50×60 = 120000（cm^3）

Volume weight：120000÷6000 = 20（kg）

Gross weight：14.9kg

Chargeable weight：20.0kg

Applicable rate：GCR N 45.72

Wt. charge：20.0×45.72 = CNY914.40

货运单简易运费计算栏表示如下：

No. of pieces RCP	Gross weight	kg lb	Rate class		Chargeable Weight	Rate/Charge	Total	Nature and Quantity of goods (incl. Dimensions or Volume)
			Commodity Item No.					
1	14.9	K	N		20.0	45.72	914.40	TYPEWRITER RIBBONS DIMS： 40cm×50cm×60cm×1

例2

Routing	TOKYO，JAPAN（TYO）to PARIS，FRANCE（PAR）
Commodity	OIL PAINTINGS
Total Gross Wt	250.0kg
Dims	1 box 210cm×90cm×50cm
	1 box 210cm×120cm×50cm
Payment	PP

公布运价查询如下：

Date/ Type	Note	Item	Min. Wght	Local Curr
TOKYO		JP		TYO
YEN		JPY	KGS	
PARIS	FR	M		15000
		N		2630
		45		2100
		100		1840
		300		1580
		500		1310

解：

Volume：$210×90×50+210×120×50=2205000$（$cm^3$）

Volume weight：$2205000÷6000=367.5$（kg）

Gross weight：250.0kg

Chargeable weight：367.5kg

Applicable rate：GCR Q_{300} 1580

Wt. charge：$367.5×1580=JPY580650$

货运单简易运费计算栏表示如下：

No. of pieces RCP	Gross weight	kg lb	Rate class		Charegable Weight	Rate/Charge	Total	Nature and Quantity of goods (incl. Dimensions or Volume)
			Commodity Item No.					
2	250.0	K	Q		367.5	1580	580650	OIL PAINTINGS DIMS： 210cm×90cm×50cm×1 210cm×120cm×50cm×1

例3

Routing	SAN FRANCISCO, CA, USA (SFO) to SAN JOSE, COSTA RICA (SJO) by United Airlines (UA)
Commodity	CONCRETE BLOCK SAMPLES
Total Gross Wt	150.0kg
Dims	3 pieces
Payment	PP

公布运价查询如下：

Date/Type	Note	Item	Min. Wght	Local Curr
SAN FRANCI CA		**US**		**SFO**
U.S. DOLLAR		**USD**	**KGS**	
SAN JOSE	CR		M	70.00
			N	4.87
			45	3.60
			100	2.95
			300	2.59

解：

Volume：

Volume weight：

Gross weight：150.0kg

Chargeable weight：150.0kg

Applicable rate：GCR Q_{100} 2.95

Wt. charge：150.0×2.95=USD442.50

货运单简易运费计算栏表示如下：

No. of Pieces RCP	Gross weight	kg lb	Rate class		Chargeable Weight	Rate/Charge	Total	Nature and Quantity of goods (incl. Dimensions or Volume)
			Commodity Item No.					
3	150.0	K	Q		150.0	2.95	442.50	CONCRETE BLOCK SAMPLES NO DIMENSIONS AVAILABLE

自我检测

计算以下货物的航空运费：

Routing　　　　　　　HONG KONG（HKG）to SALT LAKE CITY, UT, USA（SLC）
Commodity　　　　　　TEXTILES
Total Gross Wt　　　　200.0kg
Dims　　　　　　　　　10 boxes 40cm×40cm×40cm each
Payment　　　　　　　PP

（HKC—SLC　HKD　N 48.10, 45 42.60, 100 38.10）

四、指定商品运价（SPECIFIC COMMODITY RATES）

1. 定义

A rate defined to carriage of specifically designated commodities.

The specific commodity rates are published in the Rates books, Section 4.3.

For definitions, descriptions and guidelines regarding application of specific commodity rates see Section 2 of the Rates books.

正如民航国际旅客票价公布了指定航程一样，民航国际货物运输也规定了指定商品运价。即在指定的地点间，由指定的承运人公布的，适用于某种特定商品，低于普通货物运价的运价。

2. 指定商品运价的有关解释

（1）制定原因。根据一段较长时间内经常在一条固定的航线上运输某类商品的托运人的要求而制定，或是通过市场调查，为促进两地之间的商品交换而制定。

（2）主要目的。为了使托运人发现长期、固定的大批量货物航空运输的经济性，促使托运人最大限度地利用承运人提供的载量。

（3）指定商品运价通常低于普通货物运价，且是为特定的两点间的指定品名的货物运输公布的，它们均有一个最低重量限制，且应满足最低收费标准及密度要求。

（4）指定商品运价与普通货物运价一样具有方向性，即沿着货物运输的实际方向。一般原则是：使用的货物运价在不违反 IATA 规则的情况下应能算出一个最低的运费。因此，在计算货物的航空运费时，首先应考虑是否可以用 SCR 计算出一个最低的运费，这是符合逻辑的计算方法。也就是在计算货物的航空运费时，应优先考虑指定商品运价。

（5）通常指定商品运价对应的最低重量限制为100kg，但也有些例外的情况，即最低重量限制低于100kg。

注意：以上所述来自 TACT Rules 3.1. GENERAL。

3. 指定商品品名的编号及分组

（1）0001~0999 Edible animal and vegetable products（食用肉类和植物类产品）。

（2）1000~1999 Live animals and inedible animal and vegetable products（活体动物及非食用动物和植物类产品）。

（3）2000~2999 Textiles, fibers and manufactures（纺织品、纤维及其制品）。

（4）3000~3999 Metals and manufactures, excluding machinery, vehicles and electrical equipment（金属及其制品，但不包括机器、车辆和电器设备）。

（5）4000~4999 Machinery, vehicles and electrical equipment（机器、车辆和电器设备）。

（6）5000~5999 Non-metallic minerals and manufacture（非金属矿及有关产品）。

（7）6000~6999 Chemicals and related products（化工产品及有关产品）。

（8）7000~7999 Paper, reed, rubber and wood manufacture（纸张、芦苇、橡胶和木材制品）。

（9）8000~8999 Scientific, professional and precision instructions apparatus and supplies（科学、专业精密仪器、器械及配件）。

（10）9000~9999 Miscellaneous（其他）。

注意：具体分组请参看 TACT Rates books 2.1~2.3。

4. 从中国始发的常用指定商品代码

0007　　FRUIT, VEGETABLES（水果、蔬菜）。

0008　　FRUIT, VEGETABLES-FRESH（新鲜水果、新鲜蔬菜）。

0300　　FISH（EDIBLE），SEAFOOD（可食用的鱼、海鲜）。

1093　　WORMS（沙虫）。

2195　　A：YARN, THREAD, FIBRES, CLOTH-NOT FURTHER PROCESSED OR MANUFACTURED/EXCLUSIVELY IN BALES, BOLTS, PIECES（成包、成卷、成块未加工的纱、线、纤维和布）。

　　　　B：WEARING APPAREL, TEXTILE MANUFACTURES（服装、纺织品）。

2211　　YARN, THREAD, FIBRES-NOT FURTHER PROCESSED OR MANUFACTURED/EXCLUSIVELY IN BALES, BOLTS, PIECES, WEARING APPAREL, TEXTILE MANUFACTURES（成包、成卷、成块未加工的纱、线和纤维、服装、纺织品）。

5. 指定商品运价的使用原则及注意事项

（1）在始发站和目的站之间有普通货物运价和指定商品运价时，应优先使用指定商品运价。

（2）按指定商品运价计费的货物，其品名应与有关指定商品运价的货物品名吻合。

（3）若计费重量满足指定商品运价的最低重量要求，但没有达到最低重量标准，则先按普通货物运价计算，再按指定商品运价计算，二者比较取低者。

（4）指定商品运价用字母"C"表示。

6. 使用指定商品运价应注意的其他事项

（1）弄清货物品名和归属类别。

（2）托运人或代理人应出示商业发票。

货物的航空运费计算如下。

例1

Routing	BEIJING, CHINA (BJS) to OSAKA, JAPAN (OSA)
Commodity	FRESH APPLES
Total Gross Wt	each 65.2kg
Dims	5pcs 102cm×44cm×25cm×5
Payment	PP

公布运价查询如下：

Date/Type	Note	Item	Min. Wght	Local Curr
BEIJING		**CN**		**BJS**
Y. RENMINBI		**CNY**	**KGS**	
OSAKA	JP		M	230.00
			N	37.51
			45	28.13
		0008	300	18.80
		0300	500	20.61
		1093	100	18.43
		2195	500	18.80

解：

Volume：$102 \times 44 \times 25 \times 5 = 561000$（cm^3）

Volume weight：$561000 \div 6000 = 93.5$（kg）

Gross weight：326.0kg

Chargeable weight：max$\{93.5, 65.2 \times 5\} = 326.0$kg

Applicable rate：$C0008_{300}18.80$

Wt. charge：$326.0 \times 18.80 = CNY6128.80$

货运单简易运费计算栏表示如下：

No. of pieces RCP	Gross weight	kg lb	Rate class	Commodity Item No.	Chargeable Weight	Rate/Charge	Total	Nature and Quantity of goods (incl. Dimensions or Volume)
5	326.0	K	C	0008	326.0	18.80	6128.80	FRESH APPLES 102cm×44cm×25cm×5

118

例 2

Routing　　　　　　　BEIJING, CHINA (BJS) to NAGOYA, JAPAN (NGO)
Commodity　　　　　 FRESH ORANGES
Total Gross Wt　　　 each 47.8kg
Dims　　　　　　　　 6pcs 128cm×42cm×36cm×6
Payment　　　　　　 PP

公布运价查询如下：

Date/Type	Note	Item	Min. Wght	Local Curr
BEIJNG		**CN**		**BJS**
Y. RENMINBI		**CNY**	**KGS**	
NAGOYA	JP		M	230.00
			N	37.51
			45	28.13
		0008	300	18.80
		0300	500	20.61
		1093	100	18.43
		2195	500	18.80

解：

（1）按普通货物运价规则计算（因为计费重量未达到指定商品运价的最低重量要求）：

Volume：$128×42×36×6=1161216$（cm^3）

Volume weight：$1161216÷6000=193.5$（kg）

Gross weight：286.8kg

Chargeable weight：max $\{193.5, 47.8×6\} = 286.8\text{kg} \sim 287.0\text{kg}$

Applicable rate：Q_{45} 28.13

Wt. charge：$287.0×28.13=\text{CNY}8073.31$

（2）按指定商品运价规则计算：

Volume：$128×42×36×6=1161216$（cm^3）

Volume weight：$1161216÷6000=193.5$（kg）

Actual gross wt.：286.80kg

Chargeable wt.：300.0kg

Applicable rate：$C0008_{300}$ 18.80

Wt. charge：$300.0×18.80=\text{CNY}5640.00$

货运单简易运费计算栏表示如下：

No. of pieces RCP	Gross weight	kg lb	Rate class	Commodity Item No.	Chargeable Weight	Rate/Charge	Total	Nature and Quantity of goods (incl. Dimensions or Volume)
6	286.8	K	C	0008	300.0	18.80	5640.00	FRESH ORANGES 128cm×42cm× 36cm×6

例3 将例题2中的6件改为4件,其余条件不变。

解:

Volume:$128×42×36×4=774144$(cm^3)

Volume weight:$774144÷6000=129.02$(kg)

Gross weight:191.2kg

Chargeable weight:max$\{129.0,191.2\}=191.2kg \sim 191.5kg$

Applicable rate:Q_{45}28.13

Wt. charge:$191.5×28.13=CNY5386.90$

货运单简易运费计算栏表示如下:

No. of pieces RCP	Gross weight	kg lb	Rate class	Commodity Item No.	Chargeable Weight	Rate/Charge	Total	Nature and Quantity of goods (incl. Dimensions or Volume)
4	191.2	K	Q		191.5	28.13	5386.90	FRESH ORANGES 128cm×42cm× 36cm×4

自我检测

(1)判定下表中所列货物属于哪一类指定商品。

商品	指定商品编号	商品	指定商品编号
Gas stoves	3000-3999	Chocolate bars	
Telescopes		Outboard motors for boat	
Pewter tableware		Dry insecticides	
Medical books		Wedding dresses	
Electrical shavers		Used personal effects	
Orchids		Avocado pears	

(2)查询以下指定商品对应的指定商品编号、最低计费重量和运价。

计费重量/kg	商品品名	始发地	目的地	指定商品编号	最低计费重量	运价
225	Electronic equipment	FRA	RIO	9735	100	EUR4.11
450	Textile manufactures	HKG	NYC			

计费重量/kg	商品品名	始发地	目的地	指定商品编号	最低计费重量	运价
80	Pencils	LON	CAS			
300	Fresh fruits	NBO	MAD			
200	Fertilizers	YMQ	DLA			
220	Motorcar parts	FRA by WT	NLA			
250	Optical goods	TYO	OSL			
150	Data processing equip.	MAD	BOG			
400	Imitation Jewelry	LIM	BSL			

（3）计算以下货物的航空运费。

Routing	BEIJING, CHINA（BJS）to PORTLAND, OR. US（PDX）
Commodity	FIBRES
Total Gross Wt	each 25.6kg
Dims	7pcs 79cm×59cm×35cm×7
Payment	PP

7. 泛指品名运价与确指品名运价

在指定商品运价中，既有确指品名运价，又有泛指品名运价，一般优先使用确指品名运价，当用确指品名运价计算的运费较高时，依然使用确指品名运价。如果货物的重量不满足确指品名运价要求的最低计费重量，才可以使用泛指品名运价计算货物运费。

泛指/确指品名货物运费计算如下。

例1

Routing	DUBAI, UNITED AREB EMIRATES（DXB）to EDINBURGH, UNITED KINGDOM（EDI）
Commodity	CARPETS
Total Gross Wt	each 75.7kg
Dims	7pcs 81cm×72cm×63cm×7
Payment	PP

公布运价查询如下：

Date/Type	Note	Item	Min. Wght	Local Curr
DUBAI		**AE**		**DXB**
U. A. E. DIRH.		**AED**	**KGS**	
EDINBURGH	GB		M	190.00
			N	30.95
			45	23.25
			100	13.90
			500	9.95
		0300	500	9.30
		2199	250	10.70
		2199	500	9.20
		2865	500	10.15
		3015	1000	12.55
		4214	500	9.55
		9998	100	7.00

2199		A：YARN、THREAD、FIBRES、TEXTILES
		B：TEXTILE MANUFACTURES
		C：WEARING APPAREL
2865		CARPET、RUGS

说明：Carpet 这种商品为指定商品，同时符合 2199 和 2865 两类指定商品运价使用要求。也就是说，该票货物可同时适用两个指定商品运价，且运价不相等。那么，究竟哪一个正确呢？该票货物的计费重量为 530.0kg，达到并超过确指品名运价 2865 要求的最低计费重量 500kg。在这种情况下，应使用确指品名运价，无论选用的运价水平是否较高。

解：

Volume：$81 \times 72 \times 63 \times 7 = 2571912$（$cm^3$）

Volume weight：$2571912 \div 6000 = 428.6$（kg）

Gross weight：529.9kg

Chargeable weight：530.0kg

Applicable rate：$C2865_{500}10.15$

Wt. charge：$530.0 \times 10.15 = AED5379.50$

货运单简易运费计算栏表示如下：

No. of pieces RCP	Gross weight	kg lb	Rate class	Commodity Item No.	Charegable Weight	Rate/Charge	Total	Nature and Quantity of goods (incl. Dimensions or Volume)
7	529.9	K	C	2865	530.0	10.15	5379.50	CARPETS 81cm×72cm×63cm×7

例 2

Routing	DUBAI, UNITED AREB EMIRATES (DXB) to EDINBURGH, UNITED KINGDOM (EDI)
Commodity	CARPETS
Total Gross Wt	each 107.5kg
Dims	4pcs 81cm×72cm×63cm×4
Payment	PP

DXB-EDI 的公布运价参照上例。

说明：该票货物的计费重量为 430.0kg，没有达到并超过确指品名运价 2865 要求的最低计费重量 500kg。在这种情况下，可以选用泛指品名运价的较低重量分界点对应的较高运价，比较取低者。

解：

Volume：$81 \times 72 \times 63 \times 4 = 1469664$（$cm^3$）

Volume weight：1469664÷6000=244.9（kg）

Gross weight：430.0kg

Chargeable weight：430.0kg

Applicable rate：C2199$_{250}$10.70C2199$_{500}$9.20

Wt. charge：min ｛500.0×9.20，430.0×10.70，500.0×10.15｝ =AED4600.00

货运单简易运费计算栏表示如下：

No. of pieces RCP	Gross weight	kg lb	Rate class	Commodity Item No.	Chargeable Weight	Rate/Charge	Total	Nature and Quantity of goods (incl. Dimensions or Volume)
4	430.0	K	C	2199	500.0	9.20	4600.00	CARPETS 81cm×72cm× 63cm×4

说明：对于相同航程，一种货物可同时按确指品名运价和泛指品名运价计算运费时，如果货物的重量满足确指品名运价要求的最低计费重量，就优先使用确指品名运价；如果货物的重量没有满足确指品名运价要求的最低计费重量，就优先使用较低重量分界点的泛指品名运价，再与使用较高重量分界点的确指品名运价计算的运费比较，取较低的运费为实际运费。

自我检测

计算以下货物的航空运费：

Routing	DUBAI, UNITED AREB EMIRATES（DXB）to GLASGOW, UNITED KINGDOM（GLA）
Commodity	CARPETS
Total Gross Wt	each 120.0kg
Dims	4pcs 81cm×72cm×63cm×4
Payment	PP

（DXB—GLA   AED   M 190.00，N 30.95，45   23.25，100   13.90，500   9.95   2199   250   10.70，2199   500   9.20，2865   500 10.15）

Routing	DUBAI, UNITED AREB EMIRATES（DXB）to GLASGOW, UNITED KINGDOM（GLA）
Commodity	CARPETS
Total Gross Wt	each 140.0kg
Dims	2pcs 81cm×72cm×63cm×2
Payment	PP

（DXB—GLA   AED   M 190.00，N 30.95，45   23.25，100   13.90，500   9.95   2199   250   10.70，2199   500   9.20，2865   500   10.15）

当无法判断货物的重量是否能使用其对应的运价时,可通过查 TACT RATES 2.2 进行判断。

例

Routing	BEIJING, CHINA (BJS) to OSAKA, JAPAN (OSA)
Commodity	LIVE LOBSTERS
Total Gross Wt	450.2kg
Dims	8pcs 80cm×60cm×40cm×8
Payment	PP

公布运价查询如下:

Date/Type	Note	Item	Min. Wght	Local Curr
BEIJING		**CN**		**BJS**
Y. RENMINBI		**CNY**	**KGS**	
OSAKA	JP		M	230.00
			N	37.51
			45	28.13
		0008	300	18.80
		0300	500	20.61
		1093	100	18.43
		2195	500	18.80

TACT RATES 2.2 DESCRIPTION GUIDELINES 的第三条内容如下:

CRABS, CRAYFISH, EELS, LOBSTERS, SOFT SHELL TURTLES, SNAILS, TROUT, when shipped live, need not be considered as subject to the live animal rate and may be classified under the appropriate foodstuffs or seafood item.

解:

Volume: $80 \times 60 \times 40 \times 8 = 1536000$ (cm^3)

Volume weight: $1536000 \div 6000 = 256.0$ (kg)

Gross weight: 450.2kg

Chargeable weight: 450.5kg

Applicable rate: C0300$_{500}$20.61

或者采用等级货物活体动物的适用运价 56.27 (150%×37.51)。

Wt. charge: min {500.0×20.61, 450.5×56.27} = CNY10305.00

No. of pieces RCP	Gross weight	kg lb	Rate class	Chargeable Weight	Rate/Charge	Total	Nature and Quantity of goods (incl. Dimensions or Volume)
			Commodity Item No.				
8	450.2	K	C 0300	500.0	20.61	10305.00	LIVE LOBSTERS 80cm×60cm× 40cm×8

第十章 国际航空货物运输费用

自我检测

计算以下货物的航空运费：

Routing	BEIJING，CHINA（BJS）to OSAKA，JAPAN（OSA）
Commodity	LIVE LOBSTERS
Total Gross Wt	152.9kg
Dims	2pcs 80cm×60cm×40cm×2
Payment	PP

Routing	KINSHASA，CONGO（KINSHASA）（FIH）to PARIS，FRANCE（PAR）
Commodity	SNAILS
Total Gross Wt	each 140.0kg
Dims	10pcs 80cm×100cm×65cm×10
Payment	PP

（FIH—PAR CDF M 90.00，N 20.15，45 19.00，500 17.60 1000 16.80，0300 500 19.70，0300 1000 18.20）

当运输机器的零件（Parts）、附件（Accessories）、备件（Supplies）时，能否使用其对应机器的指定商品运价？

运输机器的零件时，一般都使用该机器的指定商品运价。运输机器的附件、备件时，一般不能使用该机器的指定商品运价。

例

Routing	NEW YORK，NY，UNITED STATES OF AMERICA（NYC）to LUANDA，ANGOLA（LAD）
Commodity	MOTORSHIP PARTS
Total Gross Wt	149.8kg
Dims	2pcs 45cm×60cm×55cm×2
Payment	PP

公布运价查询如下：

Date/Type	Note	Item	Min. Wght	Local Curr
NEW YORK		NY US		NYC
U.S. DOLLAR		USD	KGS	
LUANDA	AO	M		100.00
		N		24.58
		45		18.83

(续表)

		100	15.18
		300	13.10
		500	12.54
	4201	200	9.56
	4201	500	9.09
	4300	300	9.99
	4300	500	9.50
	4703	200	9.51
	4703	500	9.09
	AF	M	76.00

4201　　　SURFACE VEHICLES（EXCLUDING STEAMSHIP PARTS，MOTORSHIP PARTS）

解：

Volume：$45\times60\times55\times2=297000$（$cm^3$）

Volume weight：$297000\div6000=49.5$（kg）

Gross weight：149.8kg

Chargeable weight：150.0kg

Applicable rate：$Q_{100}15.18$（不能使用指定商品运价 $C4201_{200}9.56$。）

Wt. charge：$15.18\times150.0=USD2277.00$

No. of pieces RCP	Gross weight	kg lb	Rate class	Charegable Weight	Rate/Charge	Total	Nature and Quantity of goods (incl. Dimensions or Volume)
			Commodity Item No.				
2	149.8	K	Q	150.0	15.18	2277.00	MOTORSHIP PARTS 45cm×60cm× 55cm×2

五、等级货物运价（COMMODITY CLASSIFICATION RATES/CLASS RATES）

1. 定义

A rate applicable to a specially designated class of goods.

Commodity classification rates, known as class rates, apply to a few commodities within or between certain designated areas. They are usually stated in terms of a percentage increas or reduction in the normal general cargo rates.

等级货物运价是指适用于规定地区的特定的货物运价，其是在普通货物运价的基础上附加或附减一定的百分比。其分为两种情况：一种是附减等级运价（Class Rate Reduction）；另一种是附加等级运价（Class Rate Surcharge）。

2. 运价的分类

IATA 规定等级货物包括活体动物、贵重物品、书报杂志类物品,作为货物运输的行李、尸体、骨灰和汽车等。

3. 运价表的使用说明

(1) "Normal GCR":表示无论该票货物的计费重量是多少,一律采用普通货物标准运价。

(2) "150%(100% 或 125%)of appl. GCR":表示适用的普通货物运价的 150%(100% 或 125%)。

(3) "appl. GCR":表示适用的普通货物运价。

(4) "Normal GCR or over 45kg":表示普通货物标准运价或 45kg 以上重量分界点运价。但是,如果在较高重量分界点有较低的普通货物标准运价,不得使用此较低的普通货物标准运价。

(5) S 表示 surcharge(附加运价);R 表示 reduction(附减运价);对于既不附加,也不附减的等级货物运价应包含在附加等级运价内。

4. 一般规定

参阅资料 TACT RULES 3.7.1. GENERAL,国家等级货物运价表如下(Within Europe, not applicable between countries in the ECAA):

Commodity	%	Rule
Live animals (except baby poultry less than 72 hours old)①	250	3.7.2
Baby poultry less than 72 hours old	160	3.7.2
Valuable cargo②	300	3.7.6
Human remains (ashes)③	400	3.7.9
Human remains (coffins)④	350	3.7.9
Braille type equipment, talking books for the blind, newspapers, periodicals, magazines, books and catalogues⑤	85	3.7.7

Exceptions and Notes:

① a. Live tropical fish from Belgium.　　　　　　　　125%

　b. The charges shall be applicable to carriage of both the animal and its container, subject to the provisions of Rule 3.7.3.

　c. These charges do not apply for shell fish.

② From Switzerland.　　　　　　　　　　　　　　200%

③ From Switzerland.　　　　　　　　　　　　　　300%

④ From Switzerland.　　　　　　　　　　　　　　200%

⑤ The resulting weight charge may not be lower than the basic charge.

5. 活体动物

该部分内容来自 TACT RULES 3.7.2. LIVE ANIMALS。

1) 活体动物运价表

	IATA area (see rule 1.2.2. "definition of areas")					
	Within 1	Within 2 (see also rule 3.7.1.3)	Within 3	Between 1&2	Between 2&3	Between 3&1
All live animals except: baby poultry less than 72 hours old	175% of normal GCR	175% of normal GCR	150% of normal GCR except: 1 below	175% of normal GCR	150% of normal GCR except: 1 below	150% of normal GCR except: 1 below
Baby poultry less than 72 hours old	normal GCR	normal GCR	normal GCR except: 1 below	normal GCR	normal GCR except: 1 below	normal GCR except: 1 below

Exceptions:

① Within and from the south west pacific sub-area: 200% of the applicable GCR.

② Minimum charges covering all areas, excluding between countries in the ECAA.

The minimum charge for consignments of live animals is 200% of the applicable minimum charge.

Note:

The above charges shall be applicable to carriage of both the animals and its container, subject to the provisions of Rule 3.7.3.

2) 最低收费

The minimum charge is 200% of the applicable minimum charge.

例 1

Routing	BEIJING, CHINA (BJS) to NEW YORK, UNITED STATES OF AMERICA (NYC)
Commodity	NORTHEAST TIGER
Total Gross Wt	269.7kg
Dims	1pc 240cm×120cm×60cm×1
Payment	PP

公布运价查询如下:

Date/Type	Note	Item	Min. Wght	Local Curr
BEIJING		CN		BJS
Y. RENMINBI		CNY	KGS	
NEW YORK	NY	US	M	420.00
			N	64.46
			45	48.34
			100	45.19
			300	41.86
			500	38.70
		2211	300	36.13
		2211	1500	30.68

解：

Volume：$240 \times 120 \times 60 \times 1 = 1728000$（cm³）

Volume weight：$1728000 \div 6000 = 288.0$（kg）

Gross weight：269.7kg

Chargeable weight：288.0kg

Applicable rate：S 150% normal GCR = 150% × 64.46 = 96.69

Wt. charge：288.0 × 96.69 = CNY 27846.72

货运单简易运费计算栏表示如下：

No.of pieces RCP	Gross weight	kg lb	Rate class	Commodity Item No.	Charegable Weight	Rate/Charge	Total	Nature and Quantity of goods (incl. Dimensions or Volume)
1	269.7	K	S	N150	288.0	96.69	27846.72	NORTHWEST TIGER 240cm×120cm×60cm×1 ANI

由于计费重量 288.0kg 接近较高重量分界点 300kg，因此考虑是否可使用较高重量分界点运价计算运费：

Applicable rate：S 150% of applicable GCR = 150% × 41.86 = 62.79

Wt. charge：300.0 × 62.79 = CNY18837.00

二者比较取低，为 CNY18837.00。是否可以按照运费计算从低原则采用这个较便宜的运费呢？这里不可以，并且除 1 区和 3 区之间幼禽外的其他活体动物也只能使用 150% of normal GCR，即 150% 的 N 运价。

例 2

Routing	BEIJING, CHINA (BJS) to PARIS, FRANCE (PAR)
Commodity	BABY POULTRY
Total Gross Wt	each 25.0kg
Dims	2pcs 70cm×50cm×50cm×2
Payment	PP

公布运价查询如下：

Date/ Type	Note	Item	Min. Wght	Local Curr
BEIJING		CN		BJS
Y. RENMINBI		CNY	KGS	
PARIS	FR	M		320.00
		N		50.37
		45		41.43
		300		37.90

(续表)

500	33.42
1000	30.71
2000	28.33

解：

Volume：70×50×50×2 = 350000（cm^3）

Volume weight：350000÷6000 = 58.33（kg）

Gross weight：50.0kg

Chargeable weight：58.5kg

Applicable rate：S 100% of normal GCR = 100%×50.37 = 50.37

Wt. Charge：58.5×50.37 = CNY2946.65

货运单简易运费计算栏表示如下：

No.of pieces RCP	Gross weight	kg lb	Rate class		Charegable Weight	Rate/Charge	Total	Nature and Quantity of goods (incl. Dimensions or Volume)
				Commodity Item No.				
2	50.0	K	S	N100	58.5	50.37	2946.65	BABY POULTRY 70cm×50cm× 50cm×2 ANI

由于计费重量为58.5kg，因此是否可以使用45kg以上普通货物运价41.43的100%呢？同样也是不可以的。2区和3区之间幼禽类活体动物也只能使用100% of normal GCR，即100%的N运价。

例3

Routing	BEIJING，CHINA（BJS）to CAIRO，EGYPT（CAI）
Commodity	WHITE MOUSE FOR TESTING
Total Gross Wt	8.8kg
Dims	1pc 48cm×32cm×21cm×1
Payment	PP

公布运价查询如下：

Date/Type	Note	Item	Min. Wght	Local Curr
BEIJING		CN		BJS
Y. RENMINBI		CNY	KGS	
CAIRO	EG	M		320.00
		N		46.60
		45		37.90
		100		34.90
		300		30.30

解：

Volume：$48 \times 32 \times 21 \times 1 = 32256$（cm³）

Volume weight：$32256 \div 6000 = 5.38$（kg）

Gross weight：8.8kg

Chargeable weight：9.0kg

Applicable rate：S 150% normal GCR $= 150\% \times 46.60 = 69.90$

Wt. charge：$9.0 \times 69.90 =$ CNY629.10

Minimum charge：200% M $= 200\% \times 320.00 =$ CNY640.00

二者比较取高，为 CNY640.00。

货运单简易运费计算栏表示如下：

No.of pieces RCP	Gross weight	kg lb	Rate class		Charegable Weight	Rate/Charge	Total	Nature and Quantity of goods (incl. Dimensions or Volume)
				Commodity Item No.				
1	8.8	K	S	M200	9.0	69.90	640.00	WHITE MOUSE FOR TESTING 48cm×32cm×21cm×1 ANI

自我检测

计算以下货物的航空运费：

Routing	BEIJING, CHINA（BJS）to SAN FRANCI CA, UNITED STATES OF AMERICA（SFO）
Commodity	SNAKE
Total Gross Wt	each 2.8kg
Dims	2pcs 32cm×23cm×11cm×2
Payment	PP

（BJS—SFO CNY M 420.00, N 56.10, 45 45.20, 100 42.60）

Routing	BEIJING, CHINA（BJS）to MONTREAL, QC, CANADA（YMQ）
Commodity	PARROTS
Total Gross Wt	each 42.8kg
Dims	2pcs 72cm×63cm×51cm×2
Payment	PP

（BJS—YMQ CNY M 420.00, N 66.10, 45 50.30, 100 48.50, 2211 100 46.80）

Routing	BEIJING, CHINA（BJS）to LONDON, UNITED KINGDOM（LON）
Commodity	DAY-OLD CHICKENS
Total Gross Wt	286.6kg

Dims	10pcs
Payment	PP

(BJS—LON CNY M 320.00, N 52.23, 45 43.31, 300 38.50, 500 36.80)

Routing	GUANGZHOU, CHINA (CAN) to GENEVA, SWITZERLAND (GVA)
Commodity	LIVE TROPICAL FISH
Total Gross Wt	each 46.2kg
Dims	3pcs
Payment	PP

(CAN—GVA CNY M 320.00, N 48.23, 45 40.38, 100 35.50, 200 26.80)

6. 贵重物品

该部分内容来自 TACT RULES 3.7.6. VALUABLE CARGO。

1) 定义

Valuable cargo means a consignment which contains one or more of the following articles:

a. any article having a declared value of carriage of USD 1000.00 (or equivalent) or more, per gross kilogram; except in the United Kingdom GBP 450.00, or more per gross kilogram.

b. gold bullion (including refined and unrefined gold in ingot form), dore bullion, gold specie and gold in the form of grain, sheet, foil, powder, sponge, wire, rod, tube, circles, mouldings and castings, platinum, platinum metals (Palladium, iridium, ruthenium, osmium and rhodium) and platinum alloys in the form of grain, sponge, bar, ingot, sheet, rod, wire, gauze, tube and strip (but excluding those radioactive isotopes of the above metals and alloys which are subject to restricted articles labelling requirements).

c. legal banknotes, traveller's cheques, securities, shares, share coupons and stamps (excluding mint stamps from United Kingdom) and ready for use bank cards and/or credit cards.

d. diamonds, (including diamonds for industrial use), rubies, emeralds, sapphires, opals and real pearls (including cultured pearls).

e. jewellery consisting of diamonds, emeralds, sapphires, opals and real pearls (included cultured pearls).

f. jewellery and watches made of silver and/or gold and/or platinum.

g. article made of gold and/or platinum, other than gold and/or platinum plated.

2) 贵重物品运价表

Area:	Rate:
All IATA areas, excluding between countries in the ECAA (within Europe see also Rule 3.7.1.3)	200% of the Normal GCR

Exceptions alphabetically listed by country:

From	% of the normal GCR/charge per kg
France to all areas	250%
Russia to all areas (except canada, usa)	300%
Russia to canada, usa:	
a. Consignments weighting up to 1,000kg	300%
b. Consignments weighting 1,000kg or over	200%

3) 最低收费

The minimum charge for consignments of valuables is 200% of the applicable minimum charge, provided that it is not less than USD 50.00, or equivalent. Not applicable between countries in the ECAA.

Exceptions:

(1) From France: 400% of the applicable minimum charge.

(2) In Saudi Arabia: SDR 190.

例1

Routing	BEIJING, CHINA (BJS) to BOSTON, MA, UNITED STATES OF AMERICA (BOS)
Commodity	GOLD WATCH
Total Gross Wt	32.0kg
Dims	1pc 61cm×51cm×42cm×1
Payment	PP

公布运价查询如下:

Date/Type	Note	Item	Min. Wght	Local Curr
BEIJING		CN		BJS
Y. RENMINBI		CNY	KGS	
BOSTON	MA US		M	420.00
			N	79.97
			45	60.16
			100	52.70
			300	45.75
			500	38.76

解:

Volume: $61 \times 51 \times 42 \times 1 = 130662$ (cm^3)

Volume weight: $130662 \div 6000 = 21.77$ (kg)

Gross weight: 32.0kg

Chargeable weight: 32.0kg

Applicable rate: S 200% of the normal GCR = 200% × 79.97 = 159.94

Wt. charge：32.0×159.94＝CNY5118.08 为最终结果。

货运单简易运费计算栏表示如下：

No.of pieces RCP	Gross weight	kg lb	Rate class		Charegable Weight	Rate/Charge	Total	Nature and Quantity of goods (incl. Dimensions or Volume)
				Commodity Item No.				
1	32.0	K	S	N200	32.0	159.94	5118.08	GOLD WATCH 61cm×51cm× 42cm×1 VAL

例2

Routing	BEIJING，CHINA（BJS）to OSAKA，JAPAN（OSA）
Commodity	HANDICRAFT
	DV FOR CARRIAGE IS CNY40,000.00
	1USD＝7.911CNY
Total Gross Wt	5.8kg
Dims	1pc 42cm×34cm×20cm×1
Payment	PP

公布运价查询如下：

Date/ Type	Note	Item	Min. Wght	Local Curr
BEIJING		CN		BJS
Y. RENMINBI		CNY	KGS	
OSAKA	JP		M	230.00
			N	37.51
			45	28.13
		0008	300	18.80
		0300	500	20.61
		1093	100	18.43
		2195	500	18.80

解：

单位重量货物价值为

CNY40000.00÷5.8kg＝USD5056.25÷5.8＝871.77USD/kg＜USD1000/kg

所以该货物为普通货物。

Volume：42×34×20×1＝28560（cm^3）

Volume weight：28560÷6000＝4.76（kg）

Gross weight：5.8kg

Chargeable weight：6.0kg

Applicable rate：37.51

Wt. charge：6.0×37.51=CNY225.06

与最低收费比较取高者，最低收费为 M230.00。

货运单简易运费计算栏表示如下：

No.of pieces RCP	Gross weight	kg lb	Rate class		Charegable Weight	Rate/Charge	Total	Nature and Quantity of goods (incl. Dimensions or Volume)
				Commodity Item No.				
1	5.8	K	M		6.0	37.51	230.00	HANDICRAFT 42cm×34cm× 20cm×1

例3 将例2中的声明价值由 CNY40,000.00 改为 CNY80,000.00，其余条件不变。

解：

单位重量货物价值为

CNY80000.00÷5.8kg＝USD10112.502÷5.8＝ USD1743.53/kg＞USD1000/kg

所以该货物为贵重物品。

Volume：42×34×20×1＝28560（cm^3）

Volume weight：28560÷6000＝4.76（kg）

Gross weight：5.8kg

Chargeable weight：6.0kg

Applicable rate：S 200% of the normal GCR＝200%×37.51＝75.02

Wt. charge：75.02×6＝CNY450.12

与最低收费比较取高者，最低收费为 200%M＝CNY460.00。

货运单简易运费计算栏表示如下：

No.of pieces RCP	Gross weight	kg lb	Rate class		Charegable Weight	Rate/Charge	Total	Nature and Quantity of goods (incl. Dimensions or Volume)
				Commodity Item No.				
1	5.8	K	S	M200	6.0	75.02	460.00	HANDICRAFT 42cm×34cm× 20cm×1 VAL

自我检测

计算以下货物的航空运费：

Routing	BEIJING, CHINA (BJS) to KARACHI, PAKISTAN (KHI)
Commodity	GOLD COIN
Total Gross Wt	each 1.9kg
Dims	2pcs 34cm×20cm×19cm×2
Payment	PP

(BJS—KHI CNY M 451.00, N 62.27, 45 58.30, 100 48.56, 200 46.80)

Routing	BEIJING, CHINA (BJS) to BOSTON, MA, UNITED STATES OF AMERICA (BOS)
Commodity	GOLD WATCH
Total Gross Wt	32.0kg
Dims	1pc 61cm×51cm×42cm×1
Payment	PP

(BJS—BOS CNY M 420.00, N 65.60, 45 49.30, 100 46.50, 200 43.80)

7. 书刊杂志

该部分内容来自 TACT RULES3.7.7. NEWSPAPERS, MAGAZINES, PERIODICALS, BOOKS, CATALOGUES, BRAILLE TYPE EQUIPMENT AND TALKING BOOKS FOR THE BLIND。

1）书刊杂志运价表

Area	Rate
● Within IATA area 1; within europe (see also rule3.7.1.3); between IATA areas 1 and 2	67% of the normal GCR
● All other areas	50% of the normal GCR
Exceptions alphabetically listed by country：	
From	% of the normal GCR or as indicated
● From and within germany on lufthansa cargo service	Applicable GCR

2）一般货物运价

Where a General Cargo Quantity Rate results in a lower charge than the rate established by this rule, such lower rate shall apply.

3）最低收费

The minimum charge shall be the normal minimum charge as published in section 4.3. of the Rates books and in Rule 3.4.

例1

Routing	BEIJING, CHINA (BJS) to LONDON, UNITED KINGDOM (LON)
Commodity	BOOKS
Total Gross Wt	980.0kg
Dims	20pcs 70cm×50cm×40cm×20
Payment	PP

公布运价查询如下：

Date/Type	Note	Item	Min. Wght	Local Curr
BEIJING		CN		BJS
Y. RENMINBI		CNY	KGS	
LONDON	GB	M		320.00
		N		63.19
			45	45.22
			300	41.22
			500	33.42
			1000	30.71

解：

Volume：$70 \times 50 \times 40 \times 20 = 2800000$（cm³）

Volume weight：$2800000 \div 6000 = 467.0$（kg）

Gross weight：980.0kg

Chargeable weight：980.0kg

Applicable rate：R 50% of the normal GCR $= 63.19 \times 50\% = 31.595$，即31.60。

Wt. Charge：$31.60 \times 980.0 = $ CNY 30968.00

较高重量分界点运价计算：$30.71 \times 1000 = $ CNY30710.00，二者比较取低者，CNY30710.00为最终结果。

货运单简易运费计算栏表示如下：

No.of pieces RCP	Gross weight	kg 1b	Rate class / Commodity Item No.	Chargeable Weight	Rate/Charge	Total	Nature and Quantity of goods (incl. Dimensions or Volume)
20	980.0	K	Q	1000.0	30.71	30710.00	BOOKS 70cm×50cm×40cm×20

例2

Routing	BEIJING, CHINA (BJS) to LONDON, UNITED KINGDOM (LON)
Commodity	BOOKS
Total Gross Wt	4.5kg
Dims	1pc 30cm×20cm×20cm×1
Payment	PP

公布运价查询如下：

Date/Type	Note	Item	Min. Wght	Local Curr
BEIJING		CN		BJS
Y. RENMINBI		CNY	KGS	
LONDON	GB	M		320.00
		N		63.19
		45		45.22
		300		41.22
		500		33.42
		1000		30.71

解：

Volume：$30×20×20×1=12000$（cm^3）

Volume weight：$12000÷6000=2.0$（kg）

Gross weight：此类货物运价最低计费重量为5kg，故 chargeable wt. =5kg。

Chargeable weight：5kg

Applicable rate：R 50% of the normal GCR $=63.19×50\%=31.595$，即31.60。

Wt. Charge：$31.60×5.0=$ CNY 158.00

与最低运费320.00比较取高者，故CNY320.00为最终结果。

货运单简易运费计算栏表示如下：

No.of pieces RCP	Gross weight	kg lb	Rate class		Chargeable Weight	Rate/Charge	Total	Nature and Quantity of goods (incl. Dimensions or Volume)
				Commodity Item No.				
1	4.5	K	M		5.0	31.60	320.00	BOOKS 30cm×20cm×20cm×1

自我检测

计算以下货物的航空运费：

Routing　　　　BEIJING, CHINA (BJS) to PARIS, FRANCE (PAR)
Commodity　　PERIODICALS
Total Gross Wt　each 23.6kg
Dims　　　　　12pcs 34cm×30cm×19cm×12
Payment　　　 PP

（BJS—PAR　CNY　M 320.00, N 66.27, 45 48.30, 100 46.56, 200 42.80）

Routing　　　　SHANGHAI, CHINA (SHA) to FRANKFURT, GERMANY (FRA)
Commodity　　NEWSPAPERS

Total Gross Wt	39.3kg
Dims	1pc 61cm×50cm×42cm×1
Payment	PP

(SHA—FRA CNY M 320.00, N 59.21, 45 39.36, 100 32.81, 200 29.80)

8. 作为货物运输的行李

该部分内容来自 TACT RULES 3.7.8. BAGGAGE SHIPPED AS CARGO。

1）作为货物运输的行李运价表

Area/country:	Rate:
● From all IATA areas, except from malaysia and south west pacific	Applicable GCR
● From malaysia	50% of the normal GCR
● From australia and papua new guinea	75% of the normal GCR
● From new zealand to niue, samoa and tonga	Applicable GCR
● From new zealand to all other countries	50% of the normal GCR
● From the rest of south west pacific	50% of the normal GCR
● From croatia	75% of the normal GCR

2）一般货物运价

Where a General Cargo Quantity Rate results in a lower charge than the rate established by this rule, such lower rate can be applied.

3）最低收费

The rate to be charged shall be not less than the applicable minimum charge as published in section 4.3. of the Rates books and in Rule 3.4. of this tariff.

例

Routing	BEIJING, CHINA (BJS) to TOKYO, JAPAN (TYO)
Commodity	PERSONAL EFFECTS
Total Gross Wt	43.6kg
Dims	1pc 71cm×67cm×43cm×1
Payment	PP

公布运价查询如下：

Date/Type	Note	Item	Min. Wght	Local Curr
BEIJING		**CN**		**BJS**
Y. RENMINBI		**CNY**	**KGS**	
TOKYO		JP	M	230.00
			N	37.51

(续表)

	45	28.13
0008	300	18.80
0300	500	20.61
1093	100	18.43
2195	500	18.80

解：

Volume：$71 \times 67 \times 43 \times 1 = 204551$（$cm^3$）

Volume weight：$204551 \div 6000 = 34.09$（kg）

Gross weight：43.6kg

Chargeable weight：44.0kg

Applicable rate：applicable GCR＝28.13

Wt. Charge：min ｛37.51×44.0，28.13×45.0｝＝CNY1265.85 为最终结果。

货运单简易运费计算栏表示如下：

No.of pieces RCP	Gross weight	kg lb	Rate class		Charegable Weight	Rate/Charge	Total	Nature and Quantity of goods (incl. Dimensions or Volume)
			Commodity Item No.					
1	43.6	K		Q	45.0	28.13	1265.85	PERSONAL EFFECTS 71cm×67cm×43cm×1

自我检测

计算以下货物的航空运费：

Routing　　HELSINKI, FINLAND（HEL）to LIMA, PERU（LIM）

Commodity　　UNACCOMPANIED BAGGAGE

Total Gross Wt　　29.6kg

Dims　　1pc 34cm×30cm×19cm×1

Payment　　PP

（HEL-LIM　EUR　M 60.00, N 19.27, 45 17.30, 100 15.16, 200 12.80）

Routing　　LUSAKA, ZAMBIA（LUN）to JOHANNESBURG, REP. OF SOUTH AFRICA（JNB）

Commodity　　PERSONAL EFFECTS

Total Gross Wt　　25.7kg

Dims　　1pc 31cm×30cm×22cm×1

Payment   PP

(LUN—JNB   ZWK   M   1020.00, N   98.10, 45   86.36, 100   80.16, 200   76.80)

9. 骨灰/灵柩运输
该部分内容来自 TACT RULES 3.7.9. HUMAN REMAINS。
1）骨灰/灵柩运价表

Areas：	Ashes：	Coffins：
All IATA areas（except within area 2）	Applicable GCR	Normal GCR
Within IATA area 2 *）	300% of normal GCR	200% of normal GCR
*）for transportation within europe see also rule 3.7.1 paragraph 3		

2）最低收费

For transportation of human remains the normal minimum charges are applicable, except for transportation wholly within IATA Area 2 a minimum charge will be levied of 200% of the applicable minimum charge, provided that this shall not be less than USD 65.00 or equivalent. Not applicable between countries in the ECAA.

例

Routing	BEIJING, CHINA (BJS) to TOKYO, JAPAN (TYO)
Commodity	COFFIN
Total Gross Wt	215.0kg
Dims	1pc 230cm×70cm×50cm×1
Payment	PP

公布运价查询如下：

Date/Type	Note	Item	Min. Wght	Local Curr
BEIJING		**CN**		**BJS**
Y. RENMINBI		**CNY**	**KGS**	
TOKYO	JP		M	230.00
			N	37.51
			45	28.13
		0008	300	18.80
		0300	500	20.61
		1093	100	18.43
		2195	500	18.80

解：

Volume：230×70×50×1＝805000（cm³）

Volume weight：805000÷6000＝134.16（kg）

Gross weight：215.0kg

Chargeable weight：215.0kg

Applicable rate：normal GCR＝37.51

Wt. Charge：37.51×215.0＝CNY8064.65 为最终结果。

货运单简易运费计算栏表示如下：

No.of pieces RCP	Gross weight	kg lb	Rate class		Charegable Weight	Rate/Charge	Total	Nature and Quantity of goods (incl. Dimensions or Volume)
				Commodity Item No.				
1	215.0	K	S	N100	215.0	37.51	8064.65	COFFIN 230cm×70cm×50cm×1 HUM

自我检测

计算以下货物的航空运费：

Routing　　　　OAXACA, MEXICO（OAX）to NEW YORK, NY, USA（NYC）
Commodity　　HUMAN REMAINS IN COFFIN
Total Gross Wt　120.0kg
Dims　　　　　1pc 210cm×50cm×60cm×1
Payment　　　PP

（OAX—NYC　MXN　M　100.00, N　9.27, 45　8.30, 100　7.16, 200　6.80）

Routing　　　　LUSAKA, ZAMBIA（LUN）to MANCHESTER, UNITED KINFDOM（MAN）
Commodity　　FUNERAL URN
Total Gross Wt　3.9kg
Dims　　　　　1pc 22cm×18cm×16cm×1
Payment　　　PP

（LUN—MAN　ZMK　M　1020.00, N　108.10, 45　96.36, 100　86.16, 200　79.80）

10. 汽车运输

该部分内容来自 TACT RULES 3.7.11. AUTOMOTIVE VEHICLES。

For transportation of automotive vehicles the Normal GCR applies.

This Rule shall apply：

（1）between Japan, Korea（Dem. Rep. of）, Korea（Rep. of）, South East Asia and IATA Area 1.

（2）from Japan to Europe.

(3) from Japan to South West Pacific.

六、运价和运费的优先级 (PRECEDENCE OF RATES AND CHARGES)

Through published rates take precedence over any combination of sector rates of the same type, between the same points via the same Carriers.

For combination of rates see Rule 3.8.

As a rule the following order of precedence applies to the published through rates:

(1) Specific commodity rates take precedence over Class rates and General cargo rates.

(2) Class rates take precedence over General cargo rates.

(3) When the General cargo rate applicable to the consignment is lower than the Specific commodity rate, such lower rate can be applied except where the Specific commodity rate has been established for items covered by a Class rate.

(4) Where the General cargo rate applicable to a consignment of newspapers, magazines, periodicals, books, catalogues, braille type equipment, talking books for the blind and/or baggage shipped as cargo is lower than the Class rate, such lower rate can be applied.

例

Routing	BEIJING, CHINA (BJS) to OSAKA, JAPAN (OSA)
Commodity	WORMS
Total Gross Wt	each 46.7kg
Dims	2pcs 72cm×57cm×35cm×2
Payment	PP

公布运价查询如下：

Date/Type	Note	Item	Min. Wght	Local Curr
BEIJING		CN		BJS
Y. RENMINBI		CNY	KGS	
OSAKA	JP		M	230.00
			N	37.51
			45	28.13
		0008	300	18.80
		0300	500	20.61
		1093	100	18.43
		2195	500	18.80

解：

Volume：72×57×35×2＝287280 (cm^3)

Volume weight：287280÷6000＝47.88 (kg)

Gross weight：46.7×2＝93.4 (kg)

Chargeable weight：93.5kg

Applicable rate: SCR C_{1093} 18.43 GCR Q_{45} 28.13

Wt. Charge: 按 SCR 计算得出的运费 = 100×18.43 = CNY1843.00

按 GCR 计算得出的运费: $28.13 \times (46.7 \times 2) = 28.13 \times 93.5$ = CNY2630.00

二者比较取低者，故 CNY1843.00 为最终结果。

货运单简易运费计算栏表示如下：

No.of pieces RCP	Gross weight	kg lb	Rate class Commodity Item No.	Charegable Weight	Rate/Charge	Total	Nature and Quantity of goods (incl. Dimensions or Volume)
2	93.5	K	C 1093	100.0	18.43	1843.00	WORMS 72cm×57cm×35cm×2

自我检测

计算以下货物的航空运费：

Routing　　　　OSAKA, JAPAN（OSA）to SINGAPORE（SIN）
Commodity　　2 DOGS
Total Gross Wt　45.9kg
Dims　　　　　2pcs 70cm×40cm×60cm×2
Payment　　　PP

（OSA—SIN　JPY　M　2000.00, N　197.10, 45　176.36, 100　150.16, 200　120.80）

Routing　　　　JAKARTA, REP. OF INDONESIA（JKT）to ABU DHABI, U. A. E.（AUH）
Commodity　　REPTILES
Total Gross Wt　14.6kg
Dims　　　　　1pc 80cm×60cm×15cm×1
Payment　　　PP

（JKT-AUH　USD　M　90.00, N　8.40, 45　7.69, 100　6.57, 200　5.98）

Routing　　　　NAIROBI, KENYA（NBO）to MOSCOW, RUSSIAN FEDERATION（MOW）
Commodity　　MONKEYS
Total Gross Wt　59.8kg
Dims　　　　　4pcs 50cm×40cm×60cm×4
Payment　　　PP

（NBO—MOW　USD　M　240.00, N　19.40, 45　17.89, 100　15.67, 200　12.98）

Routing　　　　HONGKONG（HKG）to TAIPEI, TAIWAN（TPE）
Commodity　　SHARES
Total Gross Wt　9.2kg

Dims   1box 40cm×20cm×20cm×1
Payment   PP

(HKG—TPE HKD M 45.00, N 2.40, 45 2.20, 100 2.09, 200 1.98)

Routing   BANGKOK, THAILAND（BKK）to CALGARY, AL, CANADA（YYC）
Commodity   MAGAZINES
Total Gross Wt 179.7kg
Dims   10pcs 40cm×40cm×40cm×10
Payment   PP

(BKK—YYC THB M 236.00, N 28.40, 45 26.10, 100 24.57, 200 22.10)

Routing   SEOUL, REP. OF KOREA（SEL）to NEW YORK, NY, USA（NYC）
Commodity   HUMAN REMAINS INCOFFIN
Total Gross Wt 140.0kg
Dims   1pc 200cm×60cm×50cm×1
Payment   PP

(SEL—NYC KRW M 1090.00, N 68.40, 45 57.69, 100 51.37, 200 48.98)

Routing   BARCELONA, SPAIN（BCN）to JOHANNESBURG, SOUTH AFRICA（JNB）
Commodity   TOOLS
Total Gross Wt 90.0kg
Dims   1box 40cm×30cm×20cm×1
Payment   PP

(BCN—JNB EUR M 27.00, N 18.40, 45 17.20, 100 15.10, 200 13.81)

七、混运货物（MIXED CONSIGNMENTS）

该部分内容来自 TACT RULES 3.9.2（Not applicable between countries in the ECAA）。

1. 定义及一般规则

A mixed consignment is a consignment consisting of commodities, articles or goods qualifying for different rates and conditions, moving under one Air Waybill.

A mixed consignment shall not include any of the following articles, commodities or goods:

(1) Valuable cargo as defined in Rule 3.7.6. paragraph 1.

(2) Live animals.

(3) Human remains, whether or not cremated.

(4) Diplomatic bags.

(5) Baggag shipped as cargo under Rule 3.7.8.

(6) From Japan, Korea（Dem. Rep. of）and Korea（Rep. of）, from USA to IATA Area 3 except South Asian Subcontinent, South West Pacific:

Dangerous goods subject to the IATA dangerous goods regulations.

(7) From Japan to Europe, South West Pacific, between Japan, Korea（Dem. Rep. of）, Korea（Rep. of）, South East Asian and IATA Area 1; automotive vehicles as rated in

accordance with the provisions of Rule 3. 7. 11.

(8) Notwithstanding the above, mixed consignments of human remains and personal effects shall be permitted where the personal effects are those of the deceased and they are accompanied by a declaration to this effect.

Note：

Dangerous goods in a mixed consignment must be offered separately and clearly indicated in the "Nature and Quantity of Goods (including dimensions or volume)" box on the AWB as dangerous goods.

2. 混运货物的申报

The shipper may declare：

(1) the total gross weight (or volume) of the consignment, or

(2) separately the weight, volume and contents of each package in the consignment.

When two or more packages in the consignment come under the same description and qualify for the same rate and conditions, except for their individual weights (or volume), charges for such packages shall be based on their total weight (or volume). Where an extension list is required, each separately rated group of items shall be listed together and sub-totalled separately, so that the weights applicable to each rate are readily identifiable.

3. 混运货物的计费方法

(1) When the shipper has declared the total gross weight of the consignment.

–the chargeable weight shall be calculated as for a consignment consisting of one kind of goods.

–the charge is obtained by multiplying the applicable general cargo rate by the chargeable weight.

(2) When the shipper has declared separately the weight, volume and contents of each package or group of packages.

–the chargeable weight of each package or group of packages shall be deteermined as for a consignment consisting of one kind of goods shipped separately；

–the charge shall be obtained by applying the appropriate rate to the chargeable weight of each package or group of packages as if shipped separately；

–when goods qualifying for different rates are consolidated in one packageing (e. g. container) the weight of such packaging shall be charged on the basis of the highest rated item in such packaging.

4. 混运货物的声明价值附加费

Valuation charges shall be assessed on the entire consignment according to Rule 3. 2.

5. 最低收费

Minimum charges shall be assessed on the entire consignment.

例

Routing	BEIJING, CHINA (BJS) to OSAKA, JAPAN (OSA)
Commodity	BOOKS AND HANDICRAFT AND APPLE (FRESH)

Total Gross Wt　　100.0/42.0/80.0kg

Dims　　　　　　4pcs 70cm×47cm×35cm×4　1pc 100cm×60cm×42cm×1　2pcs 90cm×70cm×32cm×2

Payment　　　　PP

公布运价查询如下：

Date/Type	Note	Item	Min. Wght	Local Curr
BEIJING		**CN**		**BJS**
Y. RENMINBI		**CNY**	**KGS**	
OSAKA	JP		M	230.00
			N	37.51
			45	28.13
		0008	300	18.80
		0300	500	20.61
		1093	100	18.43
		2195	500	18.80

解：

（1）先将整票货物视为整体，再按照普通货物进行运费计算：

Volume wt.：（70×47×35×4+100×60×42+90×70×32×2）÷6000=185.97（kg）

Wt. charge：222.0×28.13=CNY6244.86

（2）分别计算运费如下：

Books：

Applicable rate=50%×37.51=18.76

Wt. charge：18.76×100=CNY1876.00

Handicraft：

Wt. charge：min{42.0×37.51，45.0×28.13}=CNY1265.85

Fresh apple：指定商品，但低于最低计费重量300kg，故 min{80.0×28.13，300.0×18.80}=CNY2250.40

三者相加，为 CNY5392.25。

（3）二者比较取低者，故 CNY5392.25 为最终结果。

货运单简易运费计算栏表示如下：

No.of pieces RCP	Gross weight	kg lb	Rate class		Charegable Weight	Rate/Charge	Total	Nature and Quantity of goods (incl. Dimensions or Volume)
				Commodity Item No.				
4	100.0	K	R	N50	100.0	18.76	1876.00	BOOKS 70cm×47cm× 35cm×4
1	42.0		Q		45.0	28.13		
2	80.0		Q		80.0	28.13	1265.85	HANDICRAFT 100cm×60cm× 42cm×1
							2250.40	FRESH APPLE 90cm×70cm× 32cm×2
7	222.0						5392.25	

自我检测

计算以下货物的航空运费：

Routing　　　　SHANGHAI, CHINA（SHA）to TOKYO, JAPAN（TYO）
Commodity　　WEARING APPAREL, TOOLS
Total Gross Wt　15pcs 350.0kg
Dims　　　　　40cm×50cm×45cm×15
Payment　　　PP

（SHA—TYO　CNY　M　230.00, N　37.15, 45　28.13, 0008　200　20.67, 0008　300　18.80, 0300　500　20.61, 1093　100　18.43, 2195　500　18.80）

Routing　　　　SINGARPORE（SIN）to TOKYO, JAPAN（TYO）
Commodity　　TRANSISTOR/HANDICRAFT/BOOKS
Total Gross Wt　5pcs　125.0kg/2pcs 32.0kg/1pc 15.0kg
Dims　　　　　40cm×30cm×30cm×5　80cm×50cm×40cm×2　30cm×30cm×30cm×1
Payment　　　PP

（SIN—TYO　SGD　M　110.00, N　17.15, 45　15.13, 0008　200　16.67, 0008　300　13.80, 0300　500　13.61, 1093　100　14.43, 2195　500　12.80）

第七节　非公布直达运价

一、比例运价（CONSTRUCTION OF UNPUBLISHED RATES AND CHARGES）

该部分内容来自 TACT RULES 3.8.1.（Not applicable between countries in the ECAA）。

（1）When a through rate is not published in section 4.3. of the Rates books, such through rate may be constructed by using the add-ons in section 5.2. of the Rates books. Refer also to the rules in section 5.1. of the Rates books.

When an origin or destination point can be created over different construction points, the lowest throught combination may be applied.

In the abence of an add-on, the construction can be achieved by using the lowest combination of sector rates, subject to Rule 3.8.2.

（2）Add-ons may be combined with rates shown in the rates section. When using such combination, it must be strictly observed that：

—the general cargo add-ons（GCR）may only be used to construct general cargo rates；

—the specific commodity add-ons（SCR）may only be used to construct specific commodity rates.

（3）Through rates published in section 4.3. of the Rates books take precedence over any lower construction of the same rate category between the same points obtained by using the add-ons in section 5.2. of the Rates books.

Through rates achieved by using add-ons take precedence over any lower combination of sector rates obtained by using sector rates in section 4.3. of the Rates books, in accordance with Rule 3.8.2.

(4) Add-ons are not valid for local transportation and shall only be used in combination with published sector GCR's or SCR's.

二、组合运价（COMBINATION OF RATES AND CHARGES）

该部分内容来自 TACT RULES 3.8.2（Not applicable between countries in the ECAA）。

If a through rate is not published in section 4.3. of the Rates books; and cannot be constructed as described in Rule 3.8.1. due to the absence of add-ons, sector rates shall be combined in accordance with the tables shown below. For the conversion of sector rates and charges from a currency into the local currency of country of origin, refer to Rule 5.2.

International General Cargo Rates:
(1) Add-ons for General Cargo Rates (see Rule 3.8.1).
(2) Domestic Rates.
(3) International General Cargo Rates.
(4) Transborder Rates *.

International Specific Commodity Rates:
(1) Add-ons for Specific Commodity Rates (see Rule 3.8.1).
(2) Domestic Rates.
(3) Transborder Rates *.

International Class Rates:
(1) Domestic Rates.
(2) Transborder Rates *.

ULD rates
Domnestic Rates:

* Transborder rates may not be used for combination purposed to/from Canada, except to/from the Carribbean area and to/from points in IATA Area 3.

Notes:
(1) If above rules have to be applied, the minimum charges published for the different sectors being used for construction, may be disregarded, provided the total freight charge resulting from such combination is higher than the international minimum charge from the point of origin to the point of destination.

(2) The combination of an international IATA rate with Government order rates is not permitted unless otherwise specified by the Government order.

(3) Construction/combination of ULD rates with other rates as specified above, is allowed only when the consignment is carried in the same ULD from origin to destination.

(4) Basic charges (B) and rate oer kg. (K) may only be combined with Domestic rates (including domestic basic or minimum charges where applicable) and with "GCR K" add-ons published in Section 5.2. of the Rates books.

三、不可获得运价 (NO RATE AVAILABLE)

该部分内容来自 TACT RULES 3.8.3。

When a rate for a certain sector is not available, i. e. not constructable or combinable:

(1) apply to the Airline's office.

(2) insert in the AWB as airport of destination the closest point to final destination for which rates are known.

(3) insert in the AWB that the charges for the sector over which the rate is unknown are guaranteed by the shipper.

第八节 其他收费

一、声明价值附加费 (VALUATION CHARGES)

该部分内容来自 TACT RULES 3.2。

(1) Shippers must declare a value for carriage on the AWB. This declaration may be a specific amount or NVD (No Value Declared). For the purpose of applying valuation charges, the value per kilogram or per pound must be determined by dividing the shipper's declared value for carriage by the gross weight of the consignment as declared in the Gross Weight box on the AWB. Declared value for carriage may not be entered or (if already entered on the AWB) amended after despatch of the shipment from the airport (or city) of departure shown on the AWB.

(2) Consignments valued at more than SDR 17 per kg. will be assessed valuation charges not less than 0.75% of the Shipper's declared value for carriage exceeding SDR 17 per kg.

Exception:

For traffic to/from Israel.

For diamonds, including diamonds for industrial use the valuation charge will be 0.10% of the total declared value for carriage.

(3) The declared value for carriage applies for the actual gross weight of the consignment, excluding the weight of airline owned ULD's. Value declarations for individual parts of the shipment only or higher or lower value declarations for some parts of a shipment are not possible.

(4) See list of the local currency equivalent values of SDR 17.

例

Routing	OSAKA, JAPAN (OSA) to MELBOURNE, VI, AUSTRALIA (MEL)
Commodity	PRECISION INSTRUMENTS DVC: JPY1500000 USD1.00=JPY100.000
Total Gross Wt	16.3kg SDR17=JPY2800
Dims	1 box 45cm×35cm×30cm×1
Payment	PP

公布运价查询如下：

Date/Type	Note	Item	Min. Wght	Local Curr
OSAKA		**JP**		**OSA**
YEN		**JPY**	**KGS**	
MELBOURNE	VI　AU	M		11500
		N		1710
		45		1410
		100		1270
		300		1100

解：

（1）单位重量货物价值：JPY1500000÷16.3kg＝JPY92024.53/kg＞JPY2800/kg。超过17SDR/kg。所以，需要办理货物声明价值，支付声明价值附加费。（1500000－16.3×2800）×0.75％＝10907.70，即JPY10908。

（2）计算航空运费：

JPY1500000/16.3kg＝USD15000/kg＞USD1000/kg。所以，该票货物为贵重物品。

Volume：45×35×30×1＝47250（cm³）

Volume weight：47250÷6000＝7.87（kg）

Gross weight：16.3kg

Chargeable weight：16.5kg

Applicable rate：N200％＝3420

Wt. Charge：16.5×3420＝JPY56430

货运单简易运费计算栏表示如下：

No.of pieces RCP	Gross weight	kg lb	Rate class	Commodity Item No.	Chargeable Weight	Rate/Charge	Total	Nature and Quantity of goods (incl. Dimensions or Volume)
1	16.3	K	S	N200	16.5	3420	56430	PRECISION INSTRUMENTS 45cm×35cm×30cm×1 VAL

自我检测

计算以下货物的声明价值附加费和航空运费：

Routing　　　　SYDNEY, NS, AUSTRALIA（SYD）to TOKYO, JAPAN（TYO）

Commodity	LEGAL BANKNOTES	USD1 = AUD1. 10714285714
Total Gross Wt	9.8kg	SDR17 = AUD31
Dims	1 box	45cm×40cm×30cm×1
Payment	PP	

(SYD—TYO M 120, N 9.00, 45 6.75, 100 5.50, 250 5.00, 500 4.40, 1000 3.90)

二、运费到付手续费（FEE FOR CHARGES COLLECT）

该部分内容来自 TACT RULES 4.6。

（1）一般规定如下：

For the purpose of assessing the charges collect fee, the term charges collect (also called: "freight collect" or "charges forward") shall mean the charges entered on the AWB for collection from the consignee.

10. 6. 10. 2. CHARGES COLLECT FEE

① When the weight and valuation charges on the AWB are shown for collection from the consignee a fee must be levied from the consignee.

② When charges collect services are performed for amounts other than the weight and valuation charges on the AWB, a charges collect fee may also be levied from the consignee.

③ The fee will accrue to the last carrier, i. e. the carrier which will carry the consignment to the airport of destination.

④ The fee will not be shown on the AWB, unless the document is used as an invoice at destination.

⑤ The applicable percentages and minimum amount are listed in 7. 2. 2. /7. 2. 3. List of payment facilities.

在国际货物运输中，航空运费和声明价值附加费一般采用"预付"形式。但在有的情况下，货物的航空运费和声明价值附加费在目的站由收货人支付，这就是运费到付货物。此外，运费到付货物还应当支付运费到付手续费，此项费用由最后一个承运航空公司收取，并归其所有。

（2）最低收费为 CNY100.00。

（3）限制情况。除有关承运人安排外，灵柩、骨灰、活体动物、鲜活易腐物品、个人用品或家庭用品等一般不办理"运费到付手续费"。当收货人和托运人为同一人或收货人为政府机构代理人时，也不办理该项业务。

例

Routing	NAIROBI, KENYA（NBO）to ANCHORAGE, AK, USA（ANC）
Commodity	HANDICRAFT
Total Gross Wt	85.0kg
Dims	2 boxes 45cm×35cm×30cm×2
Payment	CC

公布运价查询如下：

Date/Type	Note	Item	Min. Wght	Local Curr
NAIROBI		**KE**		**NBO**
US DOLLAR		**USD**	**KGS**	
ANCHORAGE	AK	US	M	36.00
			N	12.69
			45	9.78
			100	7.89
			300	6.98
			500	6.61

解：

（1）计算航空运费：

Volume：$45 \times 35 \times 30 \times 2 = 94500$（$cm^3$）

Volume weight：$94500 \div 6000 = 15.75$（kg）

Gross weight：85.0kg

Chargeable weight：85.0kg

Applicable rate：Q_{100} 7.89

Wt. Charge：min $\{7.89 \times 100.0, 9.78 \times 85.0\}$ =USD789.00

（2）计算运费到付手续费。KENYA 按照航空运费和声明价值附加费二者合计的 5% 收取运费到付手续费。该票货物没有声明价值，所以按照航空运费的 5% 计算，故 USD789.00×5%＝USD39.45，高于最低收费 USD10.00。

（3）二者相加，USD828.45 为最终结果。

货运单简易运费计算栏表示如下：

No.of pieces RCP	Gross weight	kg lb	Rate class	Commodity Item No.	Charegable Weight	Rate/Charge	Total	Nature and Quantity of goods (incl. Dimensions or Volume)
2	85.0	K	Q		100.0	7.89	789.00	HANDICRAFT 45cm×35cm× 30cm×2

自我检测

计算以下货物的声明价值附加费、航空运费和运费到付手续费：

Routing　　　　BANGKOK, THAILAND（BKK）to RIYADH, SAUDI ARABIA（RUH）

Commodity　　WOODEN FURNITURE

Total Gross Wt　200.0kg　　　320.00kg

Dims   2 crates   45cm×40cm×30cm×1
Payment   CC

（BKK—RUH M 1400, N 200, 45 150, 100 143, 250 129, 500 116）

三、垫付费及垫付运费手续费（DISBURSEMENTS AND DISBURSEMENTS FEES）

该部分内容来自 TACT RULES 4.2。

1. 垫付费

1）Definition

Disbursements are amounts collectsed at destination for the provision of services which are incurred at origin which are incidental to the air carriage of the consignment. Such services will be limited to the transportation, handling and documentation performed prior to the air carriage from the point of departure indicated on the AWB.

Disbursements will be collected by the last carrier and will accrue to the issuing carrier for payment to an agent or to another carrier.

Disbursements must be entered as due agent or due carrier in the "Other Charges" box of the AWB.

2）Restrictions

a. Disbursements apply only if "Charges Collect" shipments are accepted at destination (see section 7.2.)

b. Disbursements do not apply for traffic to Algeria.

2. 垫付费总计

1）General

Any disbursement amount (s) shall not be in any case in excess of the "Total weight charge" shown in box (as applicable) of the AWB.

2）Restrictions

a. When the "Total weight charge" is less than USD100.00 (or equivalent) disbursements of up to USD100.00 (or equivalent) (except in Hong Kong (SAR) up to USD300.00) are permitted.

b. For traffic to Zambia the maximum amount (s) of any disbursement may not be more than USD100.00 (or equivalent).

3. 垫付运费手续费

1）Definition

For the collection of disbursement amount (s) a disbursement fee will be assessed.

Such disbursement fee shall also apply to all the other "collect charges" shown in box of the AWB.

Such fee shall be inserted as due carrier in box of the AWB.

It shall be collected by the last carrier and shall accrue to the issuing carrier.

2）Disbursement fee calculation

Such fee shall correspond to 10% (1) but not less than USD20.00 (1) (or equivalent) (except in Brunei Darussalam 10%, but not less than BND20.00 and expect in Singapore 8%, but not less than USD17.00) of the amounts shown in box of the AWB.

Note:

The disbursement fee calculation in the countries of the ECAA may vary by carrier.

3) Restrictions

a. Applicable to OS: From Austria a fee of EUR13.08 applies for disbursement amounts less than EUR81.39.

b.1. Applicable to LH: From Germany a fee of EUR12.00 applies for disbursement amounts less than EUR73.00 and of EUR30.00 for amounts from EUR73.00 up to EUR300.00.

b.2. Applicable to LH: From France a fee of EUR15.00 applies for disbursement amounts less than EUR120.00 and of EUR35.00 for amounts from EUR120.00 up to EUR350.00.

c. Applicable to OA: From Greece a fee of EUR9.39 applies for disbursement amounts less than EUR41.09.

d. Applicable to AZ: From Italy a fee of EUR10.00 applies for disbursement amounts less than EUR50.00.

e. Applicable to TP: From Portugal a fee of EUR7.98 applies for disbursement amounts less than EUR49.88.

四、其他收费（OTHER CHARGES AND FEES）

关于其他收费，前面分别介绍了：

（1）声明价值附加费；

（2）运费到付手续费；

（3）垫付费及垫付运费手续费。

接下来进一步介绍国际航空货物运输中发生的其他收费项目。

（1）航空货运单制单费（DOCUMENTATION CHARGES），又称航空货运单工本费或货运单费，该费用包括逐项、逐步填制货运单的成本。

在国际上，当该费用由航空公司收取时，填写 AWC；当该费用由航空公司代理人收取时，填写 AWA。

在中国，每票货物的航空货运单制单费都为 CNY50.00。无论货运单是由航空公司还是航空公司代理人填制，填制时都填写 AWC，表示该票货物是由航空公司来收取航空货运单制单费的。

（2）危险品处理费是指在航空货物运输中对于收运的危险品货物，除了应按危险品规则收运并收取航空运费，还应收取收运危险货物的手续费，该费用称为危险品处理费，填写在货运单的"其他费用"栏。

中国民航的危险品处理费最低为 CNY650.00。

第十一章 国际航空货运单

学习提示

本章主要讲解国际航空货运单的一些基本概念和基础知识。通过本章的学习,熟练掌握国际航空货运单的用途及各栏内容,并能够独立填开货运单。

学习本章时,使用理解记忆法。

第一节 一般规定

一、国际航空货运单的定义及分类

国际航空货运单是托运人或托运人委托承运人填制的,是托运人和承运人之间为在承运人的国际航班上运输货物所订立合同的证据,是托运人和承运人之间订立运输合同的书面证明。

国际航空货运单分为两种形式:一种是预先印制上航空公司标识的承运人货运单;另一种是没有承运人标识的中性货运单。

二、国际航空货运单的作用

(1) 是托运人将货物交给承运人的凭证。

(2) 是承运人将货物交给收货人的凭证。

(3) 是承运人收取货物运费的凭证。

(4) 是向海关申报的证明。

(5) 是货物保险的凭证(如果承运人是根据托运人的要求提供此项保险的)。

(6) 在货物运输的过程中,是承运人对货物进行操作、处理的依据。

三、国际航空货运单的有效期

国际航空货运单填开后,经托运人和承运人签字后生效。国际航空货运单运至目的站,收货人提取货物并在国际航空货运单的交付联上签收后,国际航空货运单作为运输凭证,其有效期即告结束。

四、国际航空货运单各联的用途

国际航空货运单一式12联,其中正本3联,副本9联。3联正本具有同等法律效力。

(1) 第一联,正本,为托运人联。作为托运人支付货物运费,并将货物交承运人运输的凭证。该联背面印有承运人的契约条件。

(2) 第二联,正本,制单承运人联。作为承运人收取货物运费的凭证,该联背面印有承运人的契约条件。

(3) 第三联,副本,代理人联。作为代理人留存备查之用。

(4) 第四联,正本,收货人联。随货物运至目的站,承运人交付货物时,将此联交收货人。该联背面印有承运人的契约条件。

(5) 第五联，副本，最后承运人联。随货物运至目的站，收货人在上面签字后，作为交付货物的收据和完成运输的证明由承运人留存。

(6) 第六联，副本，目的站机场联。作为目的站机场留存备查之用。

(7) 第七联，副本，第三承运人联。作为结算凭证。

(8) 第八联，副本，第二承运人联。作为结算凭证。

(9) 第九联，副本，第一承运人联。作为结算凭证。

(10) 第十联、第十一联、第十二联，额外副本。

第二节　国际航空货运单的填制

一、国际航空货运单的填制要求

(1) 国际航空货运单应当由托运人填写，连同货物交给承运人。如果承运人依据托运人提供的托运书填制国际航空货运单并经托运人复核签字，那么该国际航空货运单应当视为代托运人填写。

(2) 国际航空货运单上的各项内容应填写完整，不得任意简化或省略。托运人应当对国际航空货运单上各项内容的真实性与准确性负责。

(3) 国际航空货运单应使用电脑或英文打字机填制。

(4) 国际航空货运单不得转让。国际航空货运单上注明的"NOT NEGOTIABLE"字样不得随意删除或更改。

(5) 下列情况，托运人应该分别填写国际航空货运单：

① 运输条件不同的货物；
② 性质相互抵触的货物；
③ 目的站不同的货物；
④ 不同收货人的货物。

二、国际航空货运单各栏的内容

国际航空货运单如表11.1所示。

(1) 填写始发站机场的 IATA 三字代码。如果没有机场的三字代码，可以填写机场所在城市的三字代码。

(1A) 承运人的票证代号。如国航的票证代号是999；南航的票证代号是784；东航的票证代号是781；汉莎航空公司的票证代号是020（航空公司的票证代号可以在 TACT RULES 的1.4章节查阅）。

(1B) 国际航空货运单号码由8位数字组成，前7位为顺序号，第8位为检查号。检查号是前7位数字除以7的余数。

(1C) 制单承运人的名称和地址。对于预先印制上航空公司标识的承运人货运单，此栏无须填写；如果是中性货运单，即没有预先印制承运人的名称和地址，那么应在此处填写制单承运人的名称和地址。

(1D) 国际航空货运单正本的说明栏不用填写。

(1E) 契约条件一般无须填写，除非制单承运人要求填写。

表 11.1 国际航空货运单

（2）Shipper's Name and Address（托运人姓名和地址）。填写托运人的名称、地址、电话号码和邮政编码。个人交运货物的托运人姓名要与其有效身份证件相符，地址要详细，邮政编码和电话号码要清楚准确。

（3）Shipper's Account Number（托运人账号）。根据承运人的需要，填写托运人账号。

（4）Consignee's Name and Address（收货人姓名及地址）。填写收货人的名称、地址、电话号码和邮政编码。地址要详细，邮政编码和电话号码要清楚准确。

托运的货物为无人押运的行李时，应填写收货人的非临时性地址。

因为国际航空货运单不能转让，所以此栏内不可填写"to order"或"to order of"字样。

（5）Consignee's Account Number（收货人账号）。除非制单承运人要求填写，一般无须填写。

（6）Issuing Carrier's Agent Name and City（制单代理人名称和城市）。填写制单代理人的名称及其所在的城市。

（7）Agent's IATA Code（代理人的 IATA 代号）。在未启用 CASS 的地区，应填写 IATA 七位数字的代号；在已启用 CASS 的地区，还应填写三位数字的地址代码及检查号。

（8）Account No.（代理人账号）。根据承运人的需要填写代理人账号。

（9）Airport of Departure (Addr. Of First Carrier) and Requested Routing（始发站机场和航线要求）。填写货物始发站机场的全称（第一承运人的地址）和托运人所要求的航线。

（10）Accounting Information（结算注意事项）：

① 填写货物的付款方式，如现金或支票等；

② 杂费证只能支付作为货物运输的行李所产生的费用，如果使用杂费证付款，那么应填写杂费证号码、客票号码及已经确认的航程、航班、日期；

③ 用美国政府提单支付费用时，应填写美国政府提单号码；

④ 因无法交付而退回始发站的货物，在新国际航空货运单的此栏内填写原始国际航空货运单号码；

⑤ 托运人或代理人要求填制的有关代号；

⑥ 使用信用卡付款时，填写信用卡号码。

（11）Routing and Destination（航线和目的站）。

（11A）To（至）。填写目的站或第一中转站机场的 IATA 三字代码。

（11B）By First Carrier（第一承运人）。填写第一承运人的全称或 IATA 两字代码。

（11C）to（至）。填写目的站或第二中转站机场的 IATA 三字代码。

（11D）by。填写第二承运人的全称或 IATA 两字代码。

（11E）to（至）。填写目的站或第三中转站机场的 IATA 三字代码。

（11F）By。填写第三承运人的全称或 IATA 两字代码。

（12）Currency（币种）。填写始发站所在国家的货币的三字代码（由国际标准化组织，即 ISO 规定）。除（33A）～（33D）栏外，国际航空货运单上所有的货物运费均应以此币种表示。

（13）CHGS Code（付款方式）。仅由承运人依据下列情况填写：

① CA，Partial Collect Credit-Partial Prepaid Cash，部分到付使用信用卡-部分预付使用现金。

② CB，Partial Collect Credit-Partial Prepaid Credit，部分到付使用信用卡-部分预付使用信用卡。

③ CC，All Charges Collect，全部货物运费到付。

④ CE，Partial Collect Credit Card-Partial Prepaid Cash，部分到付使用信用卡-部分预付使用现金。

⑤ CG，All Charges Collect by GBL，全部货物运费使用美国政府提单到付。

⑥ CH，Partial Collect Credit Card-Partial Prepaid Credit，部分到付使用信用卡-部分预付使用信用卡。

⑦ CP，Destination Collect Cash，目的站到付使用现金。

⑧ CX，Destination Collect Credit，目的站到付使用信用卡。

⑨ CZ，All Charges Collect by Credit Card，全部货物运费到付使用信用卡。

⑩ NC，No Charge，免费。

⑪ NG，No Weight Charge-Other Charges Prepaid by GBL，航空运费免费，其他费用使用美国政府提单预付。

⑫ NP，No Weight Charge-Other Charges Prepaid Cash，航空运费免费，其他费用预付使用现金。

⑬ NT，No Weight Charge-Other Charges Collect，航空运费免费，其他费用到付。

⑭ NZ，No Weight Charge-Other Charges Prepaid by Credit Card，航空运费免费，其他费用使用信用卡预付。

⑮ PC，Partial Prepaid Cash-Partial Collect Cash，部分预付使用现金-部分到付使用现金。

⑯ PD，Partial Prepaid Credit-Partial Collect Cash，部分预付使用信用卡-部分到付使用现金。

⑰ PF，Partial Prepaid Credit Card-Partial Collect Credit Card，部分预付使用信用卡-部分到付使用信用卡。

⑱ PG，All Charges Prepaid by GBL，全部货物运费使用美国政府提单预付。

⑲ PP，All Charges Prepaid by Cash，全部货物运费使用现金预付。

⑳ PX，All Charges Prepaid by Credit，全部货物运费使用信用卡预付。

（14A）与（14B）WT/VAL（航空运费/声明价值附加费的付款方式）。航空运费和声明价值附加费必须同时全部预付或到付，并在相应的栏目"PPD"（预付）、"COLL"（到付）内填写"PP"或"CC"。

（15A）与（15B）Other（其他费用的付款方式）。（27A）至（28B）栏内的其他费用必须同时全部预付或到付，并在相应的栏目"PPD""COLL"内填写"PP""CC"，或者"X"字样。

（16）Declared Value for Carriage（供运输用声明价值）。填写托运人向承运人申报的货物声明价值。

根据 TACT RULES 3.2 中的规定：当托运人托运的货物，毛重每千克的价值超过 SDR17 时，可以办理货物声明价值。其中 SDR17 是指 17 个特别提款权，其与各国货币的比率可在 RULES 3.2 中查阅。在第 79 期 RULES 中，SDR17 = CNY177。

托运人若未办理货物声明价值，则必须填写"NVD"（No Value Declared）字样。

（17）Declared Value for Customs（供海关用声明价值）。填写托运人向海关申报的声明价值。托运人若未办理此声明价值，则必须填写"NCV"（No Customs Value）字样。

（18）Airport of Destination（目的站机场）。填写货物目的站机场全称，不得简写或使用代码。若有必要，则需填写该机场所属国家、州的名称或城市的全称。

（19A）和（19B）Requested Flight/Date（航班/日期）。填写托运人已经订妥的续程的航班/日期。

（20）Amount of Insurance（保险金额）。若制单承运人提供此项业务，则此栏内填写保险金额，若没有保险，或者制单承运人不提供此项业务，则此栏填写"×××"字样。

（21）Handling Information（操作注意事项）。填写货物在仓储和运输过程中需要注意的事项，如：

① 在运输危险物品时，应填写"Dangerous Goods As Per Attached Shipper's Declaration"或"Dangerous Goods As Per Attached DGD"。若该危险物品只允许货机运输，则应同时填写"Cargo Aircraft Only"（仅限货机）。

② 运输活体动物时，应在此栏填写"Shipper's Certification for Live Animals Attached"。运输带氧气的水生动物时，应注明充氧完成时间和氧气的最低维持时限。

③ 填写除（4）栏外的其他联系人的姓名、地址及联系方式等。

④ 填写随附文件的名称。

⑤ 填写需要加以特殊说明的其他注意事项。这些事项不能超出相关承运人的储运能力。例如，如果一票货物在目的站卸机后需要存储在 -10℃ 的冷库内，那么发运前应查阅 TACT RULES 的第 7.3.2 小节，查看目的站机场有没有冷库设施。如果有，方可在此栏内填写"Keep -10℃ at Destination"。

⑥ 押运货物，要注明客票号和航班号/日期。

（21A）Special Customs Information（SCI，海关特殊信息）。

（22A）No. of Pieces，RCP（件数/运价点）。填写货物的件数，若货物的运价种类不同，则应分别填写，并将总件数填写在（22J）内。当使用比例运价或分段相加的方法组成全程运价和运费时，应将运价组成点（运价点）城市的三字代码填写在货物件数下面。

（22B）Gross Weight（实际毛重）。填写货物的实际重量，使用不同运价计费的货物，应分列重量。

（22C）Kg/lb（重量的计量单位）。填写货物重量的计量单位，用"K"或"l"分别表示"千克"或"磅"。

（22D）Rate Class（运价种类）。填写货物运费和运价种类代号：

M—minimum charge，最低运费。
N—normal rate，普通货物标准运价。
Q—quantity rate，普通货物重量分界点运价。
C—specific commodity rate，指定商品运价。
S—class rate surcharge，附加等级运价。
R—class rate reduction，附减等级运价。
U—unit load device basic charge or rate，集装货物基础运费或运价。
E—unit load device additional rate，集装货物附加运价。
X—unit load device additional Information，集装货物附加信息。
Y—unit load device discount，集装货物折扣。
W—weight increase，增加重量。

(22E) Commodity Item No.（指定商品编号）。应根据下列情况分别填写。

使用指定商品运价时，在（22D）栏中填写"C"，在此栏中填写指定商品代号。

使用等级货物运价时，在（22D）栏中填写"R"表示附减等级运价；填写"S"表示附加等级运价。并在此栏中填写该票货物适用普通货物标准运价的代号及百分比。

例如，一票北京到纽约的贵重物品，已知不是最低运费，且此栏内容为N200，则表示该票货物使用的是附加等级运价，且运价的计价标准为200%的N运价。

(22F) Chargeable Weight（计费重量）。填写与适用的运价相对应的货物的计费重量。

(22G) Rate/Charge（费率/运费）。填写所适用的货物运价或最低运费额。

(22H) Total（总运费额）。填写根据适用货物运价和货物计费重量计算出的航空运费额或最低运费额。

(22I) Nature and Quantity of Goods（货物品名及数量，如尺寸或体积）：

① 填写货物的具体名称。货物品名不得填写表示货物类别的统称，如"电子血压计"不能填写为"仪器"；也不能用"鲜活易腐物品""活体动物"等作为货物品名。

② 如果是危险物品，就按照IATA《危险物品规则》中的相关要求填写。

③ 如果是活体动物，就按照IATA《活体动物规则》中的相关要求填写。

④ 如果是集运货物，就填写"Consolidation as per attached list"或"Consol"，并随附相关清单。

⑤ 填写货物包装件的尺寸（单位：cm）、件数和体积。

⑥ 如果使用集装箱作为挂衣箱运输，就应填写集装箱的识别代码。如果使用集装器运价，就应将货物实际装载件数填写清楚并注明"SLAC"（Shipper's Load And Count）字样。此规定同样适用于托运人或货物代理人自己组装的集装器货物。

⑦ 根据进口国家或中转国家的规定，填写货物的产地。

⑧ 作为货物运输的行李应填写其内容和数量，并随附装箱清单，还应填写"UN-ACCOMPANIED BAGGAGE"（作为货物运输的行李）字样。

(22J) 空白栏。填写（22A）中件数的总和。

(22K) 空白栏。填写（22B）中实际毛重的总和。

(22L) 空白栏。填写（22H）中运费的总和。

(23) Other Charges（其他费用）。填写其他费用的项目名称和金额：

① 在始发站发生的其他费用可以全部预付或全部到付。在中转站或目的站发生的费用可以全部预付或全部到付。未在此栏内列明的其他费用，只能到付，并由目的站承运人填写在（33C）中。

② 其他费用可以用下列代号表示：

AC—animal container，动物容器费。

AS—assembly service fee，集装服务费。

AW—air waybill fee，货运单费。

CD—clearance and handling-destination，目的站办理海关手续和处理费。

CH—clearance and handling-origin，始发站办理海关手续和处理费。

DB—disbursement fee，向收货人收取的代理人代付的费用。

FC—charge collect fee，货物运费到付手续费。

GT—government tax，政府税。

IN—insurance premium，代办保险手续费。

LA—live animal，活体动物处理费。

MA—miscellaneous-due agent，代理人收取的杂项费。

MC—miscellaneous-due carrier，承运人收取的杂项费。

MD 到 MN miscellaneous-due last carrier，最后承运人收取的杂项费。

MO 到 MX miscellaneous-due issuing carrier，制单承运人收取的杂项费。

MY—fuel surcharge，燃油附加费。

PK—packaging，货物包装费。

PU—pick-up，货物提取费。

RA—dangerous goods fee，危险物品处理费。

SD—surface charge-destination，目的站地面运输费。

SO—storage-origin，始发站仓储费。

SR—storage-destination，目的站仓储费。

SU—surface charge-origin，始发站地面运输费。

TR—transit，过境费。

TX—taxes，税款。

UH—ULD-handling，集装设备处理费。

以上仅是部分常用的其他费用的代号，全部费用代号请查阅 TACT RULES 第 6.2 小节。

在相应的其他费用代号后加"C"表示该项费用由承运人收取；加"A"表示该项费用由代理人收取。如"AWC"表示由承运人收取的制单费；"SUA"表示由代理人收取的始发站地面运输费。

目前，在国内填制的国际航空货运单上，通常会产生如下几种其他费用：AWC，由承运人收取的制单费；MYC，由承运人收取的燃油附加费；MSC，由承运人收取的安全附加费，也叫战争保险。

③ 各项其他费用的总额填写在适用的（27A）（27B）（28A）（28B）中。

④ 货物在目的站因无法交付而退回始发站时，应在新填制的国际航空货运单上写

明未向收货人收取的费用总额。

（24A）和（24B）Weight Charge（航空运费）。填写（22H）或（22L）中的航空运费总额，可以预付或到付，根据付款方式分别填写。

（25A）和（25B）Valuation Charge（声明价值附加费）。填写根据规定收取的货物声明价值附加费，可以预付或到付，根据付款方式分别填写。

托运人办理了声明价值，按照规定向承运人支付声明价值附加费。国际货物的声明价值附加费的计算公式为：

$$声明价值附加费 = [货物声明价值 - (实际毛重 \times SDR17/KG)] \times 0.75\%$$

（26A）和（26B）Tax（税款）。填写按规定收取的税款额，可以预付或到付，根据付款方式分别填写，但必须同（24A）和（25A）或（24B）和（25B）同时全部预付或同时全部到付。

（27A）与（27B）Total Other Charges Due Agent（代理人收取的其他费用总额）。填写代理人收取的其他费用总额，可以预付或到付，根据付款方式分别填写。

（28A）与（28B）Total Other Charges Due Carrier（承运人收取的其他费用总额）。填写承运人收取的其他费用总额，可以预付或到付，根据付款方式分别填写。

（29A）与（29B）根据制单承运人的要求，填写应收取的有关费用，可以预付或到付，根据付款方式分别填写。

（30A）Total Prepaid（全部预付货物费用的总额）。（24A）（25A）（26A）（27A）（28A）（29A）合计的预付货物运费的总额。

（30B）Total Collect（全部预付货物费用的总额）。（24B）（25B）（26B）（27B）（28B）（29B）合计的到付货物运费的总额。

（31）Signature of Shipper or his Agent（托运人或其代理人签字或盖章）。由托运人或其代理人签字或盖章。

（32A）Executed on（Date）（制单日期）。填写国际航空货运单的填开日期，年、月、日。

（32B）at（Place）（制单地点）。填写国际航空货运单的填开地点。

（32C）Signature of Issuing or its Agent（制单承运人或其代理人签字或盖章）。由填制国际航空货运单的承运人或其代理人签字或盖章。

（33）For Carrier's use Only at Destination（仅限在目的站由承运人填写）。

（33A）Currency Conversion Rates（汇率）。填写目的站所在国家的币种和汇率。

（33B）CC Charges in Dest. Currency（到付货物运费）。填写根据（33A）中的汇率将（30B）中的到付货物运费换算成的金额。

（33C）Charges at Destination（目的站其他费用）。填写在目的站发生的货物运费。

（33D）Total Collect Charges. 填写（33B）和（33C）的合计金额。

三、国际航空货运单的修改

（1）当国际航空货运单在内容填写出现错误需要修改时，应将错误处划去，并在旁边空白处填写正确的内容，同时在国际航空货运单各联的修改处加盖修改人的戳印。

此种更改应不影响国际航空货运单上的其他内容。

（2）每份国际航空货运单各栏的内容只限修改一次，不得超过三处（相关联的多栏目修改可视为一处，只限一次）。如果发生多处填写错误或填写错误无法更改清楚，就应填开新的国际航空货运单，原国际航空货运单作废。

例1

货物1件，2kg，尺寸为20cm×25cm×30cm，品名：MACHINERY PARTS。

托运人：ACME COMAPANY，No. 102 XILIN STREET，BEIJING CHINA。

TEL：010-12345678。

收货人：FREIGHTTRANS，CHARLES DE GAULLE AIRPORT PARIS，FRANCE。

TEL：0033-2-7654321。

始发站：BEIJING CAPITAL。

目的站：PARIS CHARLES DE GAULLE AIRPORT。

航班信息：CA933/28JUN BJS—PAR。

全部费用预付，声明价值为RMB 10000.00，没有保险。

已知发生的其他费用为：制单费RMB50.00；燃油附加费RMB25.00；安全附加费RMB40.00。

填制的国际航空货运单如表11.2所示。

例2

货物1件，48kg，尺寸为60cm×80cm×120cm，品名：1 LIVE DOG。

托运人：AIRPORT PET SHOP AEROPORTO SANTOS DUMONT
　　　　　RIO DE JANEIRO BRAZIL。

收货人：ORIENT ANIMAL HOSPITAL NARITA AIROPRT TOKYO JAPAN。

代理人：SPEEDAIR SERVICES RIO INTERNACIONAOL。

代理人IATA代号：57-1 0375。

始发站：GALEAO INTERNACIONAL。

目的站：NARITA。

航班信息：一程为JJ8094/25MAY GIG—MIA；二程为MIA—LAX BY YY；三程为LAX—NRT BY ZZ。

储运注意事项：SHIPPER'S CERTIFICATION FOR LIVE ANIMALS ATTACHED
　　　　　　　DO NOT FEED BUT FRESH WATER TOBE PROVIDED。

全部费用预付，没有声明价值和保险。

已知发生的其他费用为：ACC22.00，SUA105.00。

填制的国际航空货运单如表11.3所示。

表11.2 填制的国际航空货运单（1）

| 999 | BJS | 84027263 | | | | | | 999-84027263 |

Shipper's Name and Address / Shipper's Account Number

ACME COMAPANY, No.102 XILIN STREET, BEIJING CHINA TEL: 010-12345678

NOT NEGOTIABLE

AIR WABILL

ISSUED BY

Copies 1.2 and 3 of this Air Waybill are originals and have the same validity

Consignee's Name and Address / Consignee's Account Number

FREIGHTTRANS, CHARLES DE GAULLE AIRPORT PARIS, FRANCE, TEL: 0033-2-7654321

It is agreed that the goods described herein are accepted in apparent good order and condition (except as noted) for carriage SUBJECT TO THE CONDITIONS OF CONTRACT ON THE REVERSE HEREOF. ALL GOODS MAY BE CARRIED BY ANY OTHER MEANS INCLUDING ROAD OR ANY OTHER CARRIER UNLESS SPECIFIC CONTRARY INSTRUCTIONS ARE GIVEN HEREON BY THE SHIPPER, AND SHIPPER AGREES THAT THE SHIPMENT MAY BE CARRIED VIA INTERMEDIATE STOPPING PLACES WHICH THE CARRIER DEEMS APPROPRIATE. THE SHIPPER'S ATTENTION IS DRAWN TO THE NOTICE CONCERNING CARRIERS' LIMITATION OF LIABILITY. Sipper may increase such limitation of liability by declaring a higher value for carriage and paying a supplemental charge if required.

Issuing Carrier's Agent Name and City

Accounting Information

Agent's IATA Code / Account No.

Airport of Departure (Addr. Of First Carrier) and Requested Routing
BEIJING CAPITAL

Reference Number / **Optional Shipping Information**

To	By First Carrier	Routing and Destination	to	by	to	By	Currency	CHGS Code	WT/VAL PPD / COLL	Other PPD / COLL	Declared Value for Carriage	Declared Value for Customs
CDG	CA						CNY		PP	PP	10000.0	NCV

Airport of Destination / **Requested Flight/Date** / **Amount of Insurance**

CHARLES DE GAULLE AIRPORT   CA933   28JUN   XXX

INSURANCE: If Carrier offers insurance, and such insurance is requested in accordance with the conditions thereof, indicate amount to be insured in figures in box marked 'Amount of Insurance'

Handling Information

SCI

No.of Pieces RCP	Gross Weight	Kg lb	Rate Class / Commodity Item No.	Chargeable Weight	Rate / Charge	Total	Nature and Quantity of Goods (incl. Dimensions or Volume)
1	2.0	K	M	2.5	320.00	320.00	MACHINERY PARTS DIMS 20×25×30CM/1

Prepaid	Weight Charge	Collect	Other Charges
320.00			AWC: 50.00 MYC: 25.00 MSC: 40.00
	Valuation Charge		
72.35			
	Tax		
	Total Other Charges Due Agent		
	Total Other Charges Due Carrier		Shipper certifies that the particulars on the face hereof are correct and that insofar as any part of the consignment contains dangerous goods, such part is properly described by name and is in proper condition for carriage by air according to the applicable Dangerous Goods Regulations
115.00			
			李平
			Signature of Shipper or his Agent
Total Prepaid	Total Collect		
507.35			26JUN2010 BEIJING CAPITAL 张红
Currency Conversion Rates	CC Charges in Dest. Currency		Executed on (Date) at (Place) Signature of issuing Carrier or its Agent
For Carrier's use Only at Destination	Charges at Destination	Total Collect Charges	
			999-84027263

第十一章 国际航空货运单

表11.3 填制的国际航空货运单（2）

957	PVG	12345675					957-12345675

Shipper's Name and Address / **Shipper's Account Number**

AIRPORT PET SHOP AEROPORTO SANTOS DUMONT
RIO DE JANEIRO BRAZIL

NOT NEGOTIABLE
AIR WABILL
ISSUED BY
Copies 1,2 and 3 of this Air Waybill are originals and have the same validity

Consignee's Name and Address / **Consignee's Account Number**

ORIENT ANIMAL HOSPITAL NARITA AIROPRT TOKYO JAPAN

It is agreed that the goods described herein are accepted in apparent good order and condition (except as noted) for carriage SUBJECT TO THE CONDITIONS OF CONTRACT ON THE REVERSE HEREOF. ALL GOODS MAY BE CARRIED BY ANY OTHER MEANS INCLUDING ROAD OR ANY OTHER CARRIER UNLESS SPECIFIC CONTRARY INSTRUCTIONS ARE GIVEN HEREON BY THE SHIPPER, AND SHIPPER AGREES THAT THE SHIPMENT MAY BE CARRIED VIA INTERMEDIATE STOPPING PLACES WHICH THE CARRIER DEEMS APPROPRIATE. THE SHIPPER'S ATTENTION IS DRAWN TO THE NOTICE CONCERNING CARRIERS' LIMITATION OF LIABILITY. Sipper may increase such limitation of liability by declaring a higher value for carriage and paying a supplemental charge if required.

Issuing Carrier's Agent Name and City
SPEEDAIR SERVICES RIO INTERNACIONAOL

Accounting Information

Agent's IATA Code / **Account No.**
57-1 0375

Airport of Departure (Addr. Of First Carrier) and Requested Routing
RIO INTERNACIONAL

Reference Number / **Optional Shipping Information**

To	By First Carrier	Routing and Destination	to	by	to	By	Currency	CHGS Code	WT/VAL PPD COLL	Other PPD COLL	Declared Value for Carriage	Declared Value for Customs
MIA	JJ		LAX	YY	NRT	ZZ	USD		X	X	NVD	NCV

Airport of Destination	Requested Flight/Date		Amount of Insurance	INSURANCE: If Carrier offers insurance and such insurance is requested in accordance with the conditions thereof, indicate amount to be insured in figures in box marked 'Amount of Insurance'
NARITA	JJ8094	25MAY	XXX	

Handling Information
SHIPPER'S CERTIFICATION FOR LIVE ANIMALS ATTACHED
DO NOT FEED BUT FRESH WATER TOBE PROVIDED

SCI

No.of Pieces RCP	Gross Weight	Kg lb	Rate Class / Commodity Item No.	Chargeable Weight	Rate / Charge	Total	Nature and Quantity of Goods (incl. Dimensions or Volume)
1	48.0	K	S N150	96.0	22.2	2131.20	1 LIVE DOG DIMS 60×80×120CM×1

Prepaid	Weight Charge	Collect	Other Charges
2131.20			ACC: 22.00 SUA: 105.00

	Valuation Charge		

	Tax		

	Total Other Charges Due Agent		Shipper certifies that the particulars on the face hereof are correct and that insofar as any part of the consignment contains dangerous goods, such part is properly described by name and is in proper condition for carriage by air according to the applicable Dangerous Goods Regulations
105.00			

	Total Other Charges Due Carrier		
22.00			AIRPORT PET SHOP
			Signature of Shipper or his Agent

Total Prepaid	Total Collect		
2258.20			24 MAY 2010 RIO INTERNACIONAL SPEEDAIR SERVICES
Currency Conversion Rates	CC Charges in Dest. Currency		Executed on (Date) at (Place) Signature of issuing Carrier or its Agent

For Carrier's use Only at Destination	Charges at Destination	Total Collect Charges	
			957-12345675

例3

托运人分开申报下列物品：

Commodity	G/W kg	PCS&DIMS
Cotton cloth	450	15（50×50×50）cm
Handicraft	900	20（50×50×40）cm
Magazines	500	50（30×30×30）cm
Total	1850	

托运人：ICE STAR INTERNATIONAL COMPANY 10 STREET SHANGHAI CHINA。TEL：020-84456125。

收货人：QUICK SERVICES INC. 2356＃，10 AVENUE，TOKYO JAPAN。

始发站：SHANGHAI PUDONG INTERNATIONAL APT。

目的站：NARITA。

航班信息：JL796/20APR PVG-NRT。

全部费用预付，没有声明价值和保险。

已知发生的其他费用为：制单费 RMB50.00；燃油附加费 RMB7400.00；安全附加费 RMB2280.00。

填制的国际航空货运单如表11.4所示。

自我检测

1. 填空题

（1）国际航空货运单填开后，经＿＿＿＿＿＿＿和＿＿＿＿＿＿签字后生效。国际航空货运单运至目的站，＿＿＿＿＿＿＿提取货物并在国际航空货运单的交付联上签收后，国际航空货运单作为运输凭证，其有效期即宣告结束。

（2）国际航空货运单一式＿＿＿＿联，其中正本＿＿＿＿联，副本＿＿＿＿联。三联正本具有同等法律效力。

2. 判断对错题

（1）国际航空货运单是由承运人填制的，是托运人和承运人之间订立运输合同的书面证明。（　　）

（2）托运人未办理货物的声明价值，必须在国际航空货运单"Declared Value for Carriage"一栏填写"NVD"字样。（　　）

（3）航空运费和声明价值附加费必须同时全部预付或到付。（　　）

（4）每份国际航空货运单各栏的内容只限修改两次，不得超过三处。（　　）

3. 选择填空题（可选择一个或多个选项）

（1）在相应的其他费用代号后加"（　　）"，表示该项费用由承运人收取；加"（　　）"，表示该项费用由代理人收取。

A. A C　　　B. A B　　　C. B A　　　D. C A

（2）下列哪些情况下，托运人应该分别填写国际航空货运单。（　　）

A. 运输条件不同的货物　　　B. 性质相互抵触的货物

表 11.4 填制的国际航空货运单（3）

131	PVG	12345675									131-12345675

Shipper's Name and Address | Shipper's Account Number

ICE STAR INTERNATIONAL COMPANY 10 STREET SHANGHAI CHINA
TEL: 020-84456125

NOT NEGOTIABLE

AIR WABILL

ISSUED BY

Copies 1.2 and 3 of this Air Waybill are originals and have the same validity

Consignee's Name and Address | Consignee's Account Number

QUICK SERVICES INC. 2356 #, 10 AVENUE, TOKYO JAPAN

It is agreed that the goods described herein are accepted in apparent good order and condition (except as noted)for carriage SUBJECT TO THE CONDITIONS OF CONTRACT ON THE REVERSE HEREOF. ALL GOODS MAY BE CARRIED BY ANY OTHER MEANS INCLUDING ROAD OR ANY OTHER CARRIER UNLESS SPECIFIC CONTRARY INSTRUCTIONS ARE GIVEN HEREON BY THE SHIPPER, AND SHIPPER AGREES THAT THE SHIPMENT MAY BE CARRIED VIA INTERMEDIATE STOPPING PLACES WHICH THE CARRIER DEEMS APPROPRIATE. THE SHIPPER'S ATTENTION IS DRAWN TO THE NOTICE CONCERNING CARRIERS' LIMITATION OF LIABILITY. Sipper may increase such limitation of liability by declaring a higher value for carriage and paying a supplemental charge if required.

Issuing Carrier's Agent Name and City | Accounting Information

Agent's IATA Code | Account No.

Airport of Departure (Addr. Of First Carrier) and Requested Routing | Reference Number | Optional Shipping Information
SHANGHAI PUDONG INTERNATIONAL AIRPORT

To	By First Carrier	Routing and Destination	to	by	to	By	Currency	CHGS Code	WT/VAL PPD COLL	Other PPD COLL	Declared Value for Carriage	Declared Value for Customs
NRT	JL						CNY		PP	PP	NVD	NCV

Airport of Destination | Requested Flight/Date | Amount of Insurance | INSURANCE: If Carrier offers insurance ,and such insurance is requested in accordance with the conditions thereof, indicate amount to be insured in figures in box marked 'Amount of Insurance'

NARITA | JL131 20APR | XXX

Handling Information

SCI

No.of Pieces RCP	Gross Weight	Kg lb	Rate Class / Commodity Item No.	Chargeable Weight	Rate / Charge	Total	Nature and Quantity of Goods (incl. Dimensions or Volume)
15	450.0	K	C 2195	500.0	18.80	9400.00	Cotton cloth
20	900.0		Q N50	900.0	22.71	20439.00	Handicrafts
50	500.0		R	500.0	15.11	7555.00	Magazines
							Dims: 50×50×50cm/15
							50×50×40cm/20
							30×30×30cm/50
85	1850.0					37394.00	

Prepaid | Weight Charge | Collect | Other Charges
37394.00 | | | AWC: 50.00   MYC: 7400.00   MSC: 2280.0

Valuation Charge

Tax

Total Other Charges Due Agent

Total Other Charges Due Carrier
9730.00

Shipper certifies that the particulars on the face hereof are correct and that insofar as any part of the consignment contains dangerous goods, such part is properly described by name and is in proper condition for carriage by air according to the applicable Dangerous Goods Regulations

王力
Signature of Shipper or his Agent

Total Prepaid | Total Collect
47124.00 |

Currency Conversion Rates | CC Charges in Dest. Currency | 19 APR 2010   SHANGHAI PUDONG   刘建

Executed on (Date)   at (Place)   Signature of issuing Carrier or its Agent

For Carrier's use Only at Destination | Charges at Destination | Total Collect Charges

131-12345675

C. 目的站不同的货物　　　　　　D. 不同收货人的货物

4. 简答题

请简述国际航空货运单的作用。

5. 填制国际航空货运单

货物20件，550kg，尺寸为60cm×60cm×40cm，品名：Yarn。

托运人：NEW CONTINENT COMPANY, XIAOYUNSTREET, BEIJING CHINA。

TEL：010-64582288。

收货人：SPORTS IMPRTERS, 11 STREET FUKUOKA, JAPAN。

始发站：BEIJING CAPITAL。

目的站：FUKUOKA。

航班信息：MU535/10JUL BJS-FUK。

全部费用预付，没有声明价值和保险。

已知发生的其他费用为：制单费 RMB50.00；燃油附加费 RMB2200.00；安全附加费 RMB660.00。

（BJS—FUK　CNY　M　230.00，N　37.15，45　28.13，200　20.67，500　18.80）

第十二章 民航货运业务电报

学习提示

本章主要讲解民航货运业务电报的一些基本概念和基础知识。通过本章的学习，掌握有关货运业务电报的拍发、接收、查询；掌握货物不正常运输查询电报的处理。

学习本章时，使用联想记忆法。

第一节 基础知识

一、电报的等级

SS：第一等级，遇险报。
DD：第二等级，特级报。
FF：第三等级，加急报。
QU：第四等级，急报。
Q*：第五等级，快报。
*：除 S、U、D 外的其他任何字母。
QD：第六等级，平报（常用）。

二、注意事项

（1）使用标准格式。
（2）标题简洁。
（3）发送者及地址明确。
（4）使用英语和标准缩写。

三、电报的构成

1. 电报编号

电报编号由 6 位数字组成，以发报的日、时、分的数字表示。其后可加月份和经办人姓名的大写字母或其代号，例如，120930/MAR/L。

2. 电报地址

电报地址通常由 7 个大写字母组成，用来表示发报者和收报者的身份。前 3 个字母表示空港/城市代码；中间两个字母表示发报者/收报者的职能部门；最后两个字母表示所属航空公司的代码，例如，HAKFDHU。

3. 电报名

电报名是用来定义电报内容的三字代码，总是出现在整则电报的开头，如 FFR 表示订舱报、FFA 表示订舱回复报。

4. 电报正文

按照电报名所定义的内容和固定格式进行组织，通常是由"/"隔开的信息元素组成，内容相关的信息元素通常写在同一行。

5. 常用电报简语

ADV—通知，告知　　CHK—检查　　FWD—运往　　LD—装载

STP—句号（不译）　　PLS—请　　STN（S）—航站　　PC/PCS—件数

OSI—特注　　　　　　RMK—备注　　CARGO—货物　　AWB—货运单

PLS CHK N FWD STP—请检查并运往

ALL STNS CHK N ADV STP—所有航站检查并告知

CLOTHING—服装　　SPARE PARTS—配件　　TV SETS—电视机

第二节　吨位管理电报

吨位管理电报分为两类：预订吨位电报（FFR）和吨位答复电报（FFA）。

一、吨位管理电报简码

UC：不同意所申请的航班吨位。

HN：告知所申请的吨位已在处理中。

UU：所申请的吨位不能留，仅列入候补。

KL：所申请的吨位由候补改为同意。

UN：所申请的航班取消。

二、预订吨位电报举例和吨位答复电报举例

1. 申请电报

FFR

880-12345678/CANURC/T15K260/CLOTHES

HU7458/18MAR/CANPEK/NN　　　表示申请，需要。

HU7898/19MAR/PEKURC/NA　　　表示申请，若不能满足，则可申请其他航班。

OSI/DIMS35/50/65CM EACH　　　表示其他参考情况。

REF/CANFDHU　　　　　　　　　表示回电的地址。

2. 更改申请电报

FFR

880-12345678/CANURC/T15K260/CLOTHES

HU7458/18MAR/CANPEK/XX　　　表示取消已订妥的航班。

CA1304/18MAR/CANPEK/NN　　　表示申请。

OSI/DIMS35/50/65CM EACH　　　表示其他参考情况。

REF/CANFDHU　　　　　　　　　表示回电的地址。

3. 同意申请

FFA

880-12345678/CANURC/T15K260/CLOTHES

HU7458/18MAR/CANPEK/KK　　　表示订妥。
HU7898/19MAR/PEKURC/KK　　　表示订妥。
OSR/HU ADNO　　　　　　　　表示特别服务项目。

例　申请8月5日广州到曼谷海航航班上的吨位，货运单号码为880-12345687，20件，450kg，电子配件。电报表示如下：
QD CANFDHU
. HAKFDHU 091212 ZZ
FFR
880-12345687 CANBKK/T20K450/ Electronic Equipment
HU797/05AUG/CANBKK/NN
REF/HAKFDHU

自我检测

已申请8月15日广州至香港航班的吨位，货运单号码为78451236，1件，1kg，pearls。电报表示如下，请拍发吨位答复电报。
QD CANFDCA
. HAKFDHU 091212 ZZ
FFA
78451236 CANHKG/T1K1/ PEARLS/VAL
CA123/15AUG/CANHKG/KK
SSR/CA KK FEED FRESH AIR NWETER ON ARR
REF/HAKFDHU

第三节　特种货物装载电报

一、一般规定

若航班载运了特种货物，则应在航班起飞后30分钟内向相应的目的站拍发特种货物装载电报。

二、特种货物电报的填写

电文部分的识别代码：填写"SPL CGL ADV"，即 SPECIAL CARGO ADVICE，表示该电报为特种货物装载电报。

三、特种货物代码

代码	含义	代码	含义
AOG	紧急航材	MED	医疗用品
AVI	活体动物	NPM	报纸、纸型
BIG	超大货物	PER	鲜活易腐物品
FRZ	冷冻货物	RRW	一级放射物质
HEA	超重货物	RRY	二级、三级放射物
HEG	种蛋	RART	危险品

| HUM | 尸体 | URG | 紧急货物 |
| ICE | 干冰 | VAL | 贵重物品 |

四、格式

货运单号码/起、终点城市/件数重量/货物品名/性质代码/航班号/日期/特殊要求/其他信息。

例 8月15日，HU7180航班由三亚至北京，有一条狗，重25kg，货运单号码为880-12345678，装载4舱。电报表示如下：

QD PEKFDHU

. SYXFD8X 151614

HU7180/SYXPEK/15AUG/CN88. -12345678/T1K25

SYX-PEK/DOG/AVI

OSI：LOAD IN H4

PLS CHK N TKS

自我检测

9月11日，KE745航班由海口至首尔，有2件贵重物品（有价证券），重6kg，货运单号码为45678214，装载1舱。电报表示如下，请拍发答复电报。

QD ICNFDKE

HAKFDHU 111615

KE745/HAKICN/11SEP/CN12345678/T2K6

HAKICN/ valuable paper /VAL

OSI：LOAD IN H1

PLS CHK N TKS

第四节 查询电报

一、标准电报识别代号

代号	英文译名	中文译名
FAD	Advice of Discrepancy	差错通知
FFM	Airline Flight Manifest	货物舱单
FMX	Cancellation If Embargo	停止受理货物通知的取消
FMC	Change Correction Acknowledgement	停止受理货物通知的更改
FCA	Charges Correction Request	费用更改证实
FCC	Changes Correction Request	费用更改
FCM	Customs Flight Manifest	货物报关舱单
FDA	Discrepancy Answer	对差错的答复

代号	英文译名	中文译名
FBL	Freight Booked List	订妥吨位货物清单（备载通知）
FWB	Freight Waybill	货运单
FRP	Irregularity Report	不正常情况报告（无法交付货物报告）
FMB	Notification of Embargo	停止受理货物通知
FFA	Space Allocation Answer	对预订吨位的答复
FUA	Space Allocation Answer—ULD	预订ULD吨位的答复
FFC	Space Allocation Change	吨位预订的更改
FFR	Space Allocation Request—AWB	AWB吨位申请
FUR	Space Allocation Request—ULD	ULD吨位申请
FSA	Status Answer	情况答复
FSR	Status Request	情况查询

二、出港货物的查询电报

提供货物的情况，对此票如下货物的出港情况进行查询：

057-12345675CDGLAX/T10K500/BOOKS

AF099/20MAR/CDGJFK

AA1234/22MAR/JFKLAX

OSI/CONSIGNEE IS LOOKING FOR THE TENTH PIECE

三、到港货物的查询电报

对到港货物的丢失（MSCA）、无货运单（MSAW）、破损（DMG）等情况向始发站进行查询（参见不正常运输处理电报）。

第五节 货物不正常运输处理电报

一、概述

常见的货物不正常运输处理电报种类分为如下6种。

（1）少收货物。指卸机站未收到或未收齐货邮舱单上列明的货物。

（2）多收货物。指卸机站收到货邮舱单上未列明的货物或货物件数多于货邮舱单或货运单上列明的件数。

（3）漏装货物。指航班起飞后，装机站发现货邮舱单上全部或部分货物未装机，但货运单已随飞机带走。

（4）漏卸货物。指卸机站未按照货邮航单卸下该站应卸下的货物。

（5）货物破损。货物的外包装变形或破裂，致使包装内的货物受损。

（6）临时拉货。由于某种原因，临时从航班上部分或全部卸下货物。

二、货物破损（DMG）

QD PVGFDCZ
. SYXFD8X 020807
. 02MAR CZ6755 FLT/PVGSYX
CN34620681 15PCS/255KG DMG 3PCS
CN34621683 18PCS/358KG WET 2PCS
PLS CHK N ADV STP
TKS

三、拉货（OFLD）

QD PEKFD8X
. SYXFD8X 022104
02MAR/CZ6713/CN34621473 T2/K48
OFLD ALL
PLS CHK N TKS

四、有货无单（MSAW）

QD SHAFD8X PVGFD8X
. HAKFDHU 050658
HU7041/PVGSYX/04MAR/CN30966832 1PC/16KG
MSAW
OSI/PLS CHK N ADV

五、有单无货（MSCA）

QD CANFEHU
. SYXFD8X 050658
HU7501/PVGSYX/04MAR/CN30966832 1PC/16KG
MSAW
OSI/PLS CHK N ADV

附录 A 机场三字代码

三字代码	城市名称	机场名称	所属省市	三字代码	城市名称	机场名称	所属省市
AKA	安康市	五里铺机场	陕西	CTU	成都市	双流国际机场	四川
AKU	阿克苏市	温宿机场	新疆	CZX	常州市	奔牛机场	湖南
AQG	安庆市	大龙山机场	安徽	DAT	大同市	怀仁机场	山西
AYN	安阳市	安阳机场	河南	DAX	达州市	河市机场	四川
BAV	包头市	海兰泡机场	内蒙古	DDG	丹东市	浪头机场	辽宁
BHY	北海市	福成机场	广西	DIG	香格里拉	迪庆机场	云南
BPX	昌都市	昌都马草机场	西藏	DLC	大连市	周水子国际机场	辽宁
BSD	保山市	保山机场	云南	DLU	大理市	大理机场	云南
CAN	广州市	白云国际机场	广东	DNH	敦煌市	敦煌机场	甘肃
CGD	常德市	桃花机场	湖南	DOY	东营市	东营机场	山东
CGO	郑州市	新郑国际机场	河南	DYG	张家界市	荷花机场	湖南
CGQ	长春市	大房身机场	吉林	ENH	恩施市	许家坪机场	湖北
CHG	朝阳市	朝阳机场	辽宁	ENY	延安市	二十里铺机场	陕西
CHW	酒泉市	酒泉机场	甘肃	FIG	阜阳市	西关机场	安徽
CIF	赤峰市	土城子机场	内蒙古	FOC	福州市	长乐国际机场	福建
CIH	长治市	王村机场	山西	FYN	富蕴市	可可托海机场	新疆
CKG	重庆市	江北国际机场	重庆	GHN	广汉市	广汉机场	四川
CNI	长海市	大长山岛机场	辽宁	GOQ	格尔木市	格尔木机场	青海
CSX	长沙市	黄花国际机场	湖南	HAK	海口市	美兰国际机场	海南
HEK	黑河市	黑河机场	四川	JIL	吉林市	二台子机场	吉林
HET	呼和浩特市	白塔机场	湖南	JIU	九江市	庐山机场	江西
HFE	合肥市	骆岗机场	山西	JJN	泉州市	晋江机场	福建
HGH	杭州市	萧山国际机场	四川	JMU	佳木斯市	东郊机场	黑龙江
HJJ	怀化市	芷江机场	辽宁	JNZ	锦州市	小岭子机场	辽宁
HLD	呼伦贝尔市	东山国际机场	云南	JUZ	衢州市	衢州机场	浙江
HLH	乌兰浩特市	乌兰浩特机场	辽宁	JZH	九寨沟	黄龙机场	四川
HMI	哈密市	哈密机场	云南	KCA	库车市	库车机场	新疆
HNY	衡阳市	衡阳机场	甘肃	KHG	喀什市	喀什机场	新疆
HRB	哈尔滨市	阎家岗国际机场	山东	KHN	南昌市	昌北机场	江西

(续表)

三字代码	城市名称	机场名称	所属省市	三字代码	城市名称	机场名称	所属省市
HSN	舟山市	普陀山机场	湖南	KMG	昆明市	巫家坝国际机场	云南
HTN	和田市	和田机场	湖北	KOW	赣州市	黄金机场	江西
HYN	黄岩市	路桥机场	陕西	KRL	库尔勒市	库尔勒机场	新疆
HZG	汉中市	西关机场	安徽	KRY	克拉玛依市	克拉玛依机场	新疆
INC	银川市	河东机场	福建	KWE	贵阳市	龙洞堡机场	贵州
IQM	且末市	且末机场	新疆	KWL	桂林市	两江国际机场	广西
IQN	庆阳市	西峰镇机场	四川	LCX	连城市	连城机场	福建
JDZ	景德镇市	罗家机场	青海	LHW	兰州市	中川机场	甘肃
JGN	嘉峪关市	嘉峪关机场	海南	LJG	丽江市	丽江机场	云南
JGS	井冈山市	井冈山机场	黑龙江	LNJ	临沧市	临沧机场	云南
JHG	西双版纳市	景洪机场	内蒙古	LUM	德宏州	芒市机场	云南
LXA	拉萨市	贡嘎机场	西藏	SHE	沈阳市	桃仙机场	辽宁
LYA	洛阳市	北郊机场	河南	SHP	山海关市	秦皇岛机场	河北
LYG	连云港市	白塔埠机场	江苏	SHS	荆州市	沙市机场	湖北
LYI	临沂市	临沂机场	山东	SJW	石家庄市	正定机场	河北
LZH	柳州市	白莲机场	广西	SWA	汕头市	外砂机场	广东
LZO	泸州市	蓝田机场	四川	SYM	普洱市	思茅机场	云南
MDG	牡丹江市	海浪机场	黑龙江	SYX	三亚市	凤凰国际机场	海南
MIG	绵阳市	南郊机场	四川	SZX	深圳市	宝安国际机场	广东
MXZ	梅州市	梅县机场	广东	TAO	青岛市	流亭国际机场	山东
NAO	南充市	高坪机场	四川	TCG	塔城市	塔城机场	新疆
NAY	北京市	南苑机场	北京	TEN	铜仁市	大兴机场	贵州
NDG	齐齐哈尔市	三家子机场	黑龙江	TGO	通辽市	通辽机场	内蒙古
NGB	宁波市	栎社机场	浙江	TNA	济南市	遥墙国际机场	山东
NKG	南京市	禄口国际机场	江苏	TNH	通化市	通化机场	吉林
NNG	南宁市	吴圩国际机场	广西	TSN	天津市	滨海国际机场	天津
NNY	南阳市	姜营机场	河南	TXN	黄山市	屯溪机场	安徽
NTG	南通市	兴东机场	江苏	TYN	太原市	武宿机场	山西
PEK	北京市	首都国际机场	北京	URC	乌鲁木齐市	地窝铺国际机场	新疆
PVG	上海市	浦东国际机场	上海	UYN	榆林市	西沙机场	陕西
PZI	攀枝花	攀枝花机场	四川	WEF	潍坊市	文登机场	山东
SHA	上海市	虹桥机场	上海	WEH	威海市	大水泊国际机场	山东
WNZ	温州市	永强机场	广东	XUZ	徐州市	观音机场	江苏

附录 A　机场三字代码

(续表)

三字代码	城市名称	机场名称	所属省市	三字代码	城市名称	机场名称	所属省市
WUA	乌海市	乌海机场	内蒙古	YBP	宜宾市	莱坝机场	四川
WUH	武汉市	天河国际机场	湖北	YHZ	盐城市	盐城机场	江苏
WUS	武夷山市	武夷山机场	福建	YIH	宜昌市	三峡机场	湖北
WUX	无锡市	无锡机场	江苏	YIN	伊宁市	伊宁机场	新疆
WUZ	梧州市	长洲岛民用机场	广西	YIW	义乌市	义乌机场	浙江
WXN	重庆市	万县机场	四川	YNJ	延吉市	朝阳川机场	吉林
XFN	襄阳市	刘集机场	湖北	YNT	烟台市	莱山机场	山东
XIC	西昌市	青山机场	四川	ZAT	昭通市	昭通机场	云南
XIL	锡林浩特市	锡林浩特	内蒙古	ZHA	湛江市	湛江机场	广东
XIY	西安市	咸阳国际机场	陕西	ZUH	珠海市	三灶机场	广东
XMN	厦门市	高崎国际机场	广东	ZYI	遵义市	遵义机场	贵州
XNN	西宁市	曹家堡机场	青海				

附录 B 航空公司代码

航空公司	二字代码	票证代号	航空公司	二字代码	票证代号
中国国际航空	CA	999	中国南方航空	CZ	784
东方航空	MU	781	上海航空	FM	774
四川航空	3U	876	成都航空	EU	811
海南航空	HU	880	厦门航空	MF	731
山东航空	SC	324	深圳航空	ZH	479
祥鹏航空	8L	856	奥凯航空	BK	866
华夏航空	G5	987	中国联合航空	KN	822
吉祥航空	HO	018	春秋航空	9C	089
西部航空	PN	847			

附录 C 飞机机型代码

飞 机 型 号	代码	飞 机 型 号	代码
空中客车公司 310 客机	310	波音公司 737-100 客机	731
空中客车公司 A319	319	波音公司 737-200 客机	732
空中客车公司 A320	320	波音公司 737-300 客机	733
空中客车公司 A321	321	波音公司 737-400 客机	734
空中客车公司 A330	330	波音公司 737-500 客机	735
空中客车公司 A330-200	332	波音公司 737-600 客机	736
空中客车公司 A330-300	333	波音公司 737 客机	737
空中客车公司 A340	340	波音公司 737-800 客机	738
空中客车公司 A340-200	342	波音公司 737-900 客机	739
空中客车公司 A340-300	343	波音公司 747-200 混装	74C
空中客车公司 A340-500	345	波音公司 747-300 混装	74D
空中客车公司 A340-600	346	波音公司 747-400 混装	74E
空中客车公司 A380-800F 货机	38F	波音公司 747-100/200/400 货机	74F
空中客车公司 A380-800 客机	380	波音公司 747SP 客机	74L
波音公司 737-200 改良型（客机）	73A	波音公司 747-200/300/400 混装	74M
波音公司 737-300（小翼）客机	73C	波音公司 747SR 客机	74R
波音公司 737（货机）	73F	波音公司 747-100F/200 货机	74X
波音公司 737-700 客机	73G	波音公司 747-400 货机	74Y
波音公司 737-800（小翼）客机	73H	波音公司 747-100 客机	741
波音公司 737-200（混合机）	73M	波音公司 747-200 客机	742
波音公司 737-200/200 改良各系列	73S	波音公司 747-300 客机	743
波音公司 737-700（小翼）客机	73W	波音公司 747-400 客机	744
波音公司 737-200 货机	73X	波音公司 747 客机	747
波音公司 737-300 货机	73Y	波音公司 757 货机	75F
波音公司 777-200 客机	772	波音公司 757-200（小翼）客机	75W
波音公司 777-300 客机	773	波音公司 757-200 客机	752
波音公司 777-200/300 客机	777	波音公司 757-300 客机	753
波音公司 767-300/300ER 客机	763	波音公司 757-200/300 客机	757
波音公司 767-400 客机	764	波音公司 767 货机	76F
波音公司 767-200/300 客机	767	波音公司 767-200/200ER 客机	762

附录 D 主要机型飞机货舱数据

飞机货舱数据				
机型	货舱门	尺寸（高×宽）/cm	收货尺寸/cm	地板承受力/（kg/m²）
A321		190×120	180×110	
A300	散舱	120×90	110×80	732
A340	散舱	120×90	110×80	
B737		120×85	110×75	
B757	前货舱	170×107	160×97	
	后货舱	140×112	130×112	732
B747	主货舱前门	264×249	主货舱 340×305	
	主货舱侧门	340×305	330×295	
	前下货舱	264×168	254×158	
	后下货舱	264×168	254×158	976
	散舱	119×112	109×102	732
B767	前货舱	340×175	330×165	
	后货舱	187×175	177×165	976
	散舱	119×97	109×87	732
B777	前货舱	270×170	260×160	
	后货舱	180×170	170×160	976
	散舱	114×91	104×81	732
B757-200		140×110	130×100	
MD82/80		135×75	125×65	732
MD11	散舱	120×90	110×80	
MD90	前、后货舱门	135×72	125×62	
图-154		135×80	125×70	600
A300-600R	前货舱	270×178	260×168	976
	后货舱	175×170	165×160	976
	散舱	95×95	85×85	732
A310	前货舱	270×169	260×159	976
	后货舱	181×170	171×160	976
	散舱	95×95	85×85	732
A320	前货舱	282×124	272×114	732
	后货舱	182×124	172×112	732
	散舱	95×77	85×67	732

（续表）

飞机货舱数据				
机型	货舱门	尺寸（高×宽）/cm	收货尺寸/cm	地板承受力/（kg/m²）
A340-300/313	前货舱	270×169	260×159	976
	后货舱	270×169	260×159	976
	散舱	95×95	85×85	732
BAE146	前货舱	134×76	124×66	
	后货舱	134×76	124×66	366
YUN-7	前货舱	119×109	109×99	400
B737-200/400	前货舱	121×86	111×76	732
	后货舱	121×88	111×78	
B737-300/500	前货舱	121×86	111×76	
	后货舱	117×88	107×78	732
B737-800	前货舱	122×89	112×79	
	后货舱	122×89	112×79	732

附录 E 主要机型舱门尺寸及超限货物装载表

机 型	舱门尺寸（高×宽）/cm	最大装载量（散货舱容积）
B767-300	前货舱 175×340 后货舱 175×187 散装舱 119×97	4 块 P1P/P6 P 集装板 14 个 DPE 箱 12.0m³（2952kg）
B737-300	前货舱 89×122 后货舱 89×122	12.03m³（2269kg） 18.21m³（3469kg）
B737-400	前货舱 89×122 后货舱 89×122	17.2m³（3306kg） 21.7m³（2269kg）
B737-800	前货舱 89×122 后货舱 89×122	19.0m³（3558kg） 25.0m³（4850kg）
B737-700	前货舱 89×122 后货舱 89×122	10.9m³（2006kg） 26.4m³（3174kg）
A319	前货舱 124×182 后装舱 124×182	8.51m³（2268kg） 19.05m³（4518kg）

附录 F 飞机装载表（以 767-200 为例）

表 1 在前货舱前部装载

Height/inches （高/英寸）	Width/inches （宽/英寸）						
	20	40	60	80	100	120	134
	Length/inches （长/英寸）						
63.5~66.0	254	245	196	152	—	—	—
63.4	260	260	223	180	145	—	—
60.0	260	260	239	193	156	—	—
55.0	260	260	260	209	170	141	—
50.0	260	260	260	220	180	150	—
40.0	260	260	260	220	183	154	—

表 2 在前货舱前舱门后部装载

Height/inches （高/英寸）	Width/inches （宽/英寸）						
	20	40	60	80	100	120	134
	Length/inches （长/英寸）						
63.5~66.0	251	245	196	152	—	—	—
63.4	257	257	223	180	145	—	—
60.0	257	257	239	193	156	—	—
55.0	257	257	257	209	170	141	—
50.0	257	257	257	220	180	150	—
40.0	257	257	257	220	183	154	—

表 3 在后集装箱货舱后舱门前部装载

Height/inches （高/英寸）	Width/inches （宽/英寸）						
	10	20	30	40	50	60	70
	Length/inches （长/英寸）						
63.5~66.0	215	190	168	146	120	100	—
63.4	241	211	188	167	148	130	110
60.0	257	227	200	178	159	140	120
51.1	257	257	228	201	179	157	137
40.0	257	257	239	210	185	162	138
30.0	257	257	239	210	187	167	145
20.0	257	257	239	210	187	168	152
10.0	257	257	239	210	187	171	156

表4 在后货舱门后部至货舱隔离器之间装载

Height/inches（高/英寸）	Width/inches（宽/英寸）						
	10	20	30	40	50	60	70
	Length/inches（长/英寸）						
63.5~66.0	124	124	124	124	120	100	—
63.4	128	128	128	128	128	128	110
60.0	128	128	128	128	128	128	128
51.1	128	128	128	128	128	128	128
40.0	128	128	128	128	128	128	128
30.0	128	128	128	128	128	128	128
20.0	128	128	128	128	128	128	128
10.0	128	128	128	128	128	128	128

表5 在后货舱门后部至散装货舱后壁之间装载

Height/inches（高/英寸）	Width/inches（宽/英寸）						
	10	20	30	40	50	60	70
	Length/inches（长/英寸）						
63.5~66.0	145	145	145	145	120	100	—
63.4	167	167	159	154	147	127	—
60.0	190	173	163	156	152	139	—
51.1	263	205	178	171	167	154	—
40.0	267	250	216	198	183	161	139
30.0	267	267	232	210	190	166	145
20.0	267	267	232	210	190	170	151
10.0	267	267	232	210	190	173	156

表6 从散货舱门至散装货舱之间装载

Height/inches（高/英寸）	Width/inches（宽/英寸）						
	5	10	20	30	35	36	36.6
	Length/inches（长/英寸）						
47.2	119	—	—	—	—	—	—
46.6	119	119	—	—	—	—	—
45.5	119	119	119	—	—	—	—
42.0	119	119	119	119	119	—	—
35.7	119	119	119	119	119	—	—
20.0	119	119	119	119	119	119	—
10.0	119	119	119	119	119	119	—
5.0	119	119	119	119	119	119	119

附录 G　737-800 最大动物装载量

动物种类	单个动物重量/kg	前舱最大动物装载量/kg				后舱最大动物装载量/kg			
		飞行长度/h				飞行长度/h			
		1	2	3	>4	1	2	3	>4
鸡苗	0.05	335	335	335	335	465	465	465	465
鸡	1	225	221	147	110	325	301	201	151
小鸟	0.02	23	22	15	11	33	30	20	15
大鸟	2	300	294	196	147	433	401	268	201
猴	10	450	441	294	221	650	602	401	301
小狗	5	225	221	147	110	325	301	201	151
中狗	15	300	294	196	147	433	401	268	201
大狗	50	500	490	327	245	722	669	446	334
家猫	4	180	176	118	88	260	241	161	120
绵羊	50	500	490	327	245	722	669	446	334
兔子	6	418	418	418	418	582	582	582	582
羊	20	418	418	418	418	582	582	582	582
其他动物（按动物重量）	0.1	30	29	20	15	43	40	27	20
	0.2	45	44	29	22	65	60	40	30
	0.5	64	63	42	32	93	86	57	43
	1	90	88	59	44	130	120	80	60
	2	113	110	74	55	163	151	100	75
	5	150	147	98	74	217	201	134	100
	10	225	221	147	110	325	301	201	151
	20	265	259	173	130	382	354	236	176
	50	409	401	267	201	591	547	365	274
	100	563	551	368	276	813	753	502	376
	200	750	735	490	368	1083	1003	669	502

附录 H 特种货物代码

AOG	紧急航材	MED	医疗用品
AVI	活体动物	NPM	报纸、纸型
BIG	超大货物	PER	鲜活易腐
FRZ	冷冻货物	RRW	一级放射物质
HEA	超重货物	RRY	二级、三级放射物
HEG	种蛋	RART	危险品
HUM	尸体	URG	紧急货物
ICE	干冰	VAL	贵重物品

附录Ⅰ 国内航空货物运价表（乌鲁木齐出发）

航　段	航距/km	最低运费/元	基础运价/（元/kg）	+45/（元/kg）	+100/（元/kg）	+300/（元/kg）
乌鲁木齐—北京	2842	30.00	11.50	9.20	8.10	6.90
乌鲁木齐—西安	2306	30.00	9.80	7.80	6.90	5.90
乌鲁木齐—上海	3649	30.00	13.90	11.10	9.70	8.30
乌鲁木齐—深圳	3900	30.00	14.70	11.80	10.30	8.80
乌鲁木齐—广州	3836	30.00	14.50	11.60	10.20	8.70
乌鲁木齐—海口	4400	30.00	16.10	12.90	11.30	9.70
乌鲁木齐—杭州	3652	30.00	13.90	11.10	9.70	8.30
乌鲁木齐—银川	1725	30.00	7.80	6.20	5.50	4.70
乌鲁木齐—济南	3206	30.00	12.60	10.10	8.80	7.60
乌鲁木齐—兰州	1758	30.00	7.90	6.30	5.50	4.70
乌鲁木齐—厦门	4238	30.00	15.70	12.60	11.00	9.40
乌鲁木齐—烟台	3706	30.00	14.10	11.30	9.90	8.50
乌鲁木齐—成都	2258	30.00	9.60	7.70	6.70	5.80
乌鲁木齐—重庆	2560	30.00	10.60	8.50	7.40	6.40
乌鲁木齐—南京	3412	30.00	13.20	10.60	9.20	7.90
乌鲁木齐—昆明	2920	30.00	11.70	9.40	8.20	7.00
乌鲁木齐—武汉	3061	30.00	12.10	9.70	8.50	7.30
乌鲁木齐—青岛	3420	30.00	13.20	10.60	9.20	7.90
乌鲁木齐—大连	3694	30.00	14.10	11.30	9.90	8.50
乌鲁木齐—天津	3022	30.00	12.00	9.60	8.40	7.20
乌鲁木齐—温州	4073	30.00	15.20	12.20	10.60	9.10
乌鲁木齐—长沙	3261	30.00	12.70	10.20	8.90	7.60
乌鲁木齐—珠海	3951	30.00	14.80	11.80	10.40	8.90
乌鲁木齐—郑州	2747	30.00	11.20	9.00	7.80	6.70
乌鲁木齐—西宁	1518	30.00	7.10	5.70	5.00	4.30
乌鲁木齐—沈阳	3230	30.00	12.70	10.20	8.90	7.60
乌鲁木齐—宁波	4110	30.00	15.30	12.20	10.70	9.20
乌鲁木齐—常州	4117	30.00	15.30	12.20	10.70	9.20
乌鲁木齐—福州	3939	30.00	14.80	11.80	10.40	8.90
乌鲁木齐—桂林	3430	30.00	13.30	10.60	9.30	8.00
乌鲁木齐—洛阳	2629	30.00	10.80	8.60	7.60	6.50

（续表）

航　段	航距/km	最低运费/元	基础运价/(元/kg)	+45/(元/kg)	+100/(元/kg)	+300/(元/kg)
乌鲁木齐—哈尔滨	3852	30.00	14.50	11.60	9.70	8.30
乌鲁木齐—嘉峪关	1057	30.00	5.50	4.40	3.90	3.30
乌鲁木齐—喀什	1311	30.00	6.40	5.10	4.50	3.80
乌鲁木齐—库车	643	30.00	3.90	3.10	2.70	2.30
乌鲁木齐—和田	1341	30.00	6.50	5.20	4.60	3.90
乌鲁木齐—敦煌	847	30.00	4.70	3.80	3.30	2.80
乌鲁木齐—阿勒泰	450	30.00	3.10	2.50	2.20	1.90
乌鲁木齐—阿克苏	857	30.00	4.70	3.80	3.30	2.80
乌鲁木齐—塔城	452	30.00	3.10	2.50	2.20	1.90
乌鲁木齐—且末	773	30.00	4.40	3.50	3.10	2.60
乌鲁木齐—库尔勒	373	30.00	2.80	2.20	2.00	1.70
乌鲁木齐—克拉玛依	289	30.00	2.40	1.90	1.70	1.40

附图 A TACT 货币进位表

5.7. ROUNDING OFF REGULATIONS

5.7.1 CURRENCY TABLE

Country	Currency			Rounding off units	
	Name	Unit	Code	except min. charges	minimum charge
Abu Dhabi	UAE Dirham	100 Fils	AED	0.05	1
Afghanistan	Afghani +	100 Puls	AFN	1	1
Ajman	UAE Dirham	100 Fils	AED	0.05	1
Albania	Lek +	100 Quindarka	ALL	0.10	1
Algeria	Algerian Dinar +	100 Centimes	DZD	0.05	1
Andorra	euro	100 Cents	EUR	0.01	0.01
Angola	Kwanza+	100 Lweis	AOA	0.50	1
Anguilla	East Caribbean Dollar	100 Cents	XCD	0.01	1
Antigua and Barbuda	East Caribbean Dollar	100 Cents	XCD	0.01	1
Argentina [4]	Peso +	100 Centavos	ARS	0.01	1
Armenia	Armenian Dram +	100 Luma	AMD	-	-
Aruba	Aruban Guilder	100 Cents	AWG	0.01	0.05
Australia [3]	Australian Dollar	100 Cents	AUD	0.05	1
Austria	euro	100 Cents	EUR	0.01	0.01
Azerbaijan	Azerbaijanian Manat +	100 Gyapik	AZN	0.1	1
Bahamas	Bahamian Dollar	100 Cents	BSD	0.01	1
Bahrain	Bahraini Dinar	1000 Fils	BHD	0.005	1
Bangladesh	Taka +	100 Paisa	BDT	0.05	1
Barbados	Barbados Dollar +	100 Cents	BBD	0.01	1
Belarus	Belarussian Ruble +	-	BYR	-	-
Belgium	euro	100 Cents	EUR	0.01	0.01
Belize	Belize Dollar +	100 Cents	BZD	0.01	1
Benin	CFA Franc	100 Centimes	XOF	5	100
Bermuda	Bermudian Dollar	100 Cents	BMD	0.01	1
Bhutan	Ngultrum	100 Chetrum	BTN	0.05	1
Bolivia	Boliviano +	100 Centavos	BOB	0.10	1
Bosnia and Herzegovina	Convertible Mark +	100 Pfennig	BAM	0.10	10
Botswana	Pula	100 Thebe	BWP	0.01	1
Brazil [3]	Brazilian Real +	100 Centavos	BRL	0.01	0.01
Brunei Darussalam	Brunei Dollar	100 Sen	BND	0.01	1
Bulgaria	Lev +	100 Stotinki	BGN	0.01	0.01
Burkina Faso	CFA Franc	100 Centimes	XOF	5	100
Burundi	Burundi Franc +	100 Centimes	BIF	0.50	1
Cambodia	Riel +	100 Centimes	KHR	0.10	1
Cameroon	CFA Franc	100 Centimes	XAF	5	100
Canada	Canadian Dollar	100 Cents	CAD	0.01	5
Cape Verde	Cape Verde Escudo +	100 Centavos	CVE	5	5
Cayman Islands	Cayman Isl. Dollar	100 Cents	KYD	0.1	1
Central African Rep.	CFA Franc	100 Centimes	XAF	5	100
Chad	CFA Franc	100 Centimes	XAF	5	100
Chile	Chilean Peso +	100 Centavos	CLP	1	1
China, People's Rep. (excluding Hong Kong SAR and Macao SAR)	Yuan Renminbi +	100 Fen	CNY	0.01	1
Chinese Taipei	New Taiwan Dollar	100 Cents	TWD	1	1
Colombia	Colombian Peso +	100 Centavos	COP	10	10
Comoros	Comoro Franc	100 Centimes	KMF	5	100
Congo (Brazzaville)	CFA Franc	100 Centimes	XAF	5	100
Congo (Kinshasa)	Franc Congolais +	100 Centimes	CDF	0.001	1
Cook Islands	New Zealand Dollar	100 Cents	NZD	0.01	1
Costa Rica	Costa Rican Colon	100 Centavos	CRC	0.05	1
Cote d'Ivoire	CFA Franc	100 Centimes	XOF	5	100
Croatia	Kuna +	100 Lipa	HRK	0.10	10
Cuba	Cuban Peso +	100 Centavos	CUP	0.01	1
Cyprus	euro	100 Cents	EUR	0.01	0.01
Czech Republic	Czech Koruna +	100 Halern	CZK	0.50	1
Denmark [1]	Danish Krone	100 Øre	DKK	0.10	10
Djibouti	Djibouti Franc	100 Centimes	DJF	5	500
Dominica	East Caribbean Dollar	100 Cents	XCD	0.01	1
Dominican Republic	Dominican Peso	100 Centavos	DOP	0.01	1
Dubai	UAE Dirham	100 Fils	AED	0.05	1
Eastern Caribbean	East Caribbean Dollar	100 Cents	XCD	0.01	1
Ecuador	US Dollar	100 Cents	USD	0.01	1
Egypt, Arab Rep. of	Egyptian Pound +	100 Piastres	EGP	0.10	0.10
El Salvador	El Salvador Colon +	100 Centavos	SVC	0.01	1
Equatorial Guinea	CFA Franc	100 Centimes	XAF	5	100
Eritrea	Nakfa +	100 Cents	ERN	0.05	1
Estonia	Kroon +	100 Sents	EEK	0.01	1
Ethiopia	Ethiopian Birr +	100 Cents	ETB	0.05	1
Faeroe Islands	Danish Krone	100 Øre	DKK	0.10	10
Falkland Islands	Falkland Islands Pounds	100 Pence	FKP	0.01	1
Fiji [3]	Fiji Dollar	100 Cents	FJD	0.01	1
Finland	euro	100 Cents	EUR	0.01	0.01
France (Metropolitan)	euro	100 Cents	EUR	0.01	0.01
France Guiana	euro	100 Cents	EUR	0.01	0.01
French Polynesia	CFP Franc	100 Centimes	XPF	0.10	100
French West Indies	euro	100 Cents	EUR	0.01	0.01
Fujairah	UAE Dirham	100 Fils	AED	0.05	1

5.7. ROUNDING OFF REGULATIONS

Country	Currency			Rounding off units	
	Name	Unit	Code	except min. charges	minimum charges
Gabon	CFA Franc	100 Centimes	XAF	5	100
Gambia	Dalasi +	100 Bututs	GMD	0.01	1
Georgia	Lari +	100 Tetri	GEL	0.01	0.01
Germany	euro	100 Cents	EUR	0.01	0.01
Ghana	Ghana Cedi +	100 Pesewas	GHS	0.01	1
Gibraltar [1]	Gibraltar Pound	100 Pence	GIP	0.01	1
Greece	euro	100 Cents	EUR	0.01	0.01
Greenland	Danish Krone	100 Øre	DKK	0.10	10
Grenada	East Caribbean Dollar	100 Cents	XCD	0.01	1
Guadeloupe (including St. Barthelemy and Northen St. Martin	euro	100 Cents	EUR	0.01	0.01
Guam	US Dollar	100 Cents	USD	0.01	1
Guatemala	Quetzal	100 Centavos	GTQ	0.01	1
Guinea	Guinean Franc +	100 Centimes	GNF	100	1
Guinea Bissau	CFA Franc	100 Centimes	XOF	5	100
Guyana	Guyana Dollar+	100 Cents	GYD	0.01	1
Haiti	Gourde	100 Centimes	HTG	0.05	1
Honduras	Lempira	100 Centavos	HNL	0.01	1
Hong Kong (SAR)	Hong Kong Dollar	100 Cents	HKD	0.01	1
Hungary	Forint +	100 Filler	HUF	5	10
Iceland	Iceland Krone	100 Aurar	ISK	0.10	1
India [1]	Indian Rupee +	100 Paise	INR	0.05	1
Indonesia	Rupiah	100 Sen	IDR	5	1
Iran	Iranian Rial +	100 Dinars	IRR	10	100
Iraq	Iraqi Dinar +	1000 Fils	IQD	0.005	0.10
Ireland	euro	100 Cents	EUR	0.01	0.01
Israel [2]	New Israeli Sheqel	100 Agorot	ILS	1	1
Italy	euro	100 Cents	EUR	0.01	0.01
Jamaica	Jamaican Dollar +	100 Cents	JMD	0.01	1
Japan [1]	Yen	-	JPY	1	100
Jordan	Jordanian Dinar	1000 Fils	JOD	0.005	0.10
Kazakhstan	Tenge +	100 Tiyin	KZT	0.01	0.01
Kenya	Kenyan Shilling +	100 Cents	KES	0.50	5
Kiribati [3]	Australian Dollar	100 Cents	AUD	0.05	1
Korea, (Dem. People's Rep. of)	North Korean Won +	100 Chon	KPW	0.01	0.01
Korea (Rep. of) [7]	Won	1 Won	KRW	10	100
Kuwait	Kuwaiti Dinar	1000 Fils	KWD	0.005	0.1
Kyrgyzstan	Som +	100 Tyn	KGS	0.01	0.01
Lao, People's Dem. Rep.	Kip +	100 Centimes	LAK	0.10	1
Latvia	Latvian Lats	100 Santim	LVL	0.01	0.01
Lebanon [6]	Lebanese Pound	100 Piastres	LBP	100	1000
Lesotho	Loti	100 Lisente	LSL	0.01	1
Liberia	Liberian Dollar +	100 Cents	LRD	0.01	1
Libyan Ar. Jamahiriya	Libyan Dinar +	1000 Dirhams	LYD	0.005	1
Liechtenstein	Swiss Franc	100 Centimes	CHF	0.05	5
Lithuania	Lithuanian Litas	100 Cents	LTL	0.01	0.01
Luxembourg	euro	100 Cents	EUR	0.01	0.01
Macao (SAR)	Pataca	100 Avos	MOP	0.01	1
Macedonia (FYROM)	Denar +	100 Deni	MKD	0.10	10
Madagascar	Ariary	5 Iraimbilanja	MGA	100	100
Malawi	Kwacha	100 Tambala	MWK	0.01	1
Malaysia	Malaysian Ringgit	100 Sen	MYR	0.01	1
Maldives	Rufiyaa	100 Laaris	MVR	0.05	1
Mali	CFA Franc	100 Centimes	XOF	5	100
Malta	euro	100 Cents	EUR	0.01	0.01
Marshall Islands	US Dollar	100 Cents	USD	0.01	1
Martinique	euro	100 Cents	EUR	0.01	0.01
Mauritania	Ouguiya +	5 Khoums	MRO	1	20
Mauritius	Mauritius Rupee +	100 Cents	MUR	0.05	10
Mayotte	euro	100 Cents	EUR	0.01	0.01
Mexico	Nuevo Peso	100 Centavos	MXN	0.01	0.01
Micronesia	US Dollar	100 Cents	USD	0.01	1
Moldova	Moldovian Lei +	100 Bani	MDL	0.01	0.01
Monaco	euro	100 Cents	EUR	0.01	0.01
Mongolia	Tugrik +	100 Mungs	MNT	0.01	1
Montenegro	euro	100 Cents	EUR	0.01	0.01
Montserrat	East Caribbean Dollar	100 Cents	XCD	0.01	1
Morocco	Moroccan Dirham +	100 Centimes	MAD	0.05	1
Mozambique	Mozambique Metical +	100 Centavos	MZN	1	10
Myanmar	Kyat +	100 Pyas	MMK	0.05	1
Namibia	Namibian Dollar	100 Cents	NAD	0.01	1
Nauru [3]	Australian Dollar	100 Cents	AUD	0.05	1
Nepal	Nepalese Rupee +	100 Paisa	NPR	0.05	1
Netherlands	euro	100 Cents	EUR	0.01	0.01
Netherlands Antilles	Neth. Ant. Guilder	100 Cents	ANG	0.01	0.05
New Caledonia	CFP Franc	100 Centimes	XPF	0.10	100

附图 A　TACT 货币进位表

5.7. ROUNDING OFF REGULATIONS

Country	Currency			Rounding off units	
	Name	Unit	Code	except min. charges	minimum charges
New Zealand	New Zealand Dollar	100 Cents	NZD	0.01	1
Nicaragua	Cordoba Oro +	100 Centavos	NIO	0.01	1
Niger	CFA Franc	100 Centimes	XOF	5	100
Nigeria [8]	Naira +	100 Kobos	NGN	0.01	1
Niue	New Zealand Dollar	100 Cents	NZD	0.01	1
Norfolk Island [3]	Australian Dollar	100 Cents	AUD	0.05	1
Northern Mariana Islands (including Mariana Islands except Guam)	US Dollar	100 Cents	USD	0.01	1
Norway [1]	Norwegian Krone	100 Øre	NOK	0.10	10
Oman	Rial Omani	1000 Baizas	OMR	0.005	1
Pakistan	Pakistan Rupee +	100 Paisa	PKR	1	1
Palau	US Dollar	100 Cents	USD	0.01	1
Palestinian Territory, Occupied	US Dollar	100 Cents	USD	0.01	1
Panama	Balboa	100 Centesimos	PAB	0.05	1
Papua New Guinea	Kina	100 Toea	PGK	0.05	1
Paraguay	Guarani	100 Centimos	PYG	10	100
Peru	Nuevo Sol +	100 Centavos	PEN	0.10	1
Philippines [1]	Philippine Peso +	100 Centavos	PHP	1	1
Pitcairn	New Zealand Dollar	100 Cents	NZD	0.01	1
Poland	Zloty +	100 Groszy	PLN	0.01	0.10
Portugal	euro	100 Cents	EUR	0.01	0.01
Puerto Rico	US Dollar	100 Cents	USD	0.01	1
Qatar	Qatari Rial	100 Dirhams	QAR	0.05	1
Ras-al-Khaiman	UAE Dirham	100 Fils	AED	0.05	1
Reunion	euro	100 Cents	EUR	0.01	0.01
Romania	New Romanian Leu +	100 Bani	RON	0.05	1
Russia	Russian Ruble +	100 Kopeks	RUB	0.05	1
Rwanda	Rwanda Franc +	100 Centimes	RWF	0.50	1
St. Helena	St. Helena Pound	100 Pence	SHP	-	-
St. Kitts and Nevis	East Caribbean Dollar	100 Cents	XCD	0.01	1
St. Lucia	East Caribbean Dollar	100 Cents	XCD	0.01	1
St. Pierre & Miquelon	euro	100 Cents	EUR	0.01	0.01
St. Vincent & The Grenadines	East Caribbean Dollar	100 Cents	XCD	0.01	1
Samoa, American	US Dollar	100 Cents	USD	0.01	1
Samoa	Tala	100 Sene	WST	0.01	5
San Marino	euro	100 Cents	EUR	0.01	0.01
Sao Tome and Principe	Dobra +	100 Centavos	STD	0.10	1
Saudi Arabia	Saudi Riyal	100 Halalah	SAR	0.05	1
Senegal	CFA Franc	100 Centimes	XOF	5	100
Serbia	Serbian Dinar +	100 Paras	RSD	0.10	10
Seychelles	Seychelles Rupee	100 Cents	SCR	0.05	10
Sharjah	UAE Dirham	100 Fils	AED	0.05	1
Sierra Leone	Leone +	100 Cents	SLL	0.01	1
Singapore	Singapore Dollar	100 Cents	SGD	0.01	1
Slovakia	Slovak Koruna +	100 Halern	SKK	0.10	1
Slovenia	euro	100 Cents	EUR	0.01	0.01
Solomon Islands	Solomon Isl. Dollar	100 Cents	SBD	0.01	1
Somalia	Somali Shilling +	100 Cents	SOS	0.10	1
South Africa	Rand	100 Cents	ZAR	0.01	1
South Georgia and South Sandwich Islands	Falkland Island Pound	100 Pence	FKP	0.01	1
Spain	euro	100 Cents	EUR	0.01	0.01
Sri Lanka	Sri Lanka Rupee +	100 Cents	LKR	1	50
Sudan	Sudanese Pound +	100 Piastres	SDG	0.05	1
Suriname	Surinam Dollar +	100 Cents	SRD	0.01	1
Svalbard and Jan Mayen Islands	Norwegian Krone	100 Øre	NOK	0.10	10
Swaziland	Lilangeni	100 Cents	SZL	0.01	1
Sweden [1]	Swedish Krona	100 Öre	SEK	0.10	10
Switzerland	Swiss Franc	100 Centimes	CHF	0.05	5
Syria	Syrian Pound +	100 Piastres	SYP	1	1
Tajikistan	Somoni +	-	TJS	-	-
Tanzania	Tanzanian Shilling +	100 Cents	TZS	5	5
Thailand	Baht	100 Satang	THB	1	1
Timor Leste	US Dollar	100 Cents	USD	0.01	1
Togo	CFA Franc	100 Centimes	XOF	5	100
Tokelau	New Zealand Dollar	100 Cents	NZD	0.01	1
Tonga	Pa'anga +	100 Seniti	TOP	0.01	1
Trinidad & Tobago	T & T Dollar +	100 Cents	TTD	0.01	1
Tunisia	Tunisian Dinar +	1000 Millièmes	TND	0.01	0.05
Turkey	New Turkish Lira +	100 New Kuru	TRY	0.01	1
Turkmenistan	Turkmenian Manat +	100 Tenge	TMM	0.01	0.01
Turks and Caicos Islands	US Dollar	100 Cents	USD	0.01	1
Tuvalu [3]	Australian Dollar	100 Cents	AUD	0.05	1
Uganda	Uganda Shilling +	100 Cents	UGX	0.10	1
Ukraine	Hryvnia +	100 Kopecks	UAH	0.01	0.01
Um Al Qaiwan	UAE Dirham	100 Fils	AED	0.05	1

5.7. ROUNDING OFF REGULATIONS

Country	Currency			Rounding off units	
	Name	Unit	Code	except min. charges	minimum charges
United Arab Emirates	UAE Dirham	100 Fils	AED	0.05	1
United Kingdom ¹)	Pound Sterling	100 Pence	GBP	0.01	1
United States	US Dollar	100 Cents	USD	0.01	1
Uruguay	Peso Uruguayo +	100 Centimos	UYU	1	1
Uzbekistan	Uzbekistan Sum +	100 Tijin	UZS	0.01	0.01
Vanuatu	Vatu	100 Centimes	VUV	5	100
Venezuela ¹¹)	Bolivar Fuerte	100 Centimos	VEF	0.01	0.01
Viet Nam	Dong +	100 San	VND	1	1
Virgin Islands	US Dollar	100 Cents	USD	0.01	1
Wallis & Futuna Islands	CFP Franc	100 Centimes	XPF	0.10	100
Yemen Rep. of	Yemeni Rial	100 Fils	YER	0.05	1
Zambia	Kwacha +	100 Ngwee	ZMK	0.01	1
Zimbabwe	Zimbabwe Dollar +	100 Cents	ZWD	0.05	1

+ means that the acceptance of these currencies is limited and can be accepted for payment only in the country of commencement of transportation if it is the national currency.

附图 B 最低运费表

3.4. MINIMUM CHARGES
- *(For carrier deviating/additional rules see section 8.3.)*
- *(For carrier deviating/additional minimum charges see section 4.3. (Rates Books).)*

from COUNTRY to area sub-area/exception		CURRENCY CODE minimum charge
from BURKINA FASO to		**XOF**
1	except Canada, USA	46700
1	Canada, USA	41200
2	Europe, except France	39100
2	France	43000
2	Middle East	30400
2	Africa	26800
3		49300
from BURUNDI to		**USD**
1		70
2	Europe	45
2	Middle East, Africa except Eastern Africa, Congo (Kinshasa)	43
2	Eastern Africa, Congo (Kinshasa)	26
3		29
from CAMBODIA to		**USD**
1		85
2		75
3	except South East Asia	50
3	South East Asia	35
from CAMEROON to		**XAF**
1	except Canada, USA	43000
1	Canada, USA	38000
2	Europe	37800
2	Middle East	28000
2	Africa	26000
3		45400
from CANADA to		**CAD**
1	except South America (Long haul)	100
1	South America (Long haul)	115
2		150
3		185
from CAPE VERDE to		**EUR**
1		52.50
2	except France	27.00
2	France	28.50
3		39.00
from CAYMAN ISLANDS to		**USD**
1		70
2		100
3		125
from CENTRAL AFRICAN REP. to		**XAF**
1	except Canada, USA	46700
1	Canada, USA	41200
2	Europe, except France	39100
2	France	43000
2	Middle East	30400
2	Africa	26800
3		49300
from CHAD to		**XAF**
1	except Canada, USA	46700
1	Canada, USA	41200
2	Europe, except France	39100
2	France	43000
2	Middle East	30400
2	Africa	26800
3		49300
from CHILE to		**USD**
1		85
2		100
3		125
from CHINA (excluding Hong Kong SAR and Macao SAR to		**CNY**
1		420
2	Europe, Middle East	320
2	Africa	451
3	Japan, Korea (Dem. People's Rep. of); Korea (Rep. of)	230
3	South Asian Subcontinent	230
3	South East Asia except to Hong Kong (SAR), Macao (SAR)	230
3	Hong Kong (SAR), Macao (SAR)	90
3	South West Pacific	420
from CHINESE TAIPEI to		**TWD**
1		2200
2	Europe, except France, Ireland, United Kingdom	2415
2	France, Ireland, United Kingdom	2744
2	Africa	2196
2	Middle East	2086
3		1281
from COLOMBIA to		**USD**
1		85
2		100
3		125
from COMOROS to		**KMF**
1		31500
2	except Burundi, Djibouti, Ethiopia, Kenya, Rwanda, Somalia, Tanzania, Uganda, Madagascar, Mauritius, Mayotte, Reunion, Seychelles	33200
2	Burundi, Djibouti, Ethiopia, Kenya, Rwanda, Somalia, Tanzania, Uganda, Madagascar, Mauritius, Mayotte, Reunion, Seychelles	25400
3		29600
from CONGO (Brazzaville) to		**XAF**
1	except Canada, USA	46700
1	Canada, USA	41200
2	Europe, except France	39100
2	France	43000
2	Middle East	30400
2	Africa	26800
3		49300
from CONGO (Kinshasa) to		**USD**
1	except Canada, USA	70
1	Canada, USA	59
2	Europe, except France	62
2	France	65
2	Middle East	48
2	Africa	44
3		61
from COOK ISLAND to		**NZD**
1	except Honolulu, Los Angeles, Portland, San Francisco, Seattle, San Diego, Vancouver	125
1	Honolulu, Los Angeles, Portland, San Francisco, Seattle, San Diego, Vancouver	80
2		90
3	except American Samoa	50
3	American Samoa	90
from COSTA RICA to		**USD**
1		70
2		100
3		125
from COTE D'IVOIRE to		**XOF**
1	except Canada, USA	46700
1	Canada, USA	41200
2	Europe, except France	39100
2	France	43000
2	Middle East	30400
2	Africa	26800
3		49300
from CROATIA to		**EUR**
1	except Canada, USA	75
1	Canada, USA	70
2	Europe, Middle East	60
2	Africa	70
3		75
from CUBA to		**USD**
1		70
2		100
3		125
from CYPRUS to (+)		**EUR**
1	except Canada, USA	54.68
1	Canada, USA	51.26
2	except Iran	42.72
2	Iran	25.63
3		54.68
+ Not applicable between countries in the ECAA.		
from CZECH REPUBLIC to (+)		**CZK**
1		2266
2		1995*
3		2154
+ Not applicable between countries in the ECAA.		
* Not applicable between Czech Rep. and a number of countries within Europe where the B & K structure exists.		
from DENMARK to (+)		**DKK**
1		670
2	except Europe	670
2	Europe	370*
3		670
+ Not applicable between countries in the ECAA.		
* Not applicable between Denmark and a number of countries within Europe where the B & K structure exists.		
from DJIBOUTI to		**DJF**
1		13000
2	Europe	13500
2	Middle East	13500
2	Africa except Eastern Africa, Comoros, Madagascar, Mauritius, Mayotte, Reunion, Seychelles	13500
2	Eastern Africa, Comoros	8500
2	Madagascar, Mauritius, Mayotte, Reunion, Seychelles	9000
3		13500
from DOMINICA to		**USD**
1		70
2		100
3		125
from DOMINICAN REP. to		**USD**
1		70
2		100
3		125
from ECUADOR to		**USD**
1		85
2		100
3		125

3.4. MINIMUM CHARGES
- *(For carrier deviating/additional rules see section 8.3.)*
- *(For carrier deviating/additional minimum charges see section 4.3. (Rates Books).)*

from COUNTRY to area sub-area/exception	CURRENCY CODE minimum charge
from HONG KONG (SAR) to	**HKD**
1	468
2 Europe except France, Ireland, United Kingdom	392
2 France, Ireland, United Kingdom	448
2 Middle East	336
2 Africa	358
3 Korea (Dem. People's Rep. of), Korea (Rep. of), South Asian Subcontinent	190
3 Japan	229
3 South East Asia except China (excluding Macao SAR), Philippines	163
3 China (excluding Macao SAR), except Beijing (BJS), Shanghai (SHA), Xiamen (XMN)	90
3 Beijing (BJS), Shanghai (SHA), Xiamen (XMN)	104
3 Philippines	146
3 South West Pacific	235
from HUNGARY to (+)	**HUF**
1	27000
2	23500
3	27000
+ Not applicable between countries in the ECAA.	
from ICELAND to (+)	**USD**
1 except Canada, USA	66
1 Canada, USA	60
2 Europe	53
2 Middle East, Africa	66
3	66
+ Not applicable between countries in the ECAA.	
from INDIA to	**INR**
1 except USA	5800
1 USA	2200
2 Europe	1500
2 Middle East	900
2 Africa	900
3 except South Asian Subcontinent, Japan, Uzbekistan, Samoa American	800
3 South Asian Subcontinent	230
3 Japan	1000
3 Uzbekistan, Samoa American	570
from INDONESIA to	**USD**
1	64
2 Europe except France, Ireland, United Kingdom	64
2 France, Ireland, United Kingdom	72
2 Middle East	55
2 Africa	58
3 except South East Asia	34
3 South East Asia except Vietnam	29
3 Vietnam	50
from IRAN to	**IRR**
1	555100
2 Europe	193900
2 Middle East	89100
2 Africa	199400
3 Japan, Korea (Dem. People's Rep. of), Korea (Rep. of), South West Pacific	303600
3 South East Asia	231200
3 South Asian Subcontinent	152300

from COUNTRY to area sub-area/exception	CURRENCY CODE minimum charge
from IRAQ to	**USD**
1 except Canada, USA	85
1 Canada, USA	71
2 Europe, Africa	49
2 Middle East	22
3 Japan, Korea (Dem. People's Rep. of), Korea (Rep. of), South West Pacific	78
3 South East Asia	61
3 South Asian Subcontinent	44
from IRELAND to (+)	**EUR**
1 except Canada, USA,	74.03
1 Canada, USA	68.44
2 Europe	55.87*
2 Middle East, Africa	65.65
3	74.03
+ Not applicable between countries in the ECAA.	
* Not applicable between Ireland and a number of countries within Europe where the B & K structure exists.	
from ISRAEL to	**USD**
1 except Canada, USA	69
1 Canada, USA	59
2 Europe	46
2 Middle East	32
2 Africa	47
3 Japan, Korea (Dem. People's Rep. of), Korea (Rep. of), South West Pacific	73
3 South East Asia	55
3 South Asian Subcontinent	37
from ITALY to (+)	**EUR**
1	67.14
2 except Europe	67.14
2 Europe	46.50*
3	67.14
+ Not applicable between countries in the ECAA.	
* Not applicable between Italy and a number of countries within Europe where the B & K structure exists.	
from JAMAICA to	**USD**
1	70
2	100
3	125
from JAPAN to	**JPY**
1	10000
2	15000
3 Korea (Dem. People's Rep. of), Korea (Rep. of), South East Asia	8500
3 South Asian Subcontinent, South West Pacific	11500
from JORDAN to	**JOD**
1	35.300
2 Europe, Africa	24.700
2 Middle East	14.100
3	35.300
from KENYA to	**USD**
1	70
2 Europe	38
2 Middle East	25
2 Africa	27
3 Japan, Korea (Dem. People's Rep. of), Korea (Rep. of)	45
3 South Asian Subcontinent	32
3 South East Asia, South West Pacific	39

from COUNTRY to area sub-area/exception	CURRENCY CODE minimum charge
from KOREA (Dem. People's Rep. of) to	**KPW**
1	11018.00
2	9940.00
3 Japan, Korea (Rep. of)	4510.10
3 South Asian Subcontinent	5909.40
3 South East Asia	4976.30
3 South West Pacific	8087.10
from KOREA (Rep. of) to	**KRW**
1 except Canada, USA	101500
1 Canada, USA	57800
2	75900
3 Japan, Korea (Dem. People's Rep. of)	33900
3 South East Asia	37500
3 South Asian Subcontinent	39300
3 South West Pacific	60800
from KUWAIT to	**KWD**
1 except Canada, USA	24
1 Canada, USA	19
2 Europe, Africa	14
2 Middle East	6
3 Japan, Korea (Dem. People's Rep. of), Korea (Rep. of), South West Pacific	22
3 South Asian Subcontinent	11
3 South East Asia	17
from KYRGYZSTAN to	**USD**
1 except Canada, USA	90
1 Canada, USA	55
2 Europe	62
2 Middle East	58
2 Africa	73
3	43
from LAO (People's Dem. Rep.) to	**USD**
1	85
2	75
3 except South East Asia	50
3 South East Asia	35
from LATVIA to (+)	**LVL**
1 except Canada, USA	47.73
1 Canada, USA	43.27
2 Europe	33.73
2 Middle East	36.91
2 Africa	46.45
3	47.73
+ Not applicable between countries in the ECAA.	
from LEBANON to	**USD**
1	60
2 Europe	50
2 Africa except Cote D'Ivoire, Ghana, Nigeria	50
2 Cote D'Ivoire, Ghana, Nigeria	60
2 Middle East	35
3	60
from LESOTHO to	**LSL**
1	701
2 Europe, Middle East	100
2 Africa except Botswana, Mozambique, Namibia, South Africa, Swaziland	70
2 Mozambique, Namibia, Botswana, South Africa, Swaziland	50
3	120
from LIBERIA to	**LRD**
1 except Canada, USA	73
1 Canada, USA	62
2 Europe, except France	62
2 France	65
2 Middle East	58
2 Africa	44
3	67

附图 C 声明价值附加费

3.2. VALUATION CHARGES
(For carrier deviating/additional rules see section 8.3.)

1. Shippers must declare a value for carriage on the AWB. This declaration may be a specific amount or NVD (No Value Declared). For the purpose of applying valuation charges, the value per kilogram or per pound must be determined by dividing the shipper's declared value for carriage by the gross weight of the consignment as declared in the Gross Weight box on the AWB. Declared value for carriage may not be entered or (if already entered on the AWB) amended after despatch of the shipment from the airport (or city) of departure shown on the AWB.
2. Consignments valued at more than SDR 17 per kg. will be assessed valuation charges not less than 0.75% of the Shipper's declared value for carriage exceeding SDR 17 per kg.

   Exception:
   For traffic to/from Israel
   For diamonds, including industrial use the valuation charge will be 0.10% of the total declared value for carriage.
3. The declared value for carriage applies for the *actual gross weight* of the consignment, excluding the weight of airline owned ULD's. Value declarations for individual parts of the shipment only or higher or lower value declarations for some parts of a shipment are not possible.
4. See list of the local currency equivalent values of SDR 17. To establish these local currency equivalents the following conversion rates will be used:
   a. the March "Clearing House Monthly 5 Day Rate" for implementation from 1 June through 30 September;
   b. the July "Clearing House Monthly 5 Day Rate" for implementation from 1 October through 31 January;
   c. the November "Clearing House Monthly 5 Day Rate" for implementation from 1 February through 31 May.

   The rounding units will be those shown under the Column "Minimum charges" according to Rule 5.7.1.

   Effective: 1 June 2008 - 30 September 2008

Country Name	Currency Name	Code	SDR 17 equals
Afghanistan	US Dollar	USD	28
Albania	euro	EUR	17.92
Algeria	Algerian Dinar	DZD	1822
American Samoa	US Dollar	USD	28
Angola	US Dollar	USD	28
Anguilla	US Dollar	USD	28
Antigua & Barbuda	US Dollar	USD	28
Argentina	US Dollar	USD	28
Armenia	US Dollar	USD	28
Aruba	Aruban Guilder	AWG	49.80
Australia	Australian Dollar	AUD	31
Austria	euro	EUR	17.92
Azerbaijan	US Dollar	USD	28
Bahamas	Bahamian Dollar	BSD	28
Bahrain	Bahraini Dinar	BHD	10
Bangladesh	Taka	BDT	1906
Barbados	US Dollar	USD	28
Belarus	US Dollar	USD	28
Belgium	euro	EUR	17.92
Belize	US Dollar	USD	28
Benin	CFA Franc BCEAO	XOF	11800
Bermuda	Bermudan Dollar	BMD	28
Bhutan	Ngultrum	BTN	1116
Bolivia	US Dollar	USD	28
Bosnia & Herzegovina	euro	EUR	17.92
Botswana	Pula	BWP	184
Brazil	US Dollar	USD	28
Brunei Darussalam	Brunei Dollar	BND	39
Bulgaria	euro	EUR	17.92
Burkina Faso	CFA Franc BCEAO	XOF	11800
Burundi	US Dollar	USD	28
Cambodia	US Dollar	USD	28
Cameroon	CFA Franc BEAC	XAF	11800
Canada	Canadian Dollar	CAD	30
Cape Verde	US Dollar	USD	28
Cayman Islands	US Dollar	USD	28
Central African Republic	CFA Franc BEAC	XAF	11800
Chad	CFA Franc BEAC	XAF	11800
Chile	US Dollar	USD	28
China (excl. Hong Kong SAR and Macau SAR)	Yuan Renminbi	CNY	196
Chinese Taipei	New Taiwan Dollar	TWD	846
Colombia	US Dollar	USD	28
Comoros	Comoro Franc	KMF	8800
Congo (Brazzaville)	CFA Franc BEAC	XAF	11800
Congo (Kinshasa)	US Dollar	USD	28
Cook Islands	New Zealand Dollar	NZD	35
Costa Rica	US Dollar	USD	28
Cote d'Ivoire	CFA Franc BCEAO	XOF	11800
Croatia	euro	EUR	17.92
Cuba	US Dollar	USD	28
Cyprus	euro	EUR	17.92
Czech Republic	Czech Koruna	CZK	456
Denmark	Danish Krone	DKK	130
Djibouti	Djibouti Franc	DJF	5000
Dominica	US Dollar	USD	28
Dominican Republic	US Dollar	USD	28
Ecuador	US Dollar	USD	28
Egypt	Egyptian Pound	EGP	152.40
El Salvador	US Dollar	USD	28
Equatorial Guinea	CFA Franc BEAC	XAF	11800
Eritrea	US Dollar	USD	28
Estonia	US Dollar	USD	28
Ethiopia	US Dollar	USD	28
Faroe Islands	Danish Krone	DKK	130
Falkland Islands	Falkland Is. Pound	FKP	14
Fiji	Fiji Dollar	FJD	42
Finland	euro	EUR	17.92
France	euro	EUR	17.92
French Guiana	euro	EUR	17.92
French Polynesia	CFP Franc	XPF	2100
Gabon	CFA Franc BEAC	XAF	11800
Gambia	US Dollar	USD	28
Georgia	US Dollar	USD	28
Germany	euro	EUR	17.92
Ghana	US Dollar	USD	28
Gibraltar	Gibraltar Pound	GIP	14
Greece	euro	EUR	17.92
Greenland	Danish Krone	DKK	130
Grenada	US Dollar	USD	28
Guadeloupe	euro	EUR	17.92
Guam	US Dollar	USD	28
Guatemala	US Dollar	USD	28
Guinea	US Dollar	USD	28
Guinea-Bissau	CFA Franc BCEAO	XOF	11800
Guyana	US Dollar	USD	28
Haiti	US Dollar	USD	28
Honduras	US Dollar	USD	28
Hong Kong S.A.R.	Hong Kong Dollar	HKD	216
Hungary	Forint	HUF	4600
Iceland	US Dollar	USD	28
India	Indian Rupee	INR	1116
Indonesia	US Dollar	USD	28
Iran (Islamic Republic of)	Iranian Rial	IRR	251500
Iraq	US Dollar	USD	28
Ireland	euro	EUR	17.92
Israel	US Dollar	USD	28
Italy	euro	EUR	17.92
Jamaica	US Dollar	USD	28
Japan	Yen	JPY	2800
Jordan	Jordanian Dinar	JOD	19.70
Kazakhstan	US Dollar	USD	28
Kenya	US Dollar	USD	28
Kiribati	Australian Dollar	AUD	31
Korea (Dem. Rep. of)	North Korean Won	KPW	3780.90
Korea (Rep. of)	Won	KRW	27800
Kuwait	Kuwaiti Dinar	KWD	7.50
Kyrgyzstan	US Dollar	USD	28
Laos	US Dollar	USD	28

3.2. VALUATION CHARGES

(For carrier deviating/additional rules see section 8.3.)

Country Name	Currency Name	Code	SDR 17 equals
Latvia	Latvian Lats	LVL	12.59
Lebanon	US Dollar	USD	28
Lesotho	Loti	LSL	226
Liberia	US Dollar	USD	28
Libyan Arab Jamahiriya	Libyan Dinar	LYD	34
Lithuania	Lithuanian Litas	LTL	61.86
Luxembourg	euro	EUR	17.92
Macau S.A.R.	Pataca	MOP	223
Macedonia (FYROM)	euro	EUR	17.92
Madagascar	US Dollar	USD	28
Malawi	US Dollar	USD	28
Malaysia	Malaysian Ringgit	MYR	89
Maldives	US Dollar	USD	28
Mali	CFA Franc BCEAO	XOF	11800
Malta	euro	EUR	17.92
Marshall Islands	US Dollar	USD	28
Martinique	euro	EUR	17.92
Mauritania	Ouguiya	MRO	6910
Mauritius	Mauritius Rupee	MUR	730
Mayotte	euro	EUR	17.92
Mexico	US Dollar	USD	28
Micronesia	US Dollar	USD	28
Moldova (Republic of)	euro	EUR	17.92
Monaco	euro	EUR	17.92
Mongolia	US Dollar	USD	28
Montenegro	euro	EUR	17.92
Montserrat	US Dollar	USD	28
Morocco	Morrocan Dirham	MAD	205
Mozambique	Metical	MZN	670
Myanmar	Kyat	MMK	179
Namibia	Namibia Dollar	NAD	226
Nauru	Australian Dollar	AUD	31
Nepal	US Dollar	USD	28
Netherlands	euro	EUR	17.92
Netherlands Antilles	Antilles Guilder	ANG	49.80
New Caledonia	CFP Franc	XPF	2100
New Zealand	New Zealand Dollar	NZD	35
Nicaragua	US Dollar	USD	28
Niger	CFA Franc BCEAO	XOF	11800
Nigeria	US Dollar	USD	28
Niue	New Zealand Dollar	NZD	35
Norfolk Island	Australian Dollar	AUD	31
Northern Mariana Islands	US Dollar	USD	28
Norway	Norwegian Krone	NOK	150
Oman	Rial Omani	OMR	11
Pakistan	Pakistan Rupee	PKR	1745
Palau	US Dollar	USD	28
Panama	US Dollar	USD	28
Papua New Guinea	Kina	PGK	76
Paraguay	US Dollar	USD	28
Peru	US Dollar	USD	28
Philippines	US Dollar	USD	28
Poland	Zloty	PLN	63.30
Portugal	euro	EUR	17.92
Puerto Rico	US Dollar	USD	28
Qatar	Qatari Rial	QAR	101
Reunion	euro	EUR	17.92
Romania	euro	EUR	17.92
Russian Federation	US Dollar	USD	28
Rwanda	US Dollar	USD	28
Saint Kitts and Nevis	US Dollar	USD	28
Saint Lucia	US Dollar	USD	28
St. Pierre & Miquelon	euro	EUR	17.92
Saint Vincent and the Grenadines	US Dollar	USD	28
Samoa	Tala	WST	65
Sao Tome and Principe	US Dollar	USD	28
Saudi Arabia	Saudi Riyal	SAR	104
Senegal	CFA Franc BCEAO	XOF	11800
Serbia	euro	EUR	17.92
Seychelles (Republic of)	Seychelles Rupee	SCR	220
Sierra Leone	US Dollar	USD	28
Singapore	Singapore Dollar	SGD	39
Slovakia	Slovak Koruna	SKK	585
Slovenia	euro	EUR	17.92
Solomon Islands	Solomon Is. Dollar	SBD	211
Somalia	US Dollar	USD	28
South Africa	Rand	ZAR	226
Spain	euro	EUR	17.92
Sri Lanka	Sri Lanka Rupee	LKR	3000
Sudan	Sudanese Pound	SDG	57
Suriname	US Dollar	USD	28
Swaziland	Lilangeni	SZL	226
Sweden	Swedish Krona	SEK	170
Switzerland	Swiss Franc	CHF	30
Syrian Arab Republic	Syrian Pound	SYP	1350
Tajikistan	US Dollar	USD	28
Tanzania	US Dollar	USD	28
Thailand	Baht	THB	872
Timor Leste	US Dollar	USD	28
Togo	CFA Franc BCEAO	XOF	11800
Tonga	Pa'anga	TOP	50
Trinidad and Tobago	US Dollar	USD	28
Tunisia	Tunisian Dinar	TND	32.30
Turkey	euro	EUR	17.92
Turkmenistan	US Dollar	USD	28
Turks and Caicos Islands	US Dollar	USD	28
Tuvalu	Australian Dollar	AUD	31
Uganda	US Dollar	USD	28
Ukraine	US Dollar	USD	28
United Arab Emirates	UAE Dirham	AED	102
United Kingdom	Pound Sterling	GBP	14
United States of America	US Dollar	USD	28
US Minor Outlying Islands	US Dollar	USD	28
Uruguay	US Dollar	USD	28
Uzbekistan	US Dollar	USD	28
Vanuatu	Vatu	VUV	2700
Venezuela	US Dollar	USD	28
Viet Nam	US Dollar	USD	28
Virgin Islands (British)	US Dollar	USD	28
Virgin Islands (US)	US Dollar	USD	28
Wallis and Futuna Islands	CFP Franc	XPF	2100
Yemen, Rep of	Yemeni Rial	YER	5532
Zambia	US Dollar	USD	28
Zimbabwe	US Dollar	USD	28

附图 D 制 单 费

4.4. DOCUMENTATION CHARGES
(For carrier deviating/additional rules see section 8.3.)

1. Preparation of AWB
A documentation charge must be made when the carrier or its agent issues or completes the AWB, including itemization of costs.
The level of this charge varies locally. The charge also applies to an AWB on which the shipper's insertions must be supplemented and/or corrected on his behalf.

Note:
See also section 7.3.2. Information by countries.

For all countries the documentation charge shall be: (except those listed under *exceptions* and *countries of the ECAA*)

IATA Area 1 (except in Canada, USA)	USD	15.00
IATA Area 2	USD	15.00
IATA Area 3	USD	15.00

Exceptions:
The documentation charge in the countries listed below shall not be less than the amounts shown.

Country	Currency	Amount
Algeria	DZD	500.00
Australia	AUD	30.00
Bangladesh	USD	0.50
Benin, Burkina Faso, Cote d'Ivoire, Mali, Niger, Senegal and Togo	XOF	4000
Bosnia and Herzegovina	EUR	5.00
Brunei Darussalam	BND	15.00
Cameroon, Central African Rep., Chad, Congo (Brazzaville), Equatorial Guinea, Gabon	XAF	4000
China (excl. Hong Kong (SAR) and Macau (SAR))	CNY	50.00
Comoros	KMF	2600
Croatia	EUR	5.00
Cuba	USD	3.20
Egypt	EGP	40.90
Eritrea	USD	4.00
Ethiopia	USD	4.00
India	USD	3.70
Iran	IRR	37000.00
Japan	JPY	200
Korea (Rep. of)	KRW	3100
Lebanon	USD	11.00
Macedonia (FYROM)	EUR	5.00
Malawi	MWK	350
Malaysia	MYR	5.00
Mauritania	MRO	529.00
Montenegro	EUR	10.00
Morocco	MAD	25.00
Mozambique	MZN	375.00
Myanmar	USD	5.00
Namibia	NAD	55.00
Nepal	USD	1.00
Nigeria	USD	5.00
Pakistan	PKR	250.00
Papua New Guinea	PGK	25.00
Saudi Arabia	SAR	25.00
Serbia	EUR	10.00
Singapore	SGD	10.00
South Africa	ZAR	85.00
Sri Lanka	USD	0.50
Tanzania	USD	5.00
Thailand	THB	40.00
Yemen	YER	2450

Countries of the ECAA:	Currency	Amount	Applicable to [1]:
Austria	EUR	10.00	OS
Cyprus	EUR	5.13	CY
Czech Republic	CZK	200.00	OK
Denmark	DKK	50.00	SK
France	EUR	12.00	AF
Germany	EUR	10.00	LH
Greece International AWB's	EUR	17.67 [2]	OA
Greece Domestic AWB's	EUR	14.67 [2]	OA
Hungary	HUF	2400.00	MA
Ireland	EUR	10.00	EI
Italy	EUR	10.00	AZ
Latvia	LVL	9.00	BT
Luxembourg	EUR	9.92	LG
Malta	EUR	8.15	KM
Norway	NOK	115.00	SK
Poland	PLN	20.00	LO
Portugal	EUR	30.00	TP
Romania	EUR	7.50	RO
Slovenia	EUR	10.00	JP
Spain	EUR	5.98	IB
Sweden	SEK	70.00	SK
Switzerland	CHF	16.00	LX
United Kingdom	GBP	8.95	BA

Notes:
1. Charges applicable to other carriers may vary.
2. The charge for the preparation and issuance of an AWB from Greece shall not exceed EUR 26.67 for International AWB's and EUR 20.67 for Domestic AWB's.

The charge, when made, may be collected from the shipper or consignee. See also rule 6.2. boxes 27/28. An agent is entitled to retain the charge, if he issues and completes the AWB accurately, including itemization of costs and completion of the charges box.

附图 E 运费到付手续费

4.6. FEE FOR CHARGES COLLECT
(For carrier deviating/additional rules see section 8.3.)

4.6.1. GENERAL
For the purpose of assessing the charges collect fee, the term charges collect (also called "freight collect" or "charges forward") shall mean the charges entered on the AWB for collection from the consignee.

4.6.2. CHARGES COLLECT FEE
1. When the weight and valuation charges on the AWB are shown for collection from the consignee a fee must be levied from the consignee.
2. When charges collect services are performed for amounts other than the weight and valuation charges on the AWB, a charges collect fee may also be levied from the consignee.
3. The fee will accrue to the last carrier, i.e. the carrier which will carry the consignment to the airport of destination.
4. The fee will not be shown on the AWB, unless the document is used as an invoice at destination.
5. The applicable percentages and minimum amounts are listed in 7.2.2. / 7.2.3. List of payment facilities.

附图 F 垫付费及垫付手续费

4.2. DISBURSEMENTS AND DISBURSEMENTS FEES

(For carrier deviating/additional rules see section 8.3.)

4.2.1. DISBURSEMENTS
1. Definition
Disbursements are amounts collected at destination for the provision of services which are incurred at origin which are incidental to the air carriage of the consignment. Such services will be limited to the transportation, handling and documentation performed prior to the air carriage from the point of departure indicated on the AWB.
Disbursements will be collected by the last carrier and will accrue to the issuing carrier for payment to an agent or to another carrier.
Disbursements must be entered as due agent or due carrier in the "Other Charges" box (23) of the AWB.

2. Restrictions
a. Disbursements apply only if "Charges Collect" shipments are accepted at destination (see section 7.2.).
b. Disbursements do not apply for traffic to Algeria.

4.2.2. DISBURSEMENT AMOUNTS
1. General
Any disbursement amount(s) shall not be in any case in excess of the "Total weight charge" shown in box 24A or 24B (as applicable) of the AWB.

2. Restrictions
a. When the "Total weight charge" is less than USD 100.00 (or equivalent) disbursements of up to USD 100.00 (or equivalent) (except in Hong Kong (SAR) up to USD 300.00) are permitted.
b. For traffic to Zambia the maximum amount(s) of any disbursement may not be more than USD 100.00 (or equivalent).

4.2.3. DISBURSEMENT FEES
1. Definition
For the collection of disbursement amount(s) a disbursement fee will be assessed.
Such disbursement fee shall also apply to all the other "collect charges" shown in box 23 of the AWB.
Such fee shall be inserted as due carrier in box 23 of the AWB.
It shall be collected by the last carrier and shall accrue to the issuing carrier.

2. Disbursement fee calculation
Such fee shall correspond to 10% ([1]) but not less than USD 20.00 ([1]) (or equivalent) (except in Brunei Darussalam 10%, but not less than BND 50.00 and except in Singapore 8%, but not less than USD 17.00) of the amounts shown in box 23 of the AWB.

Note
([1]). The disbursement fee calculation in the countries of the ECAA may vary by carrier.

3. Restrictions
a. Applicable to OS: From Austria a fee of EUR 13.08 applies for disbursement amounts less than EUR 81.39.
b. 1. Applicable to LH: From Germany a fee of EUR 12.00 applies for disbursement amounts less than EUR 73.00 and of EUR 30.00 for amounts from EUR 73.00 up to EUR 300.00.
   2. Applicable to LH: From France a fee of EUR 15.00 applies for disbursement amounts less than EUR 120.00 and of EUR 35.00 for amounts from EUR 120.00 up to EUR 350.00.
c. Applicable to OA: From Greece a fee of EUR 9.39 applies for disbursement amounts less than EUR 41.09.
d. Applicable to AZ: From Italy a fee of EUR 10.00 applies for disbursement amounts less than EUR 50.00.
e. Applicable to TP: From Portugal a fee of EUR 7.98 applies for disbursement amounts less than EUR 49.88.

4. Conversion of USD into local currency
In countries listed in the table below, the amounts shown shall be used instead of the USD 100.00 and USD 20.00 indicated in paragraphs 4.2.2. and 4.2.3.

Country:	Curr. Code:	USD 20.00	USD 100.00
Australia	AUD	35.00	80.00
Austria (applicable to OS)	EUR	32.56	162.88
Canada	CAD	32.50	130.00
Cyprus (applicable to CY)	EUR	18.00	90.00
Czech Republic (applicable to OK)	CZK	500.00	2500.00
Denmark (applicable to SK)	DKK	100.00	700.00
Eritrea	USD	16.00	81.00
Ethiopia	USD	16.00	81.00
Finland (applicable to AY)	EUR	13.46	67.28
France (applicable to LH)	EUR	15.00	170.00
Japan	JPY	5000	25000
Korea (Rep. of)	KRW	25800	129000
Malaysia	MYR	57.00	282.00
Namibia	NAD	40.00	200.00
New Zealand	NZD	37.00	190.00
Norway (applicable to SK)	NOK	210.00	700.00
Saudi Arabia	SAR	75.00	375.00
Slovenia (applicable to JP)	EUR	21.00	106.00
South Africa	ZAR	120.00	600.00
Sweden (applicable to SK)	SEK	100.00	700.00
Switzerland (applicable to AA and LX)	CHF	45.00	225.00
Thailand	THB	800.00	4000.00

Note
For possible deviating rules in a specific country also see section 7.3.2. Information by countries.

参 考 文 献

[1] 陈文玲. 民航货物运输 [M]. 北京：中国民航出版社，2006.
[2] 许明月，王晓月，胡瑞娟. 国际货物运输 [M]. 北京：对外经济贸易大学出版社，2007.
[3] 李勤昌. 国际货物运输 [M]. 大连：东北财经大学出版社，2008.
[4] 许明月. 国际陆空货物运输 [M]. 北京：对外经济贸易大学出版社，2003.
[5] 张敏，周敢飞. 国际货运代理实务 [M]. 北京：北京理工大学出版社，2007.